LA ESCRITORA HISPANICA

COLECCIÓN POLYMITA

EDICIONES UNIVERSAL, MIAMI, FLORIDA, 1990

NORA ERRO-ORTHMANN
College of Charleston

JUAN CRUZ MENDIZABAL
Indiana University of Pennsylvania

# LA ESCRITORA HISPÁNICA

Actas de la decimotercera conferencia anual de
literatura Hispánicas
en
**INDIANA UNIVERSITY OF PENNSYLVANIA**

P. O. Box 450353 (Shenandoah Station)
Miami, Florida, 33145, U.S.A.

© Copyright 1990 by Nora Erro-Orthmann & Juan Cruz Mendizábal
Library of Congress Catalog Card N.º 88-83876
I.S.B.N.: 0-89729-513-7

Printed in Spain                                    Impreso en España

Impreso en los talleres de artes gráficas de
**EDITORIAL VOSGOS, S. A.** — Avda. Mare de Déu de Montserrat, 8
08024 BARCELONA — España

## PROLOGO

Los días dos y tres de octubre de 1987 se celebra en IUP el XIII Congreso anual de Literaturas Hispánicas. Este año el tema se centra en La Escritora Hispánica. Era hora de dar a conocer en nuestro congreso a la escritora hispánica a través de una serie de trabajos críticos y serios que pusieran en su lugar la incansable y a veces oculta labor de nuestras escritoras.

Al dedicarles un congreso especial ni se pretendió exaltarlas fuera de contexto ni se quiso dar un tono de exaltado feminismo enfrentando su labor de novelistas, ensayistas o cuentistas frente a los ya conocidos escritores. Simplemente se quiso hacer justicia a un sin número de escritoras y darles el puesto que se merecen en la literatura hispánica. No era separarlas sino incluirlas entre quienes tienen como profesión la creación literaria.

A través de las distintas ponencias se puso de manifiesto el valor literario y crítico de un grupo de escritoras que, aunque no pudo ser exhaustivo por el tiempo limitado del congreso, fue sin embargo un auténtico reflejo del valor y esfuerzo literario de nuestras escritoras.

Durante los dos días de sincera camaradería académica pasaron por las salas de conferencias autoras reconocidas desde Santa Teresa y Sor Juana Inés de la Cruz, pasando por Ana María Matute, Carmen Martín Gaite, Rosario Castellanos, Teresa Parra, hasta Rosa Montero, Elena Garro, Luisa Valenzuela, Elena Soriano e Isabel Allende. Poetas de la categoría de Delmira Agustini o Meira Delmar. Ensayistas de la talla de María Zambrano.

Peninsulares y Latinoamericanas, todas ellas enriqueciendo nuestra lengua, creando con nuestra lengua común.

Los participantes al Congreso tuvieron la oportunidad de conocer personalmente a un buen grupo de escritoras hispánicas. Allí estaban Rosario Ferré y Luz María Umpierre, puertorriqueñas; las costarricenses Rima de Vallbona y Emilia Macaya Trejo; Lucía Fox

*Lockert de Perú. Caridad L. Silva-Velázquez y Nora Erro Orthmann autoras de una reciente antología de autoras Latinoamericanas.*

*Un Congreso de hermandad en un ambiente de alto nivel académico. Dos días intensos en los que se dejó evidencia de la cantidad y calidad de las obras literarias producidas por escritoras que siguen en la brecha dejando muy alto el valor de nuestras letras hispanas.*

Juan Cruz Mendizábal

## «UNA CONCIENCIA MUSICAL»

Un ensayo de Carpentier que leí recientemente, «El folklorismo en la música», me recordó mi niñez por la siguiente frase: «Lo cierto es que hay que dejar actuar el sonido por cuenta propia; dejarlo penetrar en la cera sensible del oído infantil donde, no hay que olvidarlo, existe un arpa minúscula y prodigiosa, que percibe energías sonoras situadas más allá del temperamento o de los fraccionamientos posibles e infinitos del tono». Leyéndola pensé de pronto en Gilda Ventura, una niñera que me cuidó cuando tenía siete años. Todo lo que he escrito hasta hoy ha sido un intento de relatar la historia de aquellos tiempos en los que adquirí, gracias a Gilda, una conciencia musical de mi país.

Nací en Ponce en la década del cuarenta, en un barrio de casa estilo español californiano, de techos inclinados de tejas, jardines sembrados de palmas reales, árboles de mangó y exhuberantes bouganvilleas. Las calles de la Alhambra llevaban todas nombres de lugares exóticos, tales como Lindaraja, La Giralda y El Generalife, que muy pronto los habitantes del pueblo transformaron burlonamente en Linda raja, La Grisnalga y El General Life. Nuestros vecinos se empeñaban en vivir en un plano de fantasía desatada: la década del 40, así como la del 50, fueron turbulentas en Puerto Rico, marcadas por los levantamientos nacionalistas, las huelgas de la caña y la guerra de Corea, y en aquel ambiente caldeado la burguesía puertorriqueña se refugiaba a piedra y lodo en sus mansiones de cal y canto. En La Alhambra a menudo se celebraban carnavales de temas exóticos como por ejemplo, la Corte del Sultán de Samarkanda, o los Piratas de la Malasia, o las Muñecas de Madame Récamier. Estos carnavales estaban más a tono con las novelas de Pierre Loti y los cuentos de *Las Mil y una Noches*, que con la caótica realidad social y económica de la isla entonces. A ellos se sumaba una veneración sin tasa por la música clásica, que era considerada por los habitantes de La Alhambra la reina de las artes, por su poder de elevar el espíritu humano a las esferas de lo sublime. Durante la primera mitad del siglo, por ejemplo, el pueblo fue testigo de una pugna histórica entre dos grupos musicales de gran prosapia. Por un lado estaba la Banda Municipal de Juan Morel Campos, cuya dirección heredaron Cocolía y Tomás Rabel, y por otro lado se encontraba el conjunto musical de Don Arístides Chavier. La banda era la preferida en el pueblo, y tocaba música popular y danzas con ritmos negroides, influencia que Morel Campos integró por primera vez a la música puertorriqueña con gran éxito. El conjunto de Chavier, por otro lado era el preferido en La Alhambra; tocaba sólo música clásica, y las danzas que ejecutaba seguían todas la pauta musical francesa. En aquella época la gente del pueblo escuchaba los conciertos de ambos conjuntos en el Teatro La Perla, un hermoso edificio de sobrias columnas jónicas, desde los balcones de sus casas, ya que una vez lleno el teatro, la municipalidad ordenaba que se dejaran abiertas las ventanas del mismo, para beneficio de los que se habían quedado fuera.

En nuestra casa, por ejemplo, se tocaba mucho el piano durante veladas musicales muy concurridas, y no era extraño escuchar en las noches los acordes de Liszt, de Grieg y de Schumann transponer las vallas de cal y canto, con los que se intentaba conjurar la oscuridad inhóspita y amenazadora del pueblo que la rodeaba. Esta veneración de mis padres por la música clásica, sin embargo, amía veces me resultava conflictiva. Era indudablemente un privilegio poder escuchar aquella música, en un pueblo arrasado periódicamente por el crimen y la violencia. Pero escuchar música clásica exigía una total aquiescencia, una aceptación silenciosa de una hermosura que yo en el fondo resentía.

Aquellas veladas musicales se parecían a los servicios religiosos de la capilla de la Academia del Sagrado Corazón donde yo estudiaba, y donde las monjas exigían venerar la presencia divina en la custodia rodeada de rayos de oro como materia absoluta de fe. Fui siempre, como Fortunata, una niña rebelde, y bastaba que me dijeran que tenía que aceptar una verdad incondicional, desterrando de ella toda duda, para que inmediatamente sintiera en el alma un cadillo de contradicción. Al igual que Fortunata en sus visitas a la capilla de las Micaelas, cuando iba a la capilla del Sagrado Corazón imaginaba que «la sagrada forma» también me respondía frases cómo: «No mires tanto este cerco de oro y piedras que me rodea, y mírame a Mí que soy la Verdad. Acéptala y no pidas imposibles». O quizá: «¿Crees que (las mujeres) están aquí para mandar, verbigracia, que se altere la ley de la sociedad sólo porque una marmotona como tú se le antoje» y ese era precisamente mi problema: yo, marmotona de siete años, quería lo imposible, que la «sagrada forma» (mis padres, la sociedad) también me reconociera el derecho de mandar, o, al menos, a que no me mandaran. Y con la música clásica me pasaba lo mismo que con «la sagrada forma». Con ella no se podía hablar, no había manera alguna de comunicarse, de responder a lo que me estaba diciendo. Su hermosura era absoluta, contundente, total, y, como si eso fuera poco, había sido toda compuesta por hombres: Beethoven, Chopin, Schumann, Liszt. Estaba muy bien ser Dios y hablarle a los feligreses desde el éxtasis que producían el fervor y la fe, pero cuando se estaba del otro lado del altar o del piano, del lado de las mujeres y de los niños, así como de los pecadores silenciosos de este mundo, la experiencia ya no me parecía tan sublime.

La Alhambra quedaba cerca del Barrio de San Antón, «el barrio donde nació la plena», como dijo una vez César Concepción. Había sólo que tomar un camino vecinal que giraba a la derecha por una trocha de espesos árboles de quenepa y de mangó y, cruzando el cauce seco del Río Portugués, se estaba ya en San Antón. Casi se podía decir que San Antón colindaba con La Alhambra por la parte de abajo o por la parte «de atrás», lo que resultaba adecuadamente simbólico, ya que en San Antón tenía su establecimiento Isabel la Negra, la prostituta más concurrida del pueblo, predilecta de muchos de los caballeros que residían en La Alhambra. De no ser por la glera pedregosa del río, que abría una herida seca y polvorienta desde el valle hasta el mar, los patios traseros de ambos barrios se hubiesen confundido en una misma vecindad.

De San Antón venían las sirvientas que hacían las labores domésticas en las casas de La Alhambra, y de allí llegó a la nuestra un día Gilda Ventura. Era negra, alta, y delgada, y tendría a lo sumo diecisiete años. Su piel me recordaba la corteza cobriza de los almácigos, unos árboles que sólo se dan en la costa sur de la isla, y en los cuales, según la tradición popular, habitan las almas rebeldes de los Caribes. Me gustaba verla dibujarse una boca color cundeamor sobre sus gruesos labios marrones con un solo trazo experto de la mano. Era alegre y respondona: nunca se quedaba callada cuando mi madre le llamaba la atención por darme a comer Lindberghs, unos hielos deliciosos, hechos con jarabes de colores brillantes, que se pusieron de moda luego de la visita de ese aviador a la isla, y que se vendían por la calle en unos mugrosos carritos llenos de moscas.

Gilda había hecho su propia adaptación de la filosofía de Nietzche, y le gustaba repetir solemnemente en aquellas ocasiones «lo que no mata engorda», como si dijera «lo que no te mata te hace más fuerte», mientras me entregaba con un guiño la golosina.

Solía vestirse con trajes de algodón estampados con flores, y se ataba a la cabeza un turbante de la misma tela. Un día le pregunté en broma si aquella decoración era idea suya, o si trataba de copiar a la Aunt Jemima de la caja de pancakes y waffles que a raíz de la creciente influencia norteamericana habían invadido nuestra cocina. Me contestó muy seria que aquéllo no era una decoración; las mujeres de San Antón llevaban turbantes porque así se les hacía más fácil cargar hasta su casa el agua en grandes latones de manteca sobre la cabeza. Con Gilda aprendí muchas cosas; que no todo el mundo sólo necesitaba abrir la pluma para lavarse las manos, por ejemplo: que no toda la música de este mundo era clásica y muda; y que había otro tipo de música que no sólo le hablaba a uno, sino que permitía que uno le hablara de vuelta. Gracias a Gilda, en fin, aprendí que en los jardines de La Alhambra, no vivíamos en California ni en España, sino en Latinoamérica.

Gilda descubrió dos maneras eficaces de aleccionarme sobre la historia. En primer lugar, comenzó a llevarme con ella al cine todos los sábados, cuando le tocaba su tarde de recreo. En vez de ir a la tanda vermouth de Fox Delicias, donde iba la gente amiga de mi familia, y donde se presentaba «El Templo de los Dioses», con Johnny Weissmuller, o «Al Este del Edén», con James Dean y Joanne Woodward, íbamos clandestinamente a lo que en mi casa llamaban «meaítos», al teatro Broadway y al teatro Habana, donde era necesario tomar la precaución de no sentarse debajo de la platea de a peseta, por temor al escupitajo que podía descender lentamente sobre nuestras cabezas, grande y verde como una aguaviva en diciembre. Allí descubrí un mundo hasta entonces desconocido para mí: el mundo de María Félix, de Pedro Infante, de Agustín Lara, de José Alfredo Jiménez y de Jorge Negrete. Hasta ese momento había creído que el inglés era el idioma de todas las estrellas del cine, ya que hasta James Mason y Ava Gardner en «The Flying Dutchman» hablaban en ese idioma; y lo mismo hacían Clark Gable y Grace Kelly en «Mogambo». La predilección de Gilda por el cine mexicano la llevó a hacerme un Album de Estrellas muy especial. Gilda recortaba, de las páginas de *Vanidades* las imágenes de María Félix, de Libertad Lamarque y de Dolores del Río y juntas las adheríamos con engrudo de harina y agua a una libreta escolar con tapa de marmolina blanca y negra. Las uñas de María Félix, sobretodo, me obsesionaban, porque eran increíblemente largas y rojas. Mi madre no se hubiese nunca dejado crecer uñas así, ni ninguna de las actrices de cine norteamericanas como Doris Day o Grace Kelly, que ella siempre me ponía como ejemplo, porque eran finas, rubias y bien educadas. Y sin embargo, a mí me gustaban enormemente las uñas de María Félix, así como su sereta negra y alborotada, y la encontraba mucho más bonita que las desaguadas actrices de Hollywood.

A las pocas semanas de ver mi primera película mexicana, Gilda sintonizó en la radio el domingo en la noche el programa de Quiñones Vidal, que pasaba la WNEL, para escuchar el Noticiero Radial. Descubrí entonces que existía otro tipo de música, muy distinta de la que se tocaba en la sala de mi casa. Me volví fanática del programa de Quiñones Vidal y cantaba a todas horas del día por la casa los boleros de María Grever y de Pedro Vargas, los versos de «Júrame», «Cuando vuelva a tu lado», «Volveré», «Por unos ojazos negros», «Estrellita», «Solamente una vez», «Flores negras», «Piénsalo bien», «Noche de Ronda», «Odiame» y «Ojos Malvados».

Pero la música popular latinoamericana fue sólo una de las puertas de la historia que Gilda me abrió. Poco después me abrió también la del Puerto Rico de entonces, marcado por la violencia, por la desesperanza, pero muchas veces también por la belleza y por el humor. Comenzamos a sintonizar en las noches, en otras estaciones de radio, «la voz» de Felipe Rodríguez. Felipe era un jibarito de Caguas de bigote fino, pelo abrillantado con Glostora, Smoking ajustado y alquilado por hora, y una voz fañosa de «cacharro viejo» que tomó por aquel entonces a la isla por asalto. Se había hecho famoso cantando con su Trío Los Antares en el Palladium de Nueva York, y, en 1950, cuando estalló la Guerra de Corea, se convirtió en el héroe nacional de los puertorriqueños que se embarcaban hacia allá diariamente. «La última copa», un tango melancólico y nostálgico, se convirtió en el himno de las tropas con las que se formó el Regimiento 65 de Infantería. Felipe cantó ese tango en todas las despedidas del mismo:

> *Eche amigo, nomás écheme y llene*
> *hasta el borde la copa de champán*
> *que esta noche de farra y alegría*
> *el dolor de mi alma quiero ahogar.*
> *Es la última farra de mi vida,*
> *de mi vida, muchachos, que se va,*
> *mejor dicho, se ha ido tras ella*
> *que no supo mi amor nunca apreciar.*

El tango no tenía gracia; la letra no podía compararse, por ejemplo, con la de «Júrame» o «Noche de Ronda». Nada en él aludía directamente a la realidad de los puertorriqueños de entonces, pero en el verso «esa última farra de mi vida, de mi vida muchachos, que se va» estaba implícita la tragedia que significaba el embarcarse camino a una guerra asiática que no tenía nada que ver con ellos. Al tango «La última copa» de Felipe siguieron otras composiciones que se tocaban por la radio, y que aludían también a la Guerra de Corea. «Carta» de Daniel Santos, y «Nuestro Regimiento» de Bobby Capó, que había de convertirse en la «Marcha del 65». Aquellas composiciones que sintonizábamos en las noches por la radio hicieron que la Guerra de Corea transpusiera las tapias de bouganvillea de mi casa, y se volviera para mí una realidad innegable.

En los programas radiales de Quiñones Vidal se tocaban también otra música que aludía a la candente realidad de la época, como por ejemplo, las plenas. La plena, aunque de ritmo negroide, es un tipo de canción que, como el romance español o el corrido mexicano, hace las veces de periódico cantado, y tiene como función informar de un evento o noticia sensacionalista al pueblo en general. La plena nació en Ponce, como bien dice César Concepción, y específicamente en el barrio de San Antón. A Gilda, por ser de San Antón, le encantaban las plenas, y fue gracias a ella que escuché por primera vez «Mamita llegó el Obispo».

El año 1952 fue año de elecciones, y se dibujaba en el panorama una pugna cerrada entre el Partido Popular, que se encontraba en el poder, y el obispo de Ponce, Monseñor Jaime Mac Manus. El obispo vivía también en La Alhambra, en una casa tipo cortijo español muy parecida a la nuestra, y decía misa todos los domingos en una capilla que se había hecho construir al lado de la misma. La casa, que había pertenecido antiguamente a los Oppenheimer, tenía una historia truculenta, que rodeaba al obispo con un áurea de hombre beatífico, que santificaba los lugares malditos y derramaba el bálsamo de la paz sobre los matrimonios atribulados. En ella había tomado lugar una de las historias más negras de Ponce. Jorge Oppenheimer estaba casado con Rosina Sánchez, renombrada por su belleza en el pueblo. Jorge se había ido de viaje y había regresado inesperadamente a la casa, sorprendiendo a su esposa en brazos de un amante. La había sacado fuera de la cama a tirones, arrastrándola por el pasillo y por las lujosas escaleras enrejadas, arrojándola fuera de la casa y pegándole tres tiros por la espalda mientras la desgraciada mujer corría despavorida por el jardín. Enfurecido por los celos, Jorge había vuelto entonces a subir las escaleras, ajusticiando en el balcón de rellano al desafortunado amante, y suicidándose luego de un balazo en la sien.

Como consecuencia de esta tragedia, la casa de los Oppenheimer había permanecido clausurada durante años, antro de vándalos y de maleantes, hasta que el obispo la compró y celebró en ella una misa de difuntos, en la que le confirió públicamente la paz al alma de Jorge y Rosina, a pesar de él primero haberse suicidado. Luego de la misa se celebró un desayuno de Pascua Florida en la casa, durante el cual todo el pueblo de Ponce desfiló frente al exhuberante balcón del crimen. Se comentaba sotto voce que aquel balcón, que Jorge Oppenheimer había mandado a copiar de la escalera de Sunset Boulevard, la película donde Gloria Swanson tiroteaba a William Holden por la espalda, había sido la verdadera causa de aquella tragedia, y el castigo de su soberbia. En memoria del hecho, y para probarle a los habitantes de La Alhambra que la sangre del adulterio había sido lavada para siempre de aquellos pisos, el obispo había hecho construir en el jardín una capilla, decorada con unos murales excelentes al estilo de Diego Rivera, obra de Vela Zanetti, un pintor catalán que se había amancebado con una jíbara en las cercanías de las Tetas de Cayey. En ellos se representaban escenas «idílicas» del campo puertorriqueño, en las que aparecían jíbaros cortando caña, despalillando tabaco y recogiendo café. Pero como por aquella época Muñoz Marín acababa de llegar al poder con una plataforma de visos socialistas, gracias al voto de esos mismos jíbaros, a los feligreses de La Alhambra que acudían todos los domingos vestidos con sus mejores galas a oír la misa del obispo en la casa purificada de los Oppenheimers, aquellos murales les sabían a jarabe de ipecacuana.

Mac Manus era un irlandés rubicundo y bien parecido (en el pueblo le decían «Marshmallow»), que tenía muy buenos amigos en La Alhambra. Cuando decía misa en la capilla, pronunciaba siempre sus sermones en inglés, porque sabía que lo entenderían perfectamente, pero cuando oficiaba en la Catedral, que se encontraba en el pueblo, hablaba en un español «goleta» con mucho acento, de manera que lo que decía por lo general pasaba como zepelín por encima de la cabeza de los feligreses. Fue gracias a su iniciativa que se fundó la Universidad Católica de Ponce, y su actividad entre los pobres de la Playa de Ponce y otros arrabales peores era incansable. Aquel año, sin embargo, algunos meses antes de las elecciones, Mac Manus circuló una hoja suelta en la cual afirmaba que «el Partido Popular había sido enemigo de los ideales católicos por muchos años». El escándalo se intensificó cuando dio un sermón en la Catedral afirmando que todo aquel que votara por el Partido Popular quedaría *ipso facto* excomunicado de la Iglesia Católica. A pesar de que nunca se hizo pública la razón que tuvo Mac Manus para tomar esta decisión, en el pueblo y en La Alhambra se comentaba que el obispo acusaba privadamente al Gobernador Don Luis Muñoz Marín de haber vivido durante años «en concubinato» con su actual legítima esposa, razón por la cual no tenía autoridad moral para ocupar la silla de la gobernación. Al Gobernador, que se encontraba en aquel momento en busca de un «issue» con el cual darle ímpetu a su campaña de reelección, la denuncia de Mac Manus le cayó como una batata del cielo.

No bien se enteró de lo que sucedía en torno a Muñoz y al Obispo, Gilda comenzó a revolver todas las noches con ahínco el botón de sintonía de nuestra radio. —Vas a ver lo que pasa, me decía, aquí se va a formar la tángana—. Y así fue. A los pocos días, sintonizamos por primera vez la plena «Mamita llegó el Obispo», cuya letra decía;

> *Mamita llegó el Obispo,*
> *Mamita llegó de Roma*
> *Mamita si tú lo vieras,*
> *¡Qué cosa linda, qué cosa mona!*
>
> *Dicen que no bebe rón,*
> *Pero lo bebe por cuarterolas*
> *Mamita si tú lo vieras,*
> *¡Qué cosa linda, qué cosa mona!*
>
> *El Obispo juega topos,*
> *Se emborracha y se enamora,*
> *Mamita si tú lo vieras,*
> *¡Qué cosa linda, qué cosa mona!*
>
> *Y dicen las hermanitas*
> *Del Sagrado Corazón*
> *Muchachas tengan cuidado*
> *¡Qué ese obispo es un león!*

Como resultado de aquella plena, el Partido Popular ganó las elecciones por cuatrocientos mil votos, la mitad de la población de la isla quedó excomulgada de la Iglesia Católica, y algún tiempo después el Obispo Mac Manus fue ordenado de regreso a la diócesis de Nueva York.

Muchos años más tarde me casé y me fui de Ponce, y perdí por completo el rastro de Gilda. No sé cómo llegó a encontrarme, pero un día me fue a ver a mi casa en la capital. Vestía el hábito blanco con cordón azul atado a la cintura de los que pagan promesa, y había perdido su antigua lozanía, pero me trató con el cariño de siempre. Me contó que se había casado y había tenido seis hijos, que su marido la había abandonado y necesitaba ahora luchar sola para criarlos y educarlos. Estaba, además, gravemente enferma. Le habían diagnosticado cáncer y necesitaba operarse. Cuando le ofrecí costear los gastos de la operación me aseguró que no era nada, que no sería necesario, ya que en el hospital Municipal, fundado durante la incumbencia de su héroe Don Luis Muñoz Marín, la operarían sin costo alguno, pero que necesitaba pedirme un favor. Cuando le pregunté cuál era se rió con su risa fuerte de siempre, y, echando hacia atrás la cabeza me dijo: —Quiero que le regale una campana a la iglesia de mi barrio de San Antón. Ya sabe lo mucho que me gusta la música y, si voy a tener que morirme, quiero hacerle saber a Dios que a la hora de mi muerte tampoco me quedé callada—.

Cuando algunos meses después supe que Gilda había muerto visité la iglesia de San Antón. Mientras doblaban las campanas le agradecí en silencio el haberme despertado en la niñez una conciencia musical, que me permitió más tarde intentar relatar la historia de mi pueblo.

Rosario Ferré<br>
Washington D.C.<br>
1987

### «UNA REVALORACION DE LA TRILOGIA
### *MUJER Y HOMBRE* de Elena Soriano»

El caso de la novelista Elena Soriano es notable en la generación de la posguerra a la cual pertenece. Después de publicar su primera novela *Caza menor* (1951), Elena Soriano en 1955 escribió una trilogía denominada *Mujer y hombre* compuesta por *La playa de los locos, Espejismos* y *Medea 55* que formaban una unidad temática aunque no argumental. Por razones un tanto inexplicables, que trataremos de elucidar, la primera de estas novelas fue censurada prohibiéndose su publicación tajantemente (aunque algunos volúmenes se difundieron clandestinamente puesto que el libro ya estaba impreso). El impacto que este suceso tuvo no sólo en la difusión de la trilogía, sino en la obra creativa de Elena Soriano, fue considerable, silenciándola como novelista, aunque continuó su labor literaria editando la revista *El Urogallo* desde 1969 a 1976 [1].

El nombre de Elena Soriano quedó así relegado hasta que en 1985 publicó *Testimonio materno* una obra emocionante de carácter autobiográfico donde la escritora narra la vida y la muerte en extrañas circunstancias de su único hijo varón Juan José; denunciando la sociedad española de la posguerra y en particular la generación de los años sesenta y setenta interesada en las drogas y estilo de vida diferentes. Movida por el éxito de esta obra, Elena Soriano decidió publicar, después de más de treinta años, su malograda trilogía, que salió en noviembre de 1986.

Es de interés histórico y literario el revalorar estas tres nove-

---

1. Además de su labor de editora de esta revista, publicó en ella una serie de artículos titulados «Defensa de la literatura. Apuntes para un ensayo interminable» que actualmente piensa reeditar en un libro (Recientemente *El Urogallo* ha vuelto a aparecer, pero Elena Soriano ya no lo edita). A la vez colaboró en otras revistas literarias como *Indice* con ensayos sobre el teatro de Jean Anouilh, André Gide y Jean-Paul Sartre entre otros. Consúltese el artículo de María Alfaro.

las en el momento presente y en conjunto puesto que no tuvieron una justa oportunidad en su día.[2] Otro aspecto de nuestro análisis será el considerar a estas obras bajo el punto de vista feminista para establecer su validez bajo estas normas críticas ya que, a pesar de su apariencia inofensiva en 1955, la caracterización de los personajes femeninos sugiere una temática audaz, determinada por una época socio-cultural que pondríamos en tela de juicio actualmente.

Como indica su título, la trilogía *Mujer y hombre* se centra en las relaciones entre personas de ambos sexos, y al anteponer el nombre femenino —frente al orden convencional de «hombre y mujer»— se sugiere ya una intención feminista. La protagonista de la primera novela, *La playa de los locos*, es una mujer de casi cuarenta años que vuelve al lugar de su primer y único amor después de veinte años. Todo el libro es una carta que ella le escribe a él bajo el inconspicuo encabezamiento de «Querido Mío»; sus nombres no les son descubiertos al lector que los identifica simplemente como tú y yo. La carta le sirve de catarsis a la protagonista, puesto que conforme la escribe se va percatando de la realidad, y al concluir decide tirar la carta al mar convencida, finalmente, de su futilidad.

Toda la narración es un contraste entre el pasado, indicado entre paréntesis, y el presente; entre el antes de sus recuerdos y el ahora y aquí de su nuevo viaje. Cuando llegó de joven a esta playa de veraneo, ella acababa de recibir una cátedra de instituto y era una mujer vital, atractiva y, sobre todo, estaba muy segura de sí misma. El era más joven, estudiante de medicina y sin demasiadas experiencias, o eso creyó ella al conocerle. De hecho, él estaba íntimamente relacionado con las causas políticas y se une a los republicanos cuando estalla la guerra civil abandonándola sin despedirse. A pesar de la intensidad de su atracción mutua, es de notar la falta de verdadera comunicación entre ellos. En ninguna ocasión discutieron sus ideales políticos ni religiosos aún por aquellas fechas tan decisivas. Esta falta de comunicación es evidente en las tres novelas de la trilogía y explica, en parte, la incomprensión entre las mujeres y los hombres.

---

2. El ensayo más extenso sobre su novelística es el de Juan Luis Alborg en *Hora actual de la novela española*, vol. 2. En la biografía más reciente la obra de Elena Soriano brilla por su ausencia. Por ejemplo, su nombre no aparece en el libro de Gonzalo Sobejano cuando encuadra perfectamente bajo la clasificación de novela existencial que utiliza este crítico. Eugenio G. de Nora la dedica tres páginas. El estudio de Lucía Fox-Lockert es más extenso, pero de carácter esquemático y a menudo con interpretaciones erróneas. Tan sólo Ignacio Soldevila se pregunta por la truncada carrera de Elena Soriano (192).

Más sorprendente todavía es que no consumaran su amor cuando la pasión les unía y pasaron juntos tres semanas tan intensas. La narradora se lo pregunta también en algunas de las muchas preguntas retóricas que pueblan su texto (46, 68). Su conducta se debió a las convenciones sociales típicas de la educación femenina:

> ¡Debió ocurrir entonces! ¡No debiste hablar siquiera, sino dar unos majestuosos pasos y tomarme...! Pero existe la civilización, existen unas convenciones, unas fórmulas protocolarias, unos laberintos por donde se extravían instinto y voluntad, dejando escapar el objetivo más real y urgente. El mecanismo social comenzó a funcionar de un modo perfecto (46).

Los dos, pero especialmente la mujer, se dejaron llevar por la costumbre de los roles establecidos de 'dominador y dominada' al que se refiere en este pasaje. Ella se hace pasar por menor y menos culta que él ocultando sus verdaderos conocimientos y deseos. El tabú de la virginidad femenina es el que rige sus acciones y la frustra en el proceso (59-61). Se atreve a coquetear con él y le gusta el contacto físico, pero es incapaz de amarle sin reservas, temiendo que él la menosprecie después. Una capa de engaño y sospecha la separa del hombre. Elena Soriano, al presentar una situación extrema que determina la condición de la protagonista, denuncia el puritanismo de la época. No es de extrañar, entonces, que esta novela fuera censurada tan severamente; aunque en realidad no pase nada, se sugiere un mensaje subversivo que en esta ocasión no se les escapó a los censores.[3]
. Sin dejar de tomar en cuenta que esta novela fue publicada hace más de treinta años por primera vez —la misma autora admite que la escribiría de muy diferente forma hoy en día (10)— el rasgo más inquietante para el lector contemporáneo es el concepto que la protagonista tiene de sí misma en el presente de la narración. Pese a su excelente educación, la base de su estima es estrictamente su apariencia física. De joven se sabía guapa, jactándose a menudo de ello, pero conforme declina su atractivo físico va perdiendo su confianza, hasta el punto de sentirse fea, vieja, y fracasada cuando todavía no había cumplido los cuarenta años (14, 17). El én-

---

3. Elena Soriano elabora detalladamente sobre la censura de esta novela en la introducción a la edición de Argos Vergara, 1984. Luis Suñén le dedicó en esta ocasión un artículo en *Insula* a esta obra.
4. Explícitamente indicado en estas palabras: «Aunque vuestra intención sea insultante y errónea, vuestra intuición fundamental es exacta: sí, aunque somos sólo eso, somos pedazos de carne, carne sensible y entrañada, pronta a sangrar y vibrar al menor roce, con los cinco sentidos aguzados y tensos como antenas, para sentiros a vosotros, sobre todo. Esta es la triste y gloriosa condición de nuestro ser: la servidumbre de nuestro cuerpo. Y, por

fasis en la belleza de su cuerpo llega a lo patológico y se debe a la idea de que a los hombres sólo les interesan las mujeres por la apariencia física, de aquí su desesperación al notar el paso del tiempo temiendo el abandono del hombre.[4]

Relacionado con esta actitud, el motivo del espejo se repite varias veces en la novela como el testigo del cambio que ha experimentado su cuerpo. En ocasiones rehuye a enfrentarse con los espejos para no ver su aspecto lamentable (16, 40, 92). En un caso se mira en el espejo y recuerda como era al verse de joven: «...miré en él mi suelto peinado y el brillante y tersísimo arrebol de mi primer asoleo» que contrasta con el reflejo de su imagen más madura: «...veía mis cabellos recién teñidos en la ciudad... Veía mi boca y no lograba ensayar la franca sonrisa, por miedo a descubrir los puentes de oro... Veía mis ojos y, por mucho que los sentía cosquilleantes y húmedos de emoción y alegría, no lograba hallar en ellos el reflejo del radiante verano, sino fugaces sombras pasando sobre unas aguas turbias...» (30-1). El símbolo del espejo es evidente, pero además de sus características típicas, aquí está asociado con el mito de Blancanieves. La protagonista, como la madrastra del cuento, quiere ser la más bella de las mujeres.[5] El conflicto con el hombre se acentúa al mismo tiempo con el papel mítico del 'príncipe' que debe representar la figura masculina (68).

La imagen del espejo continúa en *Espejismos*, la segunda novela de la trilogía, donde Elena Soriano sugiere ya por el simbolismo del título las falsas premisas que existen en las relaciones entre mujeres y hombres. También Adela, la protagonista de esta obra, como la de la anterior, sufre una crisis de confianza, aquí al enfrentarse con una inminente operación quirúrgica, expresada elocuentemente en una serie de monólogos interiores (103, 115).

Igualmente ella se mira al espejo y se imagina a las demás mu-

---

eso mismo, nuestro cuerpo es nuestro único título válido para vosotros: cuando decae, cuando perdemos lo único que vosotros llamáis nuestro atractivo, y cuando desaparece nuestra primordial condición fisiológica, perdemos las dulces laderas por donde podíais llegar a lo mejor de nosotras, a nuestras pequeñas cimas espirituales» (76).

5. «Hubiera querido prescindir del espejo, y no podía, y casi lo maldije, como la infeliz madrastra de Blancanieves» (30). Este síndrome establece una competencia con las demás mujeres para conseguir la atención del hombre que las separa también. Interesantemente, la amistad entre mujeres, rasgos feminista positivo, está ausente en la trilogía salvo la relación un tanto cuestionable de Alba y Daniela en *Medea*. Hay otras menciones del espejo en *Espejismos* (106,110) donde también se desarrolla el mito de Blancanieves: «...mirándome al espejo, se me presentan fantasmas, los fantasmas de mis posibles rivales: todas las mujeres más hermosas que yo, más jóvenes, más inteligentes, más cultas, incluso más buenas...» (113) y Pedro, a su vez, mira la buena figura de su nueva pareja en el espejo (170). El simbolismo más completo del espejo se da en *Medea* cuando la joven esposa se contempla la mañana después de su boda (290).

jeres más jóvenes y hermosas como rivales (113). Pero la diferencia básica entre ésta y la primera protagonista es que Adela es una mujer casada y sus reflexiones, de tipo existencial, se centran sobre las desigualdades en el matrimonio.[6] Esta institución es vista como una cruz por el hombre también (152, 186), y de aquí el significado del epígrafe bíblico: «Si alguno quiere venir en pos de mí, niéguese a sí mismo y tome su cruz y sígame» (99).

Después de varios años de convivencia, la relación entre los cónyuges ha perdido su vitalidad, convirtiéndose en una de tedio y rutina; acentuada por la enfermedad de ella han pasado varios meses sin tener relaciones sexuales. Mientras Adela espera al médico en su habitación de la clínica, sus pensamientos corren a través de lo que han sido esos años de matrimonio: al principio se querían mucho, salían más, luego vino el primer embarazo y la muerte del hijito, seguida de otros embarazos frustrados y el nacimiento de su único hijo. A pesar de la aparente tranquilidad en casa, la mujer se siente envejecer y sospecha que el marido le es infiel. El papel tradicional de esposa y madre le pesa provocando una crisis tan penetrante como ésta que recuerda:

¿Cómo decirte, a ti ni a nadie, sin parecer vulgar y ridícula, la simple y amarga verdad única: que me siento defraudada, traicionada, olvidada, derrotada, incomprendida? ¡Una mujer incomprendida! Ya salió la gran frase, que hace reír a todo el mundo, y dar la réplica consabida: «No te quejes, no tienes ningún derecho a sentirte infeliz. A pesar de todo, el mejor destino de una mujer es ser casada y vivir a la sombra de un hombre, y el tuyo es trabajador, y te quiere y te respeta y te da un hogar cubierto de necesidades. Y, para colmo, tienes un hijo sano y hermoso... ¿Qué más quieres? No puedes pedir más...» Sí, ya lo sé, que es inútil y grotesco pedir más, porque no lo hay. Ya sé que mi matrimonio es eso que se llama un matrimonio normal y feliz y que mi vida es una vida normal y cumplida de mujer, y que mi única perspectiva es el ser matrona honesta que debe abandonarse a la fealdad, a la sequedad o a las grasas, a los trajes serios, a la repostería, a las labores y a las prácticas devotas... Y aceptar mi destino. Pero, ¿es pecado que me parezca demasiado duro e injusto? (122).

La dialéctica de este discurso contiene un marcado tono feminista incluso para nuestros días, que todavía es más evidente al considerarlo en el contexto de los primeros años de la posguerra

---

6. Sobre los rasgos existenciales en la obra de Elena Soriano consúltese el valioso ensayo de Janet Winecoff.

cuando fue escrito y la moral católica de la perfecta casada que condena.[7]

La queja de la mujer cobra más patetismo cuando ella entra en el quirófano y cambia el punto de vista narrativo; con la misma técnica del monólogo interior —nótese que no existe el diálogo entre la mujer y el hombre— se nos presentan los pensamientos del marido, Pedro.[8] Aunque su descontento esté bien fundado en lo que se refiere al carácter quisquilloso de su mujer (148-151), pierde la simpatía del lector al descubrir que las sospechas de Adela eran justificadas, pues él tiene una 'novia', una estudiante jovencísima, desde hace algún tiempo. Irónicamente, la esposa está dispuesta a perdonarle como única posible alternativa decente para la mujer casada (en una sociedad donde no existe el divorcio) y así perpetúa su cruz porque él tiene que seguir su doble vida con la chica joven que ya empieza a cansarle (114). La injusticia social de las normas del matrimonio, típicas de una sociedad patriarcal, basadas en la fidelidad de ella y la infidelidad de él es patente. Inclusive, Pedro admite la desigualdad de los papeles: «Ella no puede hacer lo mismo, por su propia, desgraciada, efímera y pasiva naturaleza, aunque siga sintiendo anhelo y capacidad de goce: es grotesco, inmoral y hasta patológico, que una mujer madura busque amor en un joven y pretenda obtener placer de él» (153).

Estas diferencias crean un antagonismo entre los sexos en las tres novelas de la trilogía; no se trata tanto de 'mujer y hombre' sino de 'mujer contra hombre'. En *La playa de los locos* se cuestiona el concepto mítico del amor en sí, en *Espejismos* se explora la sexualidad femenina frente a la masculina, pero es en *Medea* donde se pone de manifiesto más evidentemente la confrontación en la lucha por el poder.[9] Su estructura dramática (diferente a la de los monólogos interiores de las dos primeras novelas que ponen de relieve la incomunicación) sirve para definir a los contrincantes enfrentándolos en los tres diálogos que constituyen la novela [10]. La polémica, a la vez, cobra un carácter universal al salir del ambiente español de la posguerra y por la referencia clásica del título.

Daniela Valle es la Medea contemporánea, una actriz en el ocaso

---

7. Para un estudio de la moral prevalente en la época de posguerra, véase el valioso estudio reciente de Carmen Martín Gaite, *Usos amorosos de la postguerra española*.
8. La caracterización tan lograda de este personaje demuestra el talento narrativo de Elena Soriano en contra de la opinión esterotípica de que la mujer novelista no puede crear personajes masculinos creíbles.
9. Elena Soriano suprimió el «55» del título a partir de la primera edición al considerarlo innecesario puesto que el mito de Medea es intemporal (189).

de su carrera que está dispuesta a sacrificarlo todo por el amor de su esposo. Pero Miguel, el moderno Jasón, la repudia, a pesar de que ha llegado a su alta posición política con su ayuda, por una jovencita inocente que le será más útil como esposa. La caracterización explícita de Daniela (al contrario de las dos protagonistas anteriores) la muestra como una mujer devoradora de hombres a quien no le importa venderse para conseguir sus fines. Su pasión contrasta con el carácter frío y calculador de Miguel: un hombre misógeno, incapaz de amor, que considera a la mujer como un ser inferior; citemos este pasaje como indicativo de sus ideas:

> Miguel Dargelos tenía sobre las mujeres un concepto peyorativo implacable, que en parte, no era imputable a él mismo, sino a la mala educación sentimental que ellas mismas le habían dado: jamás, en su vida, tuvo que solicitarlas y mucho menos perseguirlas, y supo demasiado pronto, de modo incontestable, que ellas buscaban, provocaban, perseguían, se arrastraban, eran capaces de las mayores abyecciones, por algo que para él, siendo también grato, siempre fue secundario, incluso humillante para su espíritu y en lucha con cierta suprema aspiración ascética. Por ello, aunque poseía normal instinto viril y hasta, en alguna ocasión, se creyó enamorado, su mismo sentimiento era tibio, inerte y turbio, mezclado de compasión, menosprecio y sobre todo, de rencor hacia el ser inferior que le obligaba a claudicar físicamente. Y, aunque siempre le habían ayudado y aun salvado mujeres, jamás pensó que lo hicieran por inteligencia ni comprensión, sino por los oscuros intereses de su impura naturaleza. Ninguna de ellas perduraba en su memoria como amiga, sino como amante exigente, despechada o abandonada (230-1).

Cabe preguntarse por qué Daniela sigue amando a un hombre como éste.

Las otras dos figuras femeninas de la novela representan dos polos opuestos. Misia Alba, exótica en su mesticismo hispanoamericano, es casi una caricatura de la mujer culta de educación europea con rasgos como su lenguaje híbrido y afrancesado. Más que mujer parece una musa que inspira a los jóvenes amantes, aunque su poder sea tan efímero como el del amor. Contrasta su agudeza con la inocencia de la nueva esposa de Miguel, víctima por excelencia de él y del despecho de la otra esposa. Daniela, siguiendo la tragedia clásica, sacrifica a su hijo todavía por nacer y destruye la fe inocente de la joven esposa enviándole, como regalo de bodas, las fotos, cartas, recortes de periódico y otros recuerdos delatantes que ella, protegida por sus padres, desconocía.

A pesar de la insistencia que se ha hecho sobre la independencia argumental de las tres novelas de la trilogía (Alborg 354-355), es mi opinión que al revalorarlas desde el punto de vista feminista, se establece una progresión temática en la caracterización de las protagonistas. La mujer de *La playa de los locos* se destaca por una actitud pasiva, estancada en un pasado que la incapacita a enfrentarse con la realidad.[10] Adela, en *Espejismos* se percata de la injusticia de su situación como mujer casada y se lamenta amargamente aunque sus posibilidades sean limitadas. En tanto que Daniela-Medea no acepta su papel relegado vengándose contra su eterno contrincante: Jasón, el hombre y el marido.

El mensaje feminista que se desprende de la trilogía es evidente: mientras que existan las desigualdades en una sociedad como la de la posguerra española, o en cualquier otra —ejemplificado por la alusión clásica de Medea— no podrá haber verdadera comunicación y comprensión entre las mujeres y los hombres; su papel será el de adversarios eternos pese la atracción física, el amor apasionado o años de unión matrimonial. Elena Soriano en un coloquio de su revista *El Urogallo* al conmemorar el Año Internacional de la Mujer en 1975 expresa ideas afines en varias ocasiones (9, 11, 15, 16-17).

En su propia carrera literaria, aparte del traumatizante efecto de la censura de *La playa de los locos*, la novelista relaciona su condición de mujer española con su silencio artístico durante varios años afirmando: «He tenido siempre la sensación de no realizar mi profunda, auténtica vocación literaria por completo; es decir, de no llegar a ser quien soy —o quien yo creo que soy—, por ser mujer, española, que ha vivido los años centrales de su vida en un régimen político y social que no me permitió desarrollar mi personalidad» (Núñez, 1). Cabe preguntarse si la situación de Elena Soriano es similar a la de otras escritoras de la posguerra, como María Luisa Forrellad, Eulalia Galvarriato o Josefina Aldecoa, que también abandonaron sus carreras literarias pese la promesa de un principio feliz.

Concha Alborg<br>
Saint Joseph's University

---

10. *Medea* es la única de las novelas de la trilogía dividida en partes tradicionales, apropiadas a la tragedia: la primera corresponde al diálogo Alba/Daniela, la segunda al de Alba/Miguel, la tercera (más breve) es el pasado de Daniela y Miguel, la cuarta es la última confrontación —futil diálogo— entre los dos y la quinta es la mañana después de la boda.

# BIBLIOGRAFIA

Alborg, Juan Luis. «Elena Soriano». *Hora actual de la novela española*, 2 vols. Madrid: Taurus, 1962. Vol. 2: 349-372.
Alfaro, María. «Una escritora española: Elena Soriano». *Cuadernos Americanos*, 17 (1959): 511-518.
Cirlot, J. E. *A Dictionary of Symbols*. Trans. Jack Sage. New York: Philosophical Library, 1971.
Fox-Lockert, Lucía. «Elena Soriano». *Women Novelists in Spain and Spanish America*. New Jersey: The Scarecrow Press, 1979: 94-106.
Martín Gaite, Carmen. *Usos amorosos de la postguerra española*. Barcelona: Anagrama, 1987.
Nora, Eugenio G. de. *La novela española contemporánea (1939-1967)*. 2nd ed. 3 vols. Madrid: Gredos, 1979, 3: 152-5.
Núñez, Antonio. «Encuentro con Elena Soriano», *Insula*, 475 (1986): 1 & 12.
Sobejano, Gonzalo. *Novela española de nuestro tiempo*. Madrid: Editorial Prensa Española, 1975.
Soldevila Durante, Ignacio. *La novela desde 1936*. Madrid: Alhambra, 1980.
Soriano, Elena. «Ante el 'Año Internacional de la Mujer'». *El Urugallo*, 31-32 (1975): 7-21.
―――. *Caza menor*. Madrid: La Nave, 1951.
―――. *Espejismos* en *Mujer y hombre*. Barcelona: Plaza y Janes, 1986: 99-186.
―――. *Medea* en *Mujer y hombre*. Barcelona: Plaza y Janes, 1986: 191-303.
―――. *La playa de los locos* en *Mujer y hombre*. Barcelona: Plaza y Janes, 1986: 7-96.
―――. *Testimonio materno*. Barcelona: Plaza y Janes, 1985.
Suñén, Luis. «Elena Soriano y Enrique Murillo: Volver y empezar». *Insula*, marzo (1985): 5.
Winecoff, Janet. «Existencialism in the novels of Elena Soriano». *Hispania*, 47 (1964): 309-315.

## FLORENCIA PINAR Y LA POÉTICA
## DEL CANCIONERO

En 1511 se publicó en España el *Cancionero General*, obra que recopilaba una serie enorme de poesías populares y cultas de las épocas anteriores. Una de las secciones más importantes de poemas cultos se llama «Canciones», y agrupa bajo ese título una colección bastante caótica de versos que tiene en común una estructura prosódica más o menos fija. Aparte de esta estructura, no hay ninguna coherencia evidente entre los poemas, por lo menos en la forma en que se publicaron. Abarcan todos los temas tópicos de la poesía cortesana, desde lo más religioso hasta lo más sórdidamente profano. El orden de los poemas parece el del azar, como si el editor los hubiese cogido uno por uno de un montón de papeles sueltos. Ni siquiera están juntas todas las contribuciones de un solo autor.

Gran parte de los poemas del *Cancionero General* están recogidos solamente de acuerdo con su versificación; así que se encuentran juntos por ejemplo los romances, las invenciones, las preguntas, etc. El presente estudio considera tres poemas incluidos en la sección titulada «Canciones». Fué sugerida por la publicación reciente de una antología llamada *Poesía feminista del mundo hispánico (desde la Edad Media hasta la actualidad)*, en la cual se encuentran dos de los poemas de Florencia Pinar, poeta valiosa del siglo XV conocida exclusivamente por los poemas del *Cancionero General*. La reaparición de estos poemas sugirió la idea de reconsiderar la poesía de Pinar en el contexto de los otros poemas del *Cancionero* para ver en qué, si algo, se diferencian.

Muchas de las canciones del *Cancionero General* son anónimas, pero la mayoría vienen atribuidas a autores específicos, algunos tan famosos como don Juan Manuel y Jorge Manrique, y otros conocidos solamente por los poemas incluidos aquí. Florencia Pinar pertenece a esta segunda categoría, junto a otros autores como Mosén Crespi de Valdaura, representado con dos canciones, o el vizconde de Altamira que cuenta con cuatro. No por eso sufre ella en la comparación con sus compañeros de antología. Pinar es la única poetisa cuya obra se incluye en la sección de «canciones», y está representada con solamente tres breves poemas.[1] Dos de ellos no se destacan de la masa de poesía francamente mediocre (al menos para el gusto moderno) del libro, pero uno, «A unas perdizes que le embiaron bivas», logra comunicar admirablemente bien un complejo psíquico de nivel universal.

En lo que sigue estudiaremos la estructura prosódica y temática de las «canciones», situando la obra de Pinar dentro de este contexto. El estudio dará clara evidencia del poder poético del poema aludido, en el contexto del *Cancionero* y como obra individual. Al mismo tiempo consideraremos la cuestión de una posible diferencia entre el enfoque de una mujer y el de un hombre en la temática del amor cortés. Dicha consideración pondrá de relieve aun más obviamente el valor artístico de Florencia Pinar.

Como se ha indicado, las canciones tienen una versificación fija, con pocas variaciones de un poema a otro. Es la estructura trovadoresca clásica de versos octosílabos (con poquísimas excepciones), distribuidos en estrofas variables de ocho a diez versos con estribillo. La estrofa glosa el estribillo, terminando con una paráfrasis o recapitulación de sus últimos versos.

El lenguaje de los poemas es con mucha frecuencia uno de los juegos frívolos de palabras. Es decir, el juego mismo es el pretexto para el poema y lo que dice carece de sustancia. Otros poemas se parecen a éstos, pero llevan el juego de palabras a un nivel de conceptismo donde lo expresado sí tiene interés. También hay algunas canciones donde no se encuentra este tipo de intelectualismo sino más bien una expresión directamente sentimental. Florencia Pinar tiene ejemplos de los tres tipos, como luego veremos.

El tema principal de las canciones, como el del amor cortés en general, es el amor no correspondido: el sufrimiento del amante debido al desdén de la amada, a la separación de la amada, a la ignorancia por parte de la amada de que es objeto de admiración y/o adoración o a otra causa parecida. A veces la pena del amante llega al punto de desesperación, aunque también hay poemas donde interviene la ortodoxia cristiana para evitar semejante pecado. Tan central es este tema del sufrimiento que en algunos casos el lector tiene que intuir su causa, pues el poeta no lo menciona. Sólo sabemos que se trata de una cuestión de amores por el contexto general del amor cortés de todos los poemas de la antología.

Como se sabe, en el amor cortés la amada debe ser realmente inalcanzable. Las únicas damas dignas de ser amadas son vírgenes, cuya virtud es obligatorio defender, o las esposas de otros. La fama de la señora tiene que quedar impecable; sólo por alusión poética puede ella ser mencionada. En la historia esto va ligado por una parte al culto de la Virgen de la alta edad media y por otra parte al ocio de las cortes feudales de la época. En los dos casos, siempre había poetas que reconocían la farsa inherente en el sistema y también la injusticia con respecto a los sentimientos de las mujeres, que participaban igualmente en los juegos cortesanos. Todo esto se refleja en la colección de canciones del *Cancionero General*.

Que la dama debe ser inalcanzable es tópico en esta poesía. Pero es interesante notar que cuando una mujer es la que escribe, el sufrimiento por la imposibilidad de corresponder a la pasión se describe en términos idénticos a los empleados por los hombres. De hecho, si no fuera por las indicaciones del editor, no habría ningún motivo para creer que este primer poema, «Canción de una dama que se dize Florencia Pinar», fuese de la mano de una poetisa:

*¡Ay! que ay quien más no bive,*
*porque no ay quien d' ¡ay! se duele,*
*y si ay, ay quien recele;*
*ay un ¡ay! con que se esquive*
*quien sin ¡ay! bevir no suele.*
   *Ay plazeres, ay pesares,*
*ay glorias, ay mil dolores;*
*ay, donde ay penas d'amores,*
*muy gran bien si de él gozares:*
*aunque vida se cative*
*si ay quien tal ¡ay! consuele,*
*no ay razón por que se cele,*
*aunque ay con que se esquive*
*quien sin ¡ay! bevir no suele (Canción 66).*[2]

El sufrimiento es tan abstracto —aunque explícitamente amoroso— que cualquier correspondencia con una realidad humana ha desaparecido.

Con este poema, tenemos un caso del juego de palabras por el puro gozo de jugar con ellas; la pena de amor es sólo un pretexto para demostrar la agilidad verbal. La ambivalencia entre el «¡ay!» suspiro y el «Hay» de *haber*, que Pinar aprovecha para quejarse de no poder gozar del amor, sirve de materia para otros poetas del *Cancionero* también. Baste como ejemplo, el estribillo de un poema de Francisco de la Fuente:

> *¡Ay! que no ay amor sin ¡ay!*
> *¡ay! que su ¡ay! tanto me duele*
> *que muero por ver si ay*
> *algún ¡ay! que mi ¡ay! encele*
> *que el dolor no le revele (Canción 121).*

Como se puede apreciar, hay quien diría ¡ay! al tener que sufrir toda una serie de poemas de este tipo.

Sin embargo, en el poema de Pinar podemos al menos apreciar uno de los grandes temas del amor cortés desde un punto de vista que sugiere que a la mujer también le gustaría poder llevar a cabo las consecuencias naturales de sus deseos eróticos. En boca de una dama, este deseo pone en duda la pureza espiritual que se les atribuye con frecuencia a las mujeres adoradas.

Desde luego, otros poetas de esta colección también han notado este aspecto del afán amoroso. En dos poemas anónimos que se siguen el uno al otro se habla directamente del asunto apenas aludido por otros. El primero, en boca del hombre, empieza:

> *El que más, dama, ganó*
> *de lo que me prometistes,*
> *aunque negar lo quisistes,*
> *antes fue que fuesse yo,*
> *salvo si no se os cayó (Canción 84).*

En el siguiente la dama desmiente las acusaciones del amado y dice que vivirá el resto de sus días con Dios: «pues vuestro querer faltó / a quanto me prometió» (Canción 85). Tal franqueza no es común en el *Cancionero*, pero en los poemas más logrados se siente a veces la tensión de este deseo carnal en contrapunto con las normas establecidas.

En un poema llamado simplemente «Otro de Pinar» encontramos específicamente la imagen musical como base de una expresión bastante más lograda del sufrimiento del amante:

> *Es la boz de mi canción*
> *d'un dolor qu'all alma toca;*
> *que el tenor lleva la boca,*
> *las contras el coraçon.*
>    *Las palabras son dolores*
> *qu'andan en el pensamiento*
> *penadas del sufrimiento*
> *que las haze ser mayores:*
> *van notadas de tal son*
> *que su boz all alma toca,*
> *y el tenor lleva la boca,*
> *las contras el coraçon (Canción 78).*

Se trata aquí de un juego conceptista donde las dos partes de una composición —algo como la melodía y la harmonía— representan la dicotomía de expresión y motivación de la pena erótica. En un sentido es tan intelectualizante como el primer poema de Pinar que consideramos: la metáfora es tan obvia y consistente que el lector se admira de la destreza de la poetisa al llevar a cabo semejante conceptismo. Pero por otra parte, es tan apta y tan lograda la metáfora que realmente comunica algo del sentimiento que describe. Apreciamos, al leerlo, la tensión entre la emoción sentida y la dificultad de expresarla.

Este tipo de conceptismo es frecuente en el *Cancionero*, pero rara vez pueden los poetas escapar la tentación de convertir una metáfora con muchas posibilidades en simil trillado. Por ejemplo, Cartagena empieza una de sus canciones con la imagen de un cáliz en que la amada consume a sus admiradores:

> *Vuestras gracias conoscidas*
> *quieren que cáliz traygáys*
> *en que consumáys las vidas*
> *de todos quantos miráys (Canción 151).*

Es una imagen con la que se podría hacer mucho, pero no puede mantener la imagen por todo el poema, y en la recapitulación al final el cáliz ha desaparecido:

> *assi que claro mostráys*
> *por señales conoscidas*
> *ser muertas y consumidas*
> *las vidas de quien miráys.*

Es sólo un ejemplo entre muchos posibles, pero da una idea del nivel relativo de la poesía de Pinar.

En la tercera y última de las canciones de Florencia Pinar que consideramos aquí, nuestra poetisa se escapa de todo intelectualismo seco, hallando en la imagen de unos pájaros enjaulados un perfecto paralelo con sus propios sentimientos. El poema, titulado «Otra canción de la misma señora a unas perdizes que le embiaron bivas», dice así:

> *De estas aves su nación*
> *es cantar con alegría,*
> *y de vellas en prisión*
> *siento yo grave passión,*
> *sin sentir nadie la mía.*
>    *Ellas lloran que se vieron*
> *sin temor de ser cativas,*

> *y a quien eran más esquivas*
> *essos mismos las prendieron:*
> *sus nombres mi vida son*
> *que va perdiendo alegría,*
> *y de vellas en prisión*
> *siento yo grave passión,*
> *sin sentir nadie la mia (Canción 67).*

Aquí la imagen no es un concepto intelectual que sirva de base para una comparación implícita entre lo sentido directamente y lo imaginable. Es la relación de un causante de emoción para evocar otro; es una presentación de dos sentimientos paralelos para sugerir una profundidad de emoción que sería difícil de expresar directamente; es, en fin, un logrado entrelazamiento de dos textos en uno, de la compasión con la pasión.

Los dos sentimientos del poema —el que tiene la autora para con los pajaritos y el que se supone que es amoroso— ocupan porciones muy desiguales dentro del poema, pero la manera de expresarlos pone un énfasis especial en el menos mencionado. En el estribillo, Pinar hace referencia directa a su propio sufrimiento por razones no compasivas sólo en el último verso. Y allí el lector no sabe que se trata de una pasión diferente hasta que llega a la última palabra. Sin embargo, la posición de esta palabra, la más enfática posible por ser la última palabra rimada antes de la pausa interestrófica, hace que matice todo lo precedente, confundiendo lo que la poetisa siente hacia los pájaros con sus sentimientos personales. Aunque literalmente sólo dice que nadie se compadece de ella mientras que ella se compadece de unas pobres aves, el lector percibe un sentido donde ella también ha perdido su libertad alegre.

En la segunda parte del poema tenemos la única vinculación directa entre las dos pasiones en los versos que dicen «sus nombres mi vida son / que va perdiendo alegría». Antes hay cuatro versos donde se habla exclusivamente de la desgracia de lo que les ha pasado a los pájaros y después hay dos más donde se vuelve a hablar de la compasión que siente la autora por los pájaros. Sólo en el último verso vuelve a ella a hablar de su propio sufrimiento. Es decir, en solamente cuatro de los catorce versos del poema hay alguna mención de una segunda fuente de emoción, y solamente en dos de ellos se sugiere una conexión directa entre las dos causas de sufrimiento.

Se puede leer el poema, entonces, como un entretejer de dos sentimientos donde Florencia Pinar describe una escena muy fácil de imaginar para suscitar un sentimiento paralelo a la emoción muy personal que ella siente. El lector medio percibe fácilmente la tristeza que viene de la pérdida de una libertad en la que todo era cantar alegremente, y así su reacción al sufrimiento de la poetisa es más profunda de lo que quizá sería si fuese expresado de otro modo.

Situando el poema en su contexto histórico —el prerrenacimiento o fin de la Edad Media— se sugiere otra lectura también, más compleja, por ser basada en el simbolismo tradicional, pero menos personal. En esta interpretación las aves pueden ser o el alma de la autora o su deseo amoroso.[3] Entonces el poema diría algo como que el amor por naturaleza debe ser libre y alegre pero la poetisa se ve penada por ser su cautivo, y su amor no es correspondido. La dama (los pájaros) nunca pensaba que podía ser capturada por el amor, pues siempre había escapado en el pasado, pero luego sí la tomó preso. El objeto del amor, o quizá sus propios deseos eróticos (los «nombres») ya le quitan la alegría por tenerla cautiva. Esta interpretación es, desde luego, más intelectual que la otra, pero es igualmente interesante.

Sea cual sea la más apropiada de estas dos interpretaciones, queda claro que no se trata aquí de un poema superficial. Este es un poema artísticamente construido tanto en términos de un lector moderno como en el contexto en que fue escrito. La lectura por parte de alguien inocente de los conocimientos histórico-poéticos necesarios para apreciar el simbolismo de ave y nombre (sin hablar de las posibilidades de considerar el simbolismo tradicional de la perdiz) queda válida y satisfacente. Una lectura del poema que combine las dos lecturas, matizando la una con la otra, revela su exitosa comunicación de un «contenido psíquico como un todo particular», para citar la conocida definición que da Carlos Bousoño de la poesía (Bousoño 19). Esta canción es en otras palabras, una obra poética que se eleva muy por encima de la mediocridad reinante entre la gran mayoría de las poesías del *Cancionero General*. Con este solo poema Florencia Pinar merece ser reconocida como artista de primera categoría entre los de su época.

Pero, como se sugirió al principio, cabe considerar aún un aspecto más de la poética de esta poetisa tempranísima: ¿se puede decir que su condición de mujer se revela o no en su poesía? ¿Qué efecto tiene esto sobre una lectura de sus poemas? No son preguntas fáciles de contestar, quizá no sea posible contestarlas con certidumbre, pero cuando se trata de la *única* mujer representada en toda esta sección de poesías cultas del gran *Cancionero General* nos es preciso por lo menos intentarlo.

Para este propósito nos viene muy a la mano un estudio parecido hecho por François Rigolot acerca de la feminidad de la poesía de Louise Labé, poetisa lionesa del siglo XVI. En él describe primero el contexto en que ella escribía, un contexto casi idéntico al que encontraría Florencia Pinar un siglo antes:

> «...en règle générale le discours amoureur s'organise autour de modèles thématiques et formels établis depuis longtemps, en théorie et en pratique, par la tradition essentiellement masculine de la *fin-amor:* les publics masculin en féminin (lecteurs, auditeurs et futurs poètes) s'attendent à ce que le poème mette en scène un Amant, que cet Amant parle à la première personne de sa situation amoureuse, et que ce soit une Dame qui incarne l'objet de son désir (Rigolot 304)».

Nos hemos referido ya a este fenómeno al sugerir que no hay modo intrínseco de saber que los primeros dos poemas estudiados son de una mujer. También se ve en esta caracterización del discurso amoroso la razón por la que el lector supone que en el poema de Pinar se está hablando del amor a pesar de que no se lo menciona: *toda* la poesía de este tipo o es amoroso o es divino, y este poema desde luego no tiene nada de divino. En todo caso, las normas de la poesía culta de la época nos hacen pensar que lo que vamos a encontrar será un poema amoroso donde un amante se queja de su sufrimiento causado por un amor no correspondido que tiene para una dama.

Rigolot contrasta la poesía de Labé con la Pernette du Guillet, otra poetisa lionesa contemporánea. Ésta, según Rigolot, «écrit d'une voix "neutre" comme si elle voulait laisser ses lecteurs imaginer que sa poésie ait pu être le fait d'une *persona* masculine (317)». Al menos en el primer poema de Pinar podemos apreciar también este tipo de voz neutra, donde puede igualmente ser hombre o mujer quien escribe. Labé, sin embargo, revela para Rigolot un ataque «aux fondements mêmes de l'autorité culturelle (317)».

Para descubrir esta diferencia radical se basa en una parte de la teoría semiótica de Michael Riffaterre, el concepto de la *agramaticalidad* (304). La agramaticalidad se define como «a deviant grammar or lexicon (for instance, contradictory details)» que amenaza la representación literaria de la realidad (Riffaterre 2). En el caso de Louise Labé, Rigolot busca la agramaticalidad en la sintaxis de los poemas, donde ve una correspondencia entre el uso de géneros y la condición de mujer de la autora.

Algo muy parecido ocurre con el poema de Pinar. Hay un masculino no obligatorio y por eso revelador cuando dice: «y a quien [las aves] eran más esquivas/essos mismos las prendieron.» Es decir, se identifica a los que han aprisionado a las aves, representantes de la alegría, como hombres. No es mucho esto, pero es evidente que un hombre comunicaría algo muy diferente si usara un masculino en el mismo contexto. En otras palabras, esta pequeña agramaticalidad revela por sí que el poema es obra de una mujer.

Más útil en nuestro caso, donde tenemos un poema aislado publicado como parte de una antología extensa de poemas similares, es otro concepto de Riffaterre. La similaridad entre los poemas establece un paradigma intertextual en el que cada canción es una expresión parcial de una totalidad, cada poema ve su significado afectado por la percepción de una matriz que subyace *hipogramaticalmente* (en términos de Riffaterre) todos los poemas. Esta matriz es la tradición cortesana, sentida y expresada por todos los poetas del *Cancionero*. Cuando hay una desviación aparente de esta tradición en uno de los poemas tiene el efecto de una agramaticalidad que suscita un intento de interpretación.

La agramaticalidad que se percibe aquí viene de la imagen de los seres alegres aprisionados por traición. Esta imagen es única en el *Cancionero* en que no hay ningún indicio de rendimiento por parte de los (o la) que sufren. La unicidad de la imagen la separa de la matriz porque no tiene un lugar establecido en el paradigma intertextual. Por eso causa una reinterpretación parcial del código del amor cortés desde un punto de vista que cuadra muy bien con lo que sabemos de la condición social de la mujer en la corte del siglo xv. Ella no se rinde, no acepta esta condición, pero tiene por fuerza que adaptarse. Por esta razón, el poema de Pinar sí puede ser considerado feminista porque representa un reconocimiento de la condición de la mujer y al mismo tiempo una rebelión contra ella.

Entonces, podemos añadir a nuestra evaluación de la poética de Florencia Pinar el valor de haber sabido separarse, por poco que haya sido, de los confines de la tradición dentro de la que escribía. En dos de los tres poemas hemos visto cómo seguía muy bien las reglas normales de la canción cortesana, dominando el género con evidente destreza. Pero en el tercer poema se destaca por encima de las masas de sus contemporáneos representados en el *Cancionero*, mereciendo con éste un lugar entre los poetas más conocidos de su época.

Peter G. Broad<br>
Indiana University of<br>
Pennsylvania

1. En el índice que hace Rodríguez-Moñino de los autores del *Cancionero General*, se identifican tres poemas de Florencia Pinar, uno de Florencia (¿Pinar?) y doce de Pinar, casi seguramente Florencia Pinar. Los poemas de la sección de «canciones» incluyen dos identificados como salidos de la pluma de Florencia Pinar y uno de Pinar. Son éstos los tres poemas que consideramos aquí.

2. Los números de las canciones corresponden al orden de su publicación en la sección titulada «Canciones» del *Cancionero General* de 1511. La versión que se da aquí, como en todas las citaciones que siguen, es mía, basada en la versión facsímil de 1958, introducida por Rodríguez-Moñino.

3. Estas y otras interpretaciones se encuentran en el artículo sobre «bird» en el diccionario de símbolos de Cirlot.

# BIBLIOGRAFIA

Bousoño, Carlos. *Teoría de la expresión poética*. 4th ed. Madrid: Gredos, 1966.

Castillo, Hernando del, ed. *Cancionero General*. Edición facsímil a cuidado de Antonio Rodríguez-Moñino. Madrid: Real Academia Española, 1958.

Cirlot, Juan Eduardo. *A Dictionary of Symbols*. Trans. Jack Sage. New York: Philisophical Library, 1962.

Flores, Angel y Kate Flores. *Poesía feminista del mundo hispánico (desde la edad media hasta la actualidad): antología crítica*. México: Siglo Veintiuno, 1984.

Riffaterre, Michael. *Semiotics of Poetry*. Bloomington: Indiana UP, 1984.

Rigolot, François. «Quel *genre* d'amour pour Louise Labé?» *Poétique* 55 (1983), 303-317.

## EL MAR METAFÓRICO DE JULIA DE BURGOS COMO VOZ MODULADORA

Julia de Burgos es el *alter ego* por excelencia de la rebeldía espiritual caribeña que transplantada a la poesía nos ofrece una amalgama transformacional vibrante, apasionada y tan ondulante como esas aguas de azules intensos que le dan vida y nombre a la poesía puertorriqueña contemporánea.

La intensidad litoral de Julia de Burgos puede equipararse a la intensidad aplastante de los poetas nucleares. Su angustia existencial es como una explosión nuclear que lo arrasa todo... carne y hueso, sangre y espíritu, esta vida y la otra... Su vida se concentró en un apocalipsis eterno que trasformó su obra literaria en un grito de batalla permanente e imperecedero. La zozobra existencial de Julia de Burgos es como un coral continuamente sometido a la erosión, al «desgaste» marino; su lucha consiste en convertirse en la arena armónica que batalla por reposar en las [1] orillas de su mar.

La isla de Puerto Rico le brindó a Julia el escenario perfecto para una batalla de horizontes perdidos. Su obra penetra la profundidad del mar Caribe y luego emerge cargada de trinos, de estrellas, de peces amargos atrapados en una red inútil. De allí, del agua del mar, surge el amor aniquilante que torna en tragedia la caricia del mar.

La amargura en Julia de Burgos es una constante inspiracional que define el cimbrar pupilante de todo su ser coralífero:

> Nada Turba mi ser, pero estoy triste.
> Algo lento de sombra me golpea,
> Aunque casi detrás de esta agonía,
> he tenido en mis manos las estrellas.
> *(Mar, 35)*

Las estrellas representan el sendero sin límites de un alma moribunda, sometida al trajín de la esencia existencial... como ella dice:

*Ser y no querer ser...es la divisa.*
*(35)*

El ser, llamémoslo «Juliano», es una corriente triste de aguas grises que se alimentan de arroyos perdidos en túneles crepusculares que definen el sueño último como la espuma final que busca el refugio breve junto a la roca permanente: [2]

*Voy a quedarme sola,*
*sin canciones, ni piel,*
*como un túnel por dentro, donde el mismo silencio*
*Se enloquece y se mata*
*(65)*

La metamorfosis amonestativa que la autora busca, la encuentra uniformemente en el agua «Salada» de su terruño borinqueño:

*Mar mío,*
*Mar profundo que comienzas en mí,*
*Mar subterráneo y solo*

*de mi suelo de espadas apretadas,*
*Mar mío,*
*Mar sin nombre,*
*desfiladero turbio de mi canción despedazada,*
*roto y desconcertado silencio transmarino.*
*Azul desesperado,*
*Mar lecho*
*Mar sepulcro...*
*(Canción, 28)*

Como entidad monopolista, el mar golpea el verbo de Julia de Burgos con la misma intensidad de una ola sangrante.

Eterna buscadora de luces infinitas, la autora las atrapa en los naufragios de un mar-verbo:

*Aquí estoy*
*desenfrenada estrella, desatada,*
*buscando entre los hombres mi víctima de luz.*
*(29)*

El encuentro con el ser amado siempre conlleva algo de nigromancia marina vabamunda que la autora fecunda con obediencia: [3]

*A ti he llegado*
*Hay algo de universo en tu mirada*

*Algo de mar sin playa desembocando cauces infinitos,*
*Algo de amanecida nostalgia entretenida*
*En imitar palomas...*

*(29)*

Esta metamorfosis poética se originó en la misma cuna de la autora; pues su intensidad «apocalíptica» es un regalo honesto de la naturaleza que Julia de Burgos cultivó con disciplina de Maestra y con carnalidad intuitiva.

El primer amor de Julia de Burgos fue el contacto íntimo con la naturaleza de su isla, que al juntarse con el azul borinqueño, establece un trinar profundo que enlaza los versos de la autora en magisterios míticos de libertades testimoniales que zurcan la figura del amado: [4]

*En ti yo amo las últimas huidas virginales*
*de las manos del alba,*
*y amando lo infinito*
*te quiero entre las puertas humanas que te enlazan.*

*En ti aquieto las ramas abiertas del espacio, y renuevo*
*en mi arteria tu sangre con mi sangre.*
    *¡Te Multiplicas!*
        *¡Creces!*
            *¡Y amenazas quedarte con mi prado salvaje!*

*(32)*

En «alta mar y gaviota», la autora se transfigura en una entidad alada que se alimenta de emociones desoladoras que son una exaltación de sangre eterna en busca de armonías imutables: [5]

*Por tu vida yo soy*
*Alta mar y gaviota*
*en ella vibro*
*y crezco...*

*(32)*

El Temple «poético-gaviótico» de Julia de Burgos proviene de su dolor intenso; magnetizado por la presencia heterogénea de un mar superior que ella torna sordo en los destierros finales:

*No quiero que toque el mar*
*la orilla acá de mi Tierra...*
*se me acabaron los sueños,*
*locos de sombra en la arena.*
*No quiero que mire el mar*
*luto de azul en mi senda...*

> *(eran auroras mis párpados,*
> *cuando cruzó la tormenta!).*
>
> *No quiero que llore el mar*
> *Nuevo aguacero en mi puerta...*
> *Todos los ojos del viento*
> *ya me lloraron por muerta.*
>
> *No quiero que llegue el mar*
> *hasta la sed de mi poema,*
> *ciega en mitad de una lumbre,*
> *rota en mitad de una ausencia.*
> *(Mar, 31)*

El dolor es pues, el denominador exaltante de los versos julianos. El proceso transmutativo de su verbo se afinca y se decolora en un sufrimiento híbrido, colosal y uniforme:

«Y dondequiera que vaya, recogeré todo el dolor, y dejaré pasar, sin interesarme, todo aquello que sea alegría a cambio de mi alma, ya hecha a otros matices...» (Antología 1979, 10).

En la introducción a la antología poética de Julia de Burgos, Ivette Jiménez De Baez enfatiza el «doloroso sentir» que distinguió la vida y obra de esta singularísima poeta. Basada en cartas facilitadas por la hermana de la autora, el texto que nos proporciona es una radiografía de su espíritu metamórfico:

«La tristeza es un común denominador del género humano, que ataca a unos ahora, a otros más tarde, pero que siempre aparece en la vida en toda su pureza. ¡Infelices de aquellos que no sufren! ... Las personas de temple espiritual superior ... olvidan fácilmente las cosas pequeñas que en nada alteran las esencias de la vida»[6].
*(10)*

La tristeza que acompañó a la autora en su vida en Nueva York puede compararse al tormento «asfáltico» experimentado por García Lorca en la misma urbe. El amor que los dos poetas sintieron por sus respectivos lares, se transformó en un momento de destierro espiritual que produjo soledades devastadoras y versos cargados de mundos dolorosamente penetrables. El dolor en Julia de Burgos se identifica con el infinito y brota, por tanto, en versos sencillos, henchidos de «comodidad trágica»; como palpamos en «Dos mundos sobre el mundo»:

«No vengo del naufragio que es ronda de los débiles: mi conciencia robusta nada en luz de infinito».
*(Canción, 12)*

Pero la verdadera transformación de la autora se globaliza en el destino amoroso. El amor es el eje perdido, que una vez recapturado le produce un empuje abismal de horizontes infinitos. En «transmutación», la afluencia del espíritu Juliano es, provisionalmente, el encuentro del río azul que va de ser a coexistir:

> *Estoy sencilla como la claridad*
> *Nada me dice tanto como tu nombre repetido de*
> *montaña a montaña*
> *por un eco sin tiempo que comienza en mi amor*
> *y rueda al infinito...*
> *Tú lo dominas todo para mi claridad.*
> *y soy simple destello en albas fijas*
> *amándote...*
> 
> *(13)*

La transmutación amorosa en Julia de Burgos es como un viento adormecedor, donde el reposo seductor se convierte en hambre de amor, temporalmente acariciante: [7]

> *Una afluencia de ríos por nacer, y golondrinas mudas,*
> *se estrecha contra mí*
> *allí donde tu alma me dice al corazón*
> *la palabra más leve.*
> 
> *(13)*

Igualmente el apocalipsis amoroso es el proceso hechizante que en la obra juliana redime el alma poética, transponiendo fuerza y mar, vigilia y desnudez:

> *Para amarte*
> *me he desgarrado el mundo de los hombros*
> *y he quedado desierta en mar y estrella,*
> *sencilla*
> *como la claridad,*
> 
> *(14)*

La elevación del amado es la emoción transformacional que crea una naturaleza dentro de otra naturaleza, poblada de pájaros, de arenas blancas, de margaritas pálidas, de albas, brisas suaves, surcos inocentes, sueños blancos, manos sencillas, noches lentas, racimos de pétalos, etc. El amor es, en esencia, la médula azul de su universo tropical:

> *Aquí no hay geografía para manos ni espíritu.*
> *Estoy sobre el silencio y en el silencio mismo*

> *de una transmutación*
> *donde nada es orilla...*
> *(14)*

La metamorfosis amorosa, símbolo de la plenitud «Juliana», es comparable al proceso libidinoso de los poetas nucleares. De estos, Óscar Hahn es el abanderado del amor que sobrepasa las fuerzas del diario vivir para convertirse en una detonación nuclear que simboliza el orgasmo como el grito de íntima libertad, de rebeldía final.

Óscar Hahn parece ser la fuerza, que en la poesía chilena, responde al grito caribe de Julia de Burgos; con versos palpablemente vibrantes, donde la intensidad orgásmica se identifica con una geografía biológica transmutable, como observamos en «Fuego Fatuo»; donde el orgasmo delirante se define como:[8]

> *El instante de morir:*
> *de morirse tan profundamente,*
> *como si caravanas de cirios*
> *agonizantes*
> *pudieran aparecer en los ojos*
> *y cantar:*
> *«Es la luz, es la luz, es la única luz»*
> *(Hahn, 10)*

El amor, denominado por Óscar Hahn como una «Rosa Negra», es tan breve e intenso como el desvarío erótico aniquilante. En Julia de Burgos el único eco de eternidad luminosa es la presencia del mar juguetón que acaricia al poeta con olas infantiles... El mar es el compañero suave que en «viaje alado» se identifica con la sed de eternidad:[9]

> *Hasta mi cara en vuelo*
> *las cortinas del mar se me treparon,*
> *y mis ojos se unieron a los ojos*
> *de todas las pupilas del espacio.*
> *(Canción, 18)*

El ideal imposible del amor total causó la muerte prematura de la autora. Una vez, rotos los impulsos amorosos, el recuerdo trágico es manantial de voluntad salvífica:

> *¡Creciéndome los años con fuerza incontenible,*
> *te llevaba en mi sangre universal e indígena,*
> *y te sentía en injerto de cósmicas canciones,*
> *inexorablemente subiendo por mi vida!*
> *(58)*

La luz armónica de la añoranza amorosa produce el clímax inexorable, el momento «azul» que el poeta expresa una vez más con pinceladas marinas, surcadas de vida y alma:

> *Un connubio de nuevas sensaciones*
> *elevaron en luz mi madrugada*
> *suaves olas me alzaron la conciencia*
> *hasta la playa azul de tu mañana,*
> *y la carne fue haciéndose silueta*
> *a la vista de mi alma libertada.*
> *(26)*

La libertad existencial que se vislumbra en Julia de Burgos proviene en gran medida del espíritu «marino» —aunque la autora no descuida la naturaleza como refugio panteísta; el mundo poético juliano se nutre de agua caribeña exaltada, perenne, y trágicamente transformacional; la cual engloba un macrocosmos:

«Todas las zonas del universo están aquí presentes: agua, tierra, flora, fauna, y cielo pero sobre todo, aparecen en su poesía quebradas, arroyos, riachuelos, fuente, rocío, lluvia, río, mar (en riqueza de matices), llanto, gota ... y de estos parten sus dos símbolos determinantes: el río y el mar». (Antología 1979, 15).

La visión del mar es una constante renovadora que llega a la cumbre cuando el ser poético es indivisible del ser amado, cuando el amor navega en la unidad celeste; construyendo a su paso puertos etéreos invadidos de buques sin anclas ni remeros. La unidad transmutativa que estructura la visión poética juliana se ve en la entrega absoluta del espíritu existencial que trata desesperadamente de vaciarse en vida; pero sólo encuentra la seguridad extraña de la muerte, una vez extinguidas las estelas afectivas. En «Tres caminos», el horizonte compungido de la nostalgia amorosa es, una vez más, un camino fluvial, infinitamente atenuante: [10]

> *entre mi soledad desarropada,*
> *tú,*
> *nostalgia incansable de ayeres*
> *y futuros,*
> *solo entre sombra y eco,*
> *labio del infinito que te inundas*
> *profundo*
> *en el azul que es mío.*
> *tú.*
> *solamente tú,*
> *río grande de Loíza,*

> *podrás darme la risa para
> el camino eterno,
> allá, bajo tus aguas.*
>
> *(Mar, 87)*

La imagen polarizante del mar, siempre será el faro, que asociado a ríos y fuentes, producirá el refugio a solas, «allí junto a la aurora...».

El mar es el ancla definitivamente congruente donde Julia de Burgos se afirma y constituye. El ancla, símbolo peregrino de códigos poéticos, es el impulso eterno, perenne y destellante:

> *Ancló mi corazón
> en un puerto sin buques
> rociado de emociones
> (que reman claridades)*
>
> *Va descalza la vida
> por la nube del mar
> desde que alzó hacia ti
> mi corazón sus velas.*
>
> *(Canción, 36)*

La caricia primigenia del poeta es la suavidad fluvial que deposita en su lecho final las lágrimas rojas de cuerpos inermes que el mar ha tragado en su silencio azul:

> *Yo sola en mi silencio
> herida y aterrada*
>
> *Todas mis horas tristes a los vientos estallan.
> están sueltos los ríos crecidos de mi dolor
> soy una desenfrenada marea
> agigantada de lágrimas.*
>
> *(41)*

La tristeza amorosa, resonantemente penetrante, establece un «modus operandi» agonizante y temáticamente «predeterminado». La autora, obviamente, explora incansablemente todas las gamas de la tragedia amorosa, pero es en la metáfora marina donde Julia de Burgos se supera y redime. En «Yo fui la más callada», la visión de la playa es la ágil ecuación del impulso poético:

> Un día, por las playas amarillas de histeria, muchas caras ocultas de ambición te siguieron; por tu oleaje de lágrimas arrancadas al cosmos se colaron las voces sin cruzar tu misterio...
>
> *(45)*

Julia de Burgos siempre permanece fiel a sus vocablos poéticos. Su honestidad poética es a la vez intuitiva y definitiva. La autora no se refugia en la exploración lingüística para crear un exótico verso tropical; por el contrario, acude al mismo mar, como fuente natural de capacidad recompensante.

Ivette Jiménez de Baez es quien mejor define esta «Transparencia íntima» de Julia de Burgos: [11]

«La voluntad constante de pureza suaviza aún las aristas más duras de su mundo: 'si todos los caminos son míos/todos los que comienzan en el pecho de Dios!' Esta voluntad plasma la preferencia del poeta por los verbos levantar, alzar, ascender. Allí presentes cuando canta sobre el instante de su nacimiento: 'desde que alzome al mundo el pétalo materno'; ¡ella me alzó de un salto con su mano de estrella!
*(Antología 1979, 16)*

La voz poética de Julia de Burgos es consistente no sólo con la imagen moduladora, sino también con la serie de metáforas, epítetos y renaceres eminentemente existenciales, los cuales generan el flujo que trasforma su obra en un cosmos amatorio, siempre surcado por la elegancia «silvestre» del agua chaperona:

*Será presente en ti tu manantial sin sombras.*
*Estarás en las ramas del universo mío*
*y todas las estrellas se bajarán cantando*
*la canción del espacio refugiada en un río.*
*(Mar, 79)*

El agua del río reúne una serie repetitiva de imágenes que cobijan la figura constelada del amante como única fortaleza antitética en un universo poblado de misterios marinos. El amante es la fuerza generadora del gran cosmos moribundo que controla la sed infinita de tragedias flotantes. En «constelación de alas», el amante invade la imagen del mar, apoderándose de su significado primario:

*Las más nuevas golondrinas,*
*las recién consteladas en el tímido*
*Universo de mis sueños,*
*Las que no han visto nunca la sensación despedazada;*
*Se han detenido a mirarte en la marea sobremarina*
*de mi vida*
*donde eres único tripulante.*
*(36)*

La autora, al conectar la metáfora marina con la fortaleza

amatoria, define su voz moduladora al exaltar su falta de identidad frente a la esencia del mar... Julia de Burgos se nutre de aguas salinas para desplazar al adulto que se hunde en el juego funerario. El mar es la única fuerza que provee el elemento «azul», ardiente primigenio y consagratorio:

—*Almamarina ... Almamarina ...*
*Eso me dijo el viento cuando le di la mano en la montaña.*
—*Si yo me llamo ... no sé como me llamo*
*¿No ves allá mi nombre colgando de los pétalos,*
*pronunciando en los frescos «buenos días» del arroyo,*
*o abriéndose en el vuelo de alguna golondrina?*
*(32)*

El sabor a «escape» transforma estos versos en acumulaciones marinas que desembocan en la plenitud dinámica de las olas desnudas, o en la corriente del río, o en la intimidad febril del arroyo «juliano» que representa la proa y popa de su barco salvífico. El estilo poético de Julia de Burgos se define como una permutación agónica que contiene la esencia del mar como último y único elemento devastador.

«Lo característico del estilo de Julia de Burgos, dice Ivette Jimenez de Baez: No reside en la brillantez de la palabra ni en la profusión de imágenes agudas y chispeantes, ni en las violentas quiebras sintácticas que caracterizarían un estilo de rasgos ornamentales y de virtuosismo preciosista. La palabra en su poesía tiende a la desnudez y ahonda en contenidos emotivos. (Antología 1979, 21).

El estilo juliano se centra en la modulación constante de la efigie amorosa, que cubre y explora el cuerpo poético; acumulándolo de posibilidades universales. Pero es en «El mar y tú» donde Julia de Burgos se encuentra al fin frente al elemento infusivo de su verbo antitético... es el mar su vida, su fuerza, su plenitud erótica, su juego, su sentir, su vivir, su sol; su mentira y su verdad más «casera».[12]

En sus libros anteriores «poema en veinte surcos» y «canción de la verdad sencilla», el poeta experimenta una acumulación de imágenes marinas indivisibles que no producen plenitud moduladora. La experiencia poética culmina en gran medida con el encuentro del mar como cielo-nuclear que trae el reflejo del hombre, desprendido de la vértebra agónica de un mar desnudo, interrogante y justiciero. Tal es la esencia metafórica de «El mar y tú...».

La vida de Julia de Burgos fue, utilizando sus propios versos, un «sueño caído», «una ceniza agotada junto a un río turbio», «un camino sin luces», donde la voz pentagónica del mar establece

cinco ángulos muertos: llanto, amor, tiempo, silencio, y sepulcro...
En «¡Oh mar, no esperes más!». La vida es como una espuma
etérea que se disipa derrotada en el mar sollozante:

> ¡Oh mar, no esperes más!
> Casi voy por la vida como gruta de escombros.
> Ya ni el mismo silencio se detiene en mi nombre.
> Inútilmente estiro mi camino sin luces.
> Como muertos sin sitio se sublevan mis voces.
> (Mar, 59)
> El mar metafórico es, pues, la verdad estrellada...
> sublime y total ... «Como ella misma afirma: el
> espejo sencillo donde recojo el mundo».
> (Canción, 21)

Gustavo Adolfo Calderón<br>
State University of New York<br>
Potsdam

---

El autor de este artículo agradece las sugerencias y comentarios de Luz María Umpierre, respecto a un mejor enfoque juliano.

1. Aunque se han escrito varios artículos acerca de las características «Marinas» de Julia de Burgos, el mejor y más reciente es el de Luz María Umpierre: «Metapoetic Code in Julia de Burgos' El Mar y Tú: Towards a Re-Vision.» Aparecido en: Spanish Literature Publication Company, York, South Carolina, 1987, pp. 85-94.

2. Julia de Burgos alcanza su cumbre poética en este libro póstumo, donde el poema que mencionamos, «poema con La Tonada Última» es como una lápida que acompaña su tumba.

3. La autora fecundó otros temas sociopolíticos que Luz María Umpierre menciona en su artículo: el tema del suicidio, la muerte, el erotismo, la situación social de la mujer, siempre víctima del sistema (p. 87 de su artículo). La clave radica, según Umpierre, en que todas las alusiones julianas obedecen a una unión y no a una división, como afirmaban algunos críticos.

4. La figura del amado cambia de acuerdo a la alusión poética. Umpierre afirma que: «When the symbol of "amado" emerges, an allusion is made to the poetic voice about to sing; When the signs of "muerte" or "suicidio" appear, the absence of poetic creativity is simultaneously presented» (87).

5. La armonía mutable obedece a esa dicotomía entre la lucha social y la complejidad espiritual que la autora manifiesta en sus libros anteriores: «Poema en veinte zurcos», «Poemas exactos a mí misma», «Canción de la verdad sencilla», etc. Pero es en «El Mar y Tú» donde su voz poética se solidifica en una sola entidad consistente en rima y tema.

6. Umpierre dice respecto a Jiménez de Báez: «In her lengthiest study done on the poet, Julia de Burgos-vida y poesía, Báez restricts herself, as the title indicates, to the life and work of the Burgos» (p. 68). De Báez parece enfocarse más bien en la correspondencia sostenida entre Julia de Burgos y su hermana.

7. El reposo acariciante se empieza a sentir en su libro «Canción de la verdad sencilla», pero se afirma seductora y trágicamente en los versos amorosos de «El Mar y Tú».

8. Oscar Hahn es la voz masculina que parece responder al llamado aniquilante que cubre el desvarío erótico en los poemas julianos. La metáfora «rosa negra» encarna esa doble cara que se cubre de mar en Julia de Burgos y de alcoba de hotel

en Oscar Hahn. En «Mal de amor», «Arte de morir» y «Esta Rosa Negra», Hahn compara la lucha copular con el orgasmo de la existencia.

9. El desvarío amoroso, metapoético y metamórfico, se define como la «invasión de mundo» que la autora sintetiza, según Luz María Umpierre, en: «Canción amarga». En esencia es una frustración «sartriana» que se bifurca en los poemas marinos y establece un paralelo con las diversas imágenes julianas.

10. Esta unidad transmutativa se manifiesta claramente en la metáfora del mar, que igualmente representa la muerte. Umpierre dice al respecto: «The sea, which was before the source of tunes, voices, songs, musicality, poetry, is now deafness» (p. 91). Esta definición clarifica la idea central de este artículo; situándonos en el sendero metamórfico que pretendemos.

11. Fuera de Jiménez de Báez, Umpierre menciona en su artículo a Josefina Rivera de Álvarez, y sigue las clasificaciones generacionales presentadas por ella en «Literatura puertorriqueña — Su proceso en el tiempo» (Madrid: Ediciones Partenón, 1983).

12. Esa verdad casera es llanamente el deterioro de la vida frente a la impotencia del espíritu que en Julia de Burgos se constituye en médula sentimental.

# EL PATRÓN DE RENACIMIENTO EN *FRIGORÍFICO DEL ESTE*

### de Mireya Robles

Antes de comenzar el análisis del patrón de renacimiento en *Frigorífico del este*, vale señalar algunos detalles sobre Mireya Robles y su narrativa. Robles nació en Cuba en 1934. Después de cursar estudios en la Universidad de La Habana, vino a los Estados Unidos en 1957 donde se doctoró en letras hispánicas en la Universidad del Estado de Nueva York en Stony Brook. Desde 1985, Robles reside en Durban, África del Sur donde es profesora de literatura en la Universidad de Natal. Como escritora hispana que vive fuera de su país, Mireya Robles forma parte de un grupo grande de escritores que por diversas razones se han visto obligados a dejar su tierra de origen. Desde una óptica amplia y universal, Robles aprovecha el distanciamiento que su condición de exiliada le ofrece para un examen crítico de la sociedad en general y para una exploración de la crisis espiritual del hombre y la mujer contemporánea. Dentro de su examen de la situación enajenada del hombre y de la mujer, Robles deja constancia de su perspectiva feminista y demuestra su deseo por encontrar nuevas posibilidades en las relaciones humanas. También, en su narrativa se destaca la búsqueda del individuo por su autodefinición y autoconocimiento para así vencer la fragmentación y deshumanización que lo amenazan. Hasta la fecha, la obra narrativa de Robles incluye dos colecciones inéditas de cuentos: *Trisagio de la muerte* y *Frigorífico del este* y la novela *Hagiografía de Narcisa La Bella* que se publicó en 1985. Dentro de las veintiséis narraciones que constituyen las colecciones, diez han aparecido en publicaciones de prestigio internacional y tres en antologías de cuentistas cubanos. Robles también ha publicado dos poemarios: *Tiempo Artesano* (1973) y *En esta aurora* (1974).

En la colección de cuentos intitulada *Frigorífico del este*[1] sobresale el tema de la búsqueda del individuo por descubrir una identidad más completa y profunda de sí mismo. De interés especial para los propósitos de este estudio, son los cuatro cuentos en que la enajenación mueve al protagonista a buscar el pasado a través de investigaciones minuciosas de sus orígenes. Robles emplea en estos textos lo que ella identifica como el renacimiento y la reencarnación para establecer la continuidad del ser humano con su pasado y describir su proceso de autoconocimiento y desarrollo espiritual. Aquí se analizarán «*Frigorífico del este*», «*En la otra mitad del tiempo*», «*El vampiro que da sangre*» y «*La ciudad flotante*». Estos cuatro cuentos son de los más efectivos en que Robles emplea diversas variaciones sobre el tema del renacimiento y demuestra posibilidades opuestas en la búsqueda del individuo por su realización.

Con «*Frigorífico del este*», Robles introduce su idea del renacimiento y la emplea para destacar el estancamiento del desarrollo espiritual del individuo, y así establecer el origen de su enajenación con el pasado. A diferencia del sentido tradicional del renacimiento asociado con la experiencia mística de trascendencia y de desarrollo espiritual, Robles demuestra con su uso del renacimiento que el ser humano es incapaz de trascender su existencia y resalta el proceso de su deshumanización.

El cuento comienza con un reintegro cuyo cerebro está atravesado de tubos plásticos y que está narrando las circunstancias de su renacimiento. Los esfuerzos fragmentados del personaje por recordar lo que era antes de morir y por descubrir el vínculo con su nueva existencia constituyen la estructura de la búsqueda de su autodefinición. El cuento se desarrolla entre momentos breves de retrospección y un recorrido por los diferentes lugares de un nuevo mundo de reintegros al cual él pertenece ahora.

Mediante «rápidos flujos de conciencia» (1) que atraviesan su cerebro de tubos plásticos, el reintegro recupera momentáneamente la fecha de su muerte de 1973 que fue «cuando en Chile iban a fabricar carne vegetal». Y «cuando daban un parte de último minuto... que: había un fallo en el "Skylab"» (1). Con esta información, Robles ubica el pasado del protagonista en un contexto sociopolítico que evoca el golpe militar chileno y la subsiguiente represión simbolizada por la referencia a la fabricación de «carne vegetal». De esta manera, el atropello de derechos humanos y por consiguiente, el empobrecimiento espiritual del individuo emergen de su memoria como la característica sobresaliente de su pasado. Al mismo tiempo, se hace hincapié en el fallo del «Skylab» para constatar que la mecanización y la tecnología de la vida humana existían antes de su renacimiento, y a la vez, se resalta la imperfección de los avances científicos. Trescientos años más tarde cuando el reintegro vuelve a la vida desde un frigorífico y con un cerebro nuevo y un pulmón moderno, el lector ve claramente la culminación de este desarrollo científico y el desprecio por el valor de la vida humana.

El proceso impersonal y mecánico al cual el reintegro debe someterse para ganar una nueva identidad es otra manera en que Robles relaciona el desarrollo tecnológico con la deshumanización y la destrucción espiritual.

> Usted es el reintegro número 47111. Una chapa metálica. Pero es mejor tatuarse el número. En la planta del pie: 47111. Su cerebro es nuevo. *Debe* funcionar bien. Pero una forma de no preocuparse es precaverse: reintegro 47111. No obligamos a nadie. Todo el mundo sabe lo que tiene que hacer... Sólo hay un reintegro con ese número... Ya no hay nacimientos. Todos son reintegros... Habitantes no: reintegros. Los otros: todos en frigoríficos... Usted vino hace tres días, del frigorífico del Este...[4]

La adquisición de un número, frío y sin vida supuestamente constituye la esencia de su nueva identidad. Sin embargo, la lucha del reintegro contra la mecanización de su cerebro y su recorrido por las calles de este mundo deshumanizado representan esfuerzos conscientes por establecer la relación del presente con el pasado y así recuperar su verdadera identidad. Lo trágico e irónico de lo que descubre es que la manera de vida actual le recuerda de su antigua existencia.

La intensificación de la mecanización de la vida y la ausencia del espíritu se hacen dolorosamente obvias para el reintegro en la sección de la ciudad donde trabajan los artesanos. Allí donde los individuos tradicionalmente se identificaban con la creatividad, la sensibilidad espiritual y la libertad de expresión, ahora se mueven como muñecos y «como si su artesanía fuera una forma de darse cuerda para seguir» (9). Los artesanos con las ayudantes femeninas, «moño en la nuca» (11), le hace recordar el fracaso de la liberación de las mujeres. Lo único que importa ahora es la fuerza física y el trabajo que «cada quién... puede hacer» (11). El reintegro recobra memoria del pasado para señalar el vínculo entre lo que ve y lo que ocurrió antes de su renacimiento.

> No sexo. No pasiones. Lo sé por mí: no hay regreso posible. Vegetal, todo vegetal. No se está perdiendo: se perdió. Y pensar que en California empezaban a defender a Safo. Y había orgullo en declararse: «Soy». Pero todo aquello era un reto. Una revolución. Un reto a la hoguera inquisitorial. (11)

Por último, el reintegro se encuentra en la sección administrativa. Allí los que reclaman al gobierno son todos ciegos sin uniformes que esperan su restitución a una vida normal mediante la fabricación de ojos artificiales. Según explica uno de ellos, «Sólo los ciegos se han quedado incompletos» (13). Los legisladores que responden a las exigencias de los ciegos son retratos que escupen «promesas sin fundamento» (14) en largos pergaminos. Ante la situación absurda, la ausencia de la compasión humana y la completa mecanización de la ley administrativa, el reintegro reconoce su mundo del pasado y lamenta que «esta no había cambiado» (14).

Al darse cuenta que el automatismo absoluto de este mundo donde ya no hay ni la posibilidad de rebelión y que está estrechamente vinculado a su pasado, el reintegro se acerca al final de su búsqueda. Regresa al Frigorífico del Este donde se reactivan a los reintegros necesitados y allí se integra dócilmente a su nuevo destino.

Mientras que en *«Frigorífico del este»* Robles utiliza el concepto del renacimiento para presentar una visión pesimista del desarrollo humano, *«En la otra mitad del tiempo»* se sirve de esta idea para describir la transformación positiva de una mujer que, después de muchas reencarnaciones, logra un conocimiento más profundo y completo de sí misma. Al trazar el proceso de su autorrealización, Robles destaca como asunto principal de la narración el misterio de este proceso y la importancia de integrar los distintos niveles de percepción para hacer consciente el potencial del individuo.[2]

La narración comienza con la protagonista frente al mar a través del cual recibe ecos de sus otras existencias. A diferencia de la caracterización del reintegro 47111 que lucha contra la mecanización de su cerebro para así recordar y conocer quién es, la protagonista, o «la mujer con ojos de cartaginesa», ya sabe que su vida es una suma de «muchas reencarnaciones». Mientras que la identificación de sus ojos con Cartago indica su conexión con existencias de otros siglos, el énfasis en sus ojos también resalta la importancia de su percepción y su capacidad de profundizar en el enigma de sus pasadas existencias.[3]

El motivo de su búsqueda es el reencuentro con su origen o con un aspecto original de su ser que ella ve «como una cita antes del nacimiento», y a través de la cual espera trascender la condición alienada de todas sus existencias. A través de la contemplación ritual del mar, la protagonista trata de reencontrarse con «la silueta de ese otro ser» que está «a la otra orilla de la tensión del tiempo». Al mismo tiempo, se puede ver que ese aspecto de su ser es alguien que existe dentro de ella y que está «surcando aliento y espacio, o inmóvil superando las heridas de un anhelo manso... para posarse en el calor de las manos» (47). De esta manera, el mar funciona como una extensión o espejo de su subsconsciencia.[4] El encuentro ritual con el mar y su «carga de tensiones milenarias», se puede ver como una metáfora que describe la lucha interna de la protagonista por integrar su pasado con el presente y así realizar o descubrir un concepto más completo y profundo de su identidad que ella visualiza como «ese otro ser».

Entre los mensajes o ecos que recibe del mar, o de su subconciencia, la protagonista capta dos que sobresalen y que eventualmente la ayudan a comprender algo inexplicable que ella intuye como la clave para su reencuentro consigo misma. Ambos mensajes son enigmáticos y por su irrealidad, fragmentación y simbolismo críptico, se asemejan a las experiencias de los sueños.

El primer mensaje se asocia con esclavos de otros siglos que participan en ritos de santería y hablan por la boca de un medio. Sin embargo, los mensajes que brotan de los que están poseídos por los espíritus resultan ser «mensajes entrecortados de otras épocas» que aunque persisten «en confluir con el presente» (47), debido a su fragmentación no ayudan en este momento a la mujer en su búsqueda.

Con el segundo mensaje que viene de las olas y que está tallado en una lengua desconocida sobre un trozo de madera, Robles mezcla la realidad externa de la mujer con la realidad que viene de «la otra mitad del tiempo» o de la profundidad de su subconciencia. El mensaje, como el pedazo de madera, es sólo parte del mensaje completo. Junto con este mensaje, el mar arroja también un frasco de perfume que contiene un líquido de unción. Con el perfume, la mujer se prepara para un rito y experimenta una transformación liberadora que la hace comprender en el sentido lógico de las palabras.

> Dejó que el aroma le tocara la piel y se sintió ya, como en otros siglos, preparada para salir de un recinto, esta vez, de un recinto abierto, hacia la búsqueda... Y dirigió su mirada... Hacia aquel trozo de madera que yacía allí, pacientemente, como si la esperara. Sintió entre sus manos la humedad de la gruesa lámina de troncos y trató de descifrar las raras letras que formaban un mensaje en una lengua que ya hoy, le era desconocida. Notó que la placa estaba, meticulosamente, partida en dos, y se acercó al pecho las letras húmedas, como abrazándolas. Sin tener un conocimiento preciso de lo que estaba sucediendo, creyó comprender. Se irguió lentamente y con el paso firme fue venciendo las lejanías de la playa. (48)

La situación que se desarrolla es un enigma tanto para el lector como para la protagonista. Sin embargo, a pesar de su misterio, la protagonista parece intuir algo sobre su vida y sus pasadas existencias que antes no había comprendido. El rito de santería empleado por los esclavos que tratan de trascender el sentido de su propia existencia puede verse como un presagio que prepara a la protagonista para su propio rito en que descubre lo que debe hacer con otro mensaje hermético. Al hacer consciente algo que antes desconocía, el trozo de madera con su mensaje extraño parece simbolizar ese proceso misterioso que es el conocimiento gradual de nosotros mismos. Es así que se puede explicar también el reencuentro mágico que tiene con otra mujer y que inexplicablemente trae en la mano el otro pedazo de la madera con las letras extrañas.

> En el espacio limpio del andén, la silueta de una mujer. Su mirada intensa, su contorno, tallado en el silencio. Inmóvil y en la mano, la mitad de una lámina de madera, y letras extrañas... Se miraron a los ojos, y se reconocieron (49)

De esta manera simbólica Robles resalta el triunfo de la protagonista quien llega a la cita con ese otro ser, y a la vez, realiza su integración con un aspecto de su ser que antes desconocía y que ahora le ofrece un sentido más profundo de su identidad. Al mezclar los dos niveles de la realidad —el interno y el externo—, Robles destaca en términos metafóricos la importancia de una síntesis entre la subconciencia que acarrea la complejidad de nuestro pasado y de nuestro origen y la realidad en que vivimos para así realizar el potencial y misterio de nuestra existencia. De esta manera, a diferencia del pesimismo de «Frigorífico del este», el triunfo final del reencuentro en este relato puede verse como el ideal de un verdadero renacimiento espiritual.

«El vampiro que da sangre» y «La ciudad flotante» cierran el ciclo de narraciones que se caracterizan por la búsqueda y el renacimiento en esta colección. En ambas narraciones, Robles traza el desarrollo de una vida y emplea el renacimiento en términos de un retorno a la matriz.

Con «El vampiro que da sangre», Robles reconstruye la vida de un hombre desde su niñez para describir sus esfuerzos por recuperar el sentido de una existencia integral como el que sintió en el seno materno.[5] De esta manera, la idea de un renacimiento se emplea para resaltar su obsesión por reproducir en su vida de adolescente y de adulto la unión y comunicación absoluta de su niñez. El cuento se divide en tres etapas, y mediante breves escenas, el lector observa la vida del protagonista y descubre la imposibilidad de su objetivo y su progresiva alienación. Como había hecho «En la otra mitad del tiempo», Robles de nuevo se sirve del misterio y de lo enigmático para describir las cualidades especiales de este niño que siente un vínculo fuerte con su madre y con la humanidad. En primer lugar, el nombre del niño, «el vampiro que da sangre», expresa en términos metafóricos su afán por dar de sí mismo y sentirse parte de los demás. Como le debe confesar más tarde a una de sus tías quien lo encuentra llorando por su madre, sentía «un amor irrefrenable que le parecía hecho de sangre», y que «lo forzaba a una órbita anormal, a una tensión que avergonzaba y que dolía» (56).

Robles presenta la atracción que el niño siente por los demás mediante su extraña relación con un grupo de chinos que vive en su pueblo. Como en otras narraciones de Robles, el problema de la comunicación surge como el rasgo predominante de la relación. Sin embargo, a pesar de que el niño y los chinos hablan dos idiomas diferentes, la atracción mutua supera las barreras lingüísticas y se crea un ambiente extraordinario que capta el sentido original de identificación y de unidad que el niño siente durante esta primera etapa de su vida.

El inicio de la vida escolar marca el comienzo de la segunda etapa de su vida. Robles describe el viaje del niño en tren al colegio que está en otro pueblo y capta el sentido de pérdida y sufrimiento que esta separación significa.

Desde ahora en adelante vestiría uniforme y llevaría maleta escolar. El tren salía siempre el domingo por la tarde y cuando la madre le alcanzaba, despidiéndolo con un cartucho de caramelos, él se preguntaba por que el desgarramiento se sentiría siempre en la garganta. La casona de las tías, la austeridad temible, saber que Dios desterraba del paraíso, fueron los elementos que integraron su soledad. (57)

Este viaje en tren que constituye la separación física de la madre también representa en un nivel metafórico el alejamiento gradual de una vida auténtica y la pérdida irrevocable de una unión original. El uniforme y la maleta escolar como símbolos de su nueva identidad marcan su iniciación en un mundo impersonal. La casona de las tías y su austeridad temible definen los términos alienantes de su nueva vida. Para el niño que sufre el trauma de la separación, el afán por recuperar la unidad original entre él y su madre se convierte en su razón de ser. Al escribirle a su madre, el niño expresa su deseo por alcanzar de nuevo esa identificación y comunicación absoluta en términos de un renacimiento.

Sólo le quedaba escribir aquellos borrones y esperar una reafirmación en la carta-respuesta, de que era posible volver al seno materno. Al útero. Adentro. A la placenta. Nadar nutriéndose de otro ser humano. Y que siempre fuera posible el rito del parto. Y entrar otra vez y entonces nutrirse de ese ser humano. (57)

Volver al útero es un símbolo en el cuento que sugiere que el niño se rebela contra el nuevo mundo del colegio y de las tías que lo alejan de su madre y de su pueblo. Su obsesión por un renacimiento o por repetir «el rito del parto» evoca su ansiedad por trascender la imposición de una realidad alienante y por recuperar el sentido integral de su antigua existencia. Sin embargo, puesto que la madre nunca contesta a las cartas, uno comprende que sus esfuerzos de recuperar ese pasado tiene que fracasar. El acto de dejar de escribir las cartas marca otro momento de desilusión para el niño y resalta su alienación.

La vida adulta —es decir, la tercera etapa de la narración— comienza cuando el protagonista abandona sus esfuerzos por volver al seno materno e intenta alcanzar la unión original que tanto desea con otra persona que no fuera la madre. Parecido a la segunda etapa, un viaje inicia esta parte de la narración. Ahora en el recinto más amplio pero enajenado de la capital, el hombre continúa su búsqueda. En una casa de huéspedes para estudiantes, conoce íntimamente a otro ser humano. La descripción de esta relación se expresa también en términos de una transformación y un renacimiento. Pero esta experiencia es momentánea ya que la separación es inevitable.

La imposibilidad de recrear una relación duradera y de establecer la comunicación absoluta con otro ser, se expresa al final del cuento cuando Robles combina los símbolos de la mitología cristiana y una perspectiva moderna de fatalismo.

El destierro. Dios desterraba. Caín. Al este del paraíso. En la ley de evolución, un eslabón perdido... Desequilibrio desencaje... Sólo en aquella ciudad de espejos pudo vislumbrar algo en los gigantes carteles, en aquellas letras monumentales: «Todo lo embadurnas». Siempre rompes lo bello. Y mientras se buscaba unas rosas que creía llevar en la mano, se encogió de hombros en el misterioso frío de la noche y sintió que algo se coagulaba dentro, como si fuera laca y esmalte. (59)

En suma, la vida del hombre demuestra que la separación y el aislamiento se repiten como una ley que gobierna el desarrollo de las relaciones humanas. La búsqueda por recrear la unidad original entre dos seres humanos como se encuentra en el seno materno forzosamente tiene que fracasar.

«*La ciudad flotante*», el último cuento de la colección a analizarse, sirve como conclusión e iluminación del sentido de las otras búsquedas emprendidas en *Frigoríficos del este*. Se reúnen ideas, imágenes y símbolos ya vistos en otras narraciones que establecen la continuidad del concepto del renacimiento entre los textos y que evocan la persistencia de una existencia alienante. No obstante, la repetición y elaboración hacen constar el deseo básico del ser humano por trascender el proceso de enajenación con que Robles ha caracterizado el desarrollo espiritual de la humanidad. Mientras que en «*El vampiro que da sangre*», Robles se sirve de la metáfora del regreso a la matriz para patentizar el fracaso del protagonista en recrear el sentido integral que gozó en esa existencia, en «*La ciudad flotante*» elabora esta idea para presentar una visión más optimista de la búsqueda por la autorrealización. Con el regreso de la protagonista a «la ciudad flotante» y su encuentro con una señora que hace recordar a la figura simbólica de una madre que espera el regreso de su hija ausente, Robles reafirma su esperanza en la posibilidad de superar una existencia fragmentada.

Es así que el deseo del reencuentro con «la ciudad flotante» es el objetivo que organiza la búsqueda de la protagonista. El viaje por mar que la conduce finalmente «a la ciudad que un día conocí, viví, la ciudad de casas de madera» (60) hace pensar en el retorno a un lugar de origen. A su vez, el viaje por mar es también la metáfora que describe el proceso de su autoconocimiento y evaluación de pasadas existencias. De esta forma, se afirma de nuevo la importancia de la recuperación del pasado a través de los conceptos de renacimiento y reencarnación.

Como «*En la otra mitad del tiempo*», el mar es el medio que facilita la exploración de su pasado y hace posible su reencuentro con el lugar de su origen. Su viaje por el mar y la evaluación mental que hace de sus otras vidas mientras que llega a la «ciudad flotante», puede verse como una expresión del ahondamiento en su propia subconciencia.

El recorrido mental por los caminos de sus pasadas existencias cubre tres siglos —desde el XVII hasta el XX. «*La incomunicación violenta*» es el eslabón que une y establece la continuidad de sus distintas vidas. Su primer recuerdo describe la frustración de una mujer del siglo XVII quien se encuentra atrapada dentro de un rígido patrón de comportamiento y nunca se realiza como persona. La imagen de su ropa y el castillo en el que vive resaltan su encierro. La relación truncada entre ella y un hombre marca la falta de una comunicación auténtica y, al mismo tiempo, la protagonista señala que el mismo encierro limita la extensión de su búsqueda.

Su próximo recuerdo la trae al siglo XX. Según explica, «ahora la frustración se hace agresividad... porque se hace intolerable el desencaje, porque se hace intolerable la marcha forzada de la búsqueda...» (61). Aquí la protagonista describe su relación con otras mujeres que si bien puede sugerir a primera vista un desarrollo en la libertad sexual de la mujer, en el fondo es la incomunicación que surge de nuevo e intensifica la alienación. En conjunto, las reencarnaciones marcan un desarrollo que se caracteriza por la incomunicación y la frustración. De esta manera, la autora describe un proceso de autoconocimiento que es lento. Se nota también que a través de los siglos la participación en un orden social oprimente y sin sentido obstaculiza la búsqueda por la autorrealización.

Sin embargo, como «En la otra mitad del tiempo», el cuestionamiento del pasado conduce a la protagonista al objetivo de su búsqueda que es el encuentro con su lugar de origen. «La ciudad flotante» que aparece repentinamente en la oscuridad de la noche se manifiesta como una aparición y presagio de la escena final. Al penetrar esta nueva realidad, la protagonista se encuentra con una mujer que por su descripción hace recordar como ya se ha notado a la figura simbólica de una madre que espera el regreso de su hija ausente.

> y siento el agua hasta los tobillos; llego a los escalones de madera, a la casa de madera, voy adentrándome en el patio que me había presentado todo sembrado de santo domingos, y esta señora gruesa, que se me presenta, se queda de pie, secándose las manos mojadas en el delantal, mirándome como si reconociera en mí a la persona que viene a cumplir una tarea que ignoro, a llenar un destino que desconozco, sin comprender mi asombro sin que se le ocurra explicarme por qué en el patio no hay jardín, sólo un piso de tablas, tablas que se hunden con mi peso para que el agua entre a mojarme los tobillos. (63)

Las aguas que circundan la escena final y que lentamente sumergen a la protagonista evocan la escena primordial del reencuentro absoluto con la madre ya vista en «El vampiro que da sangre». Es decir, en los términos de «El vampiro que da sangre», al regresar a su lugar de origen, la protagonista retorna metafóricamente al útero, «Adentro. A la placenta». A diferencia del fracaso del «hombre vampiro» que no logra recuperar el sentido integral de su antigua existencia, aquí pese a una forma enigmática, Robles sugiere que el ahondamiento de la protagonista en su pasado la acerca a la posibilidad de su realización. En las palabras de la protagonista, la señora gruesa parece reconocer en ella «a la persona que viene a cumplir una tarea que ignoro, a llenar un destino que desconozco» (63). Así, tanto la aparición repentina de la ciudad como la de la señora, se manifiesta como una revelación cuyo sentido es ambiguo para la protagonista y para el lector. Al hacer hincapié de nuevo en lo enigmático, la autora resalta como «en la otra mitad del tiempo», el proceso misterioso y gradual que define el conocimiento de nosotros mismos. Al mismo tiempo, el recorrido mental de la protagonista por sus pasadas existencias y el encuentro con la señora señala de nuevo la importancia del ahondamiento en nuestro pasado como un modo de hacer consciente y de realizar nuestro potencial y nuestro destino.

En conclusión, «*Frigorífico del este*», «*En la otra mitad del tiempo*», «*El vampiro que da sangre*» y «*La ciudad flotante*» demuestran la importancia del concepto de renacimiento y reencarnación en la narrativa de Mireya Robles y su vínculo con la temática de la enajenación y la búsqueda de una autodefinición. En «*Frigorífico del este*», Robles emplea el renacimiento para trazar el proceso de enajenación desde un plano sociopolítico y así resalta el estancamiento del desarrollo espiritual de la humanidad. De una manera opuesta, «*En la otra mitad del tiempo*», Robles utiliza el renacimiento para presentar una visión positiva de transformación que da esperanza de que el individuo es capaz de superar la fragmentación que caracteriza su existencia. En «*El vampiro que da sangre*», Robles sugiere que la separación y el aislamiento gobiernan el desarrollo de las relaciones humanas. La obsesión del protagonista por regresar a la matriz es la metáfora del renacimiento que Robles emplea para hacer evidente la imposibilidad de recrear esa unión primordial entre seres humanos. A diferencia de esa visión, y de nuevo, en términos de un regreso al seno materno, en «*La ciudad flotante*» Robles reafirma su esperanza en la capacidad del individuo de superar el proceso de su aislamiento.

LILLIAM OLIVIA COLLMANN
Departament of Romance Languages
University of Tennessee

---

1. Mireya Robles, *Frigorífico del este*, manuscrito de narraciones, TXU, 144-433, 1983. El manuscrito no tiene paginación. Por lo tanto, he tomado la libertad de darle mi propia paginación siguiendo el orden consecutivo, en el que aparecen los cuentos de la colección. Otras referencias a los cuentos serán citadas con la paginación entre paréntesis.

2. Al destacar la importancia de la subconsciencia o un nivel más profundo de percepción en el esfuerzo por reintegrar una identidad fragmentada se considera que Robles aplica aquí un proceso de autoconocimiento que se asemeja a la teoría jungiana de la individuación. Para Jung, el individuo podía lograr un conocimiento más profundo y completo de sí mismo si servía o hacía consciente el misterio y potencial de su individualidad, que para él residía en la profundidad de la subconsciencia. Carl Jung, *Archetypes and the Collective Unconscious*, vol. 9 of *The Collected Works of C. G. Jung*, Ed. Sir Herbert Reid et al. (Princeton: Princeton University Press, 1968).

3. Lo que H. Patsy Boyer ha notado con respecto a la función y misterio de los ojos verdes en la leyenda «Los ojos verdes» por G. A. Bécquer, ilumina el uso de los ojos en esta narración. «Stated in different terms, this mystery refers to the magical function of the living eye: vision. The act of visual perception is essential to

exchange; it is basic mode of communication and is itself an act of creation. It establishes the relationship between, as well as the existence of self and other. The mystery is the nature of perception, which is selective, which focuses. A Feminist Reading of "Los ojos verdes"», *Theory and Practice of Feminist Literary Criticism*, Eds. Gabriela Mora and Karen S. Van Hooft (Michigan: Bilingual Press, 1980), 196.

4. Carl Jung ha notado que el mar desde la mitología antigua ha funcionado como símbolo y expresión del subconsciente. *Symbols of Transformation*, vol. 5, of *The Collected Works of C. G. Jung*, Ed. Sir Herbert Read et al. (Princeton: Princeton University Press, 1968), 219.

5. Rosemary Jackson ha notado que tanto Freud como Jacques Lacan han identificado este deseo de unidad absoluta con otro ser humano como un instinto básico de la composición psicológica del ser humano. *Fantasy: The Literature of Subversion* (New York: Methuen Co. Ltd., 1981), 61-91.

## EL APORTE FEMENINO A LA NARRATIVA ÚLTIMA ARGENTINA

He querido traer a este congreso dedicado a la labor de las escritoras hispanoamericanas un grupo formado por las obras de ocho escritoras, de ocho mujeres, y he querido acercarme a este *corpus narrativo* —integrado por novelas y cuentos— para realizar lo que, por fuerza, tiene que ser una exploración muy breve, que seguramente abrirá más interrogantes de los que podrá contestar pero que, por ello mismo, por suscitar esos interrogantes, incitará a trabar relación con estas creadoras que, desde un país desquiciado por el terror y estragado por perentorios problemas económicos, amén de otros, han tratado de mantener la continuidad de una cultura que ha dado a las letras hispanoamericanas valores singulares y perdurables, como todos sabemos.

Las escritoras a cuyas obras me referiré en este trabajo, son las siguientes (por orden alfabético):

Cecilia Absatz
Liliana Heer
Vlady Kociancich
Silvia Plager

Aliana Diaconú
Liliana Heker
May Lorenzo Alcalá
Ana María Shua

Casi todas ellas (por lo menos de aquellas de las que he podido descubrirlo) han nacido entre 1943 y 1951, i.e., que son mujeres en la cuarentena —las más— y en la treintena —por lo menos una, Ana María Shua—. La crítica que desde hace unos años ha estado apareciendo en el suplemento literario de algunos diarios y de revistas literarias (y una de estas mismas escritoras —May Lorenzo Alcalá— lo acepta), ha creado el rótulo *generación del 70* para designar al grupo de escritoras y escritores que empiezan a publicar en esa década.[1] Por el momento, se puede aceptar tal designación. También se señala el año 1973 como «centro cronológico sintomático» de este grupo de narradoras y narradores.[2] Pero si bien los libros de la autoría de todos los escritores de este grupo acusan fechas de publicación que van desde 1966, en un caso,[3] y llegan hasta 1986, lo que las fechas de la producción femenina me dicen es que la mayor —y mejor— producción de este grupo de escritoras se ha venido dando desde comienzos de la década del 80. Hay libros escritos durante «el proceso» —1976 a 1983— y después de él, en la reconquistada democracia —de 1984 a 1986—. La producción de estas escritoras va desde dos libros[4] hasta siete.[5] Esto es, que hay material suficiente —un *corpus* como lo he llamado— para adelantar algunas observaciones pero que nada puede ser muy definitivo puesto que son escritoras en pleno desarrollo.

Quisiera puntualizar, asimismo, que no debe olvidarse que en el actual panorama literario argentino, coexisten varios estratos humanos en interacción y que, dado que me ocupo de las que se vienen llamando *nuevas voces*, prescindo aquí de los libros de otras escritoras de primera calidad tales como Griselda Gámbaro, Angélica Gorodischer, Elvira Orphée, Marta Mercader, Alicia Steimberg, María Granata, y muchas más que han estado publicando, y lo están aún.

El criterio seguido por los críticos que han agrupado a estos narradores bajo el rótulo de «generación del 70», ha sido, evidentemente, el generacional, i.e., el del año del nacimiento. Este criterio puede ser útil en algunos casos, pero lo traigo aquí especialmente a colación porque, en verdad, cuando se trata de producción femenina éste es un criterio de periodización que no puede aplicarse, por la sencilla razón de que son muy, muy contadas las mujeres que han podido empezar a escribir y publicar cuando realmente desearon hacerlo. Casadas, en su mayoría, o divorciadas pero con la responsabilidad de los hijos, su llegada a la literatura es casi siempre más tardía que la de los hombres. Sólo cuando se puede robar tiempo a la tarea del hogar, únicamente cuando los hijos ya pueden manejarse solos, hay tiempo para disponer de la soledad y tranquilidad que la tarea creativa demanda. Muchas han borroneado sus primeros cuentos en la mesa de la cocina mientras preparaban la comida. Todas estas mujeres —y en eso no se diferencian de los hombres— trabajan. La mayor parte lo hace en el periodismo, en publicidad, alguna es traductora, hay una abogada pero que también trabaja en el periodismo, dos son profesoras en letras pero una de ellas vive de su cargo de redactora de publicidad.

La lectura de sus libros muestra algunas direcciones que me parece importante destacar. Por de pronto, los textos podrían dividirse en dos grandes grupos que conforman las dos direcciones tradicionales por las que, prácticamente desde sus inicios, ha marchado la literatura argentina: *la dirección realista* y la *fantás-*

*tica*. Uso aquí las dos designaciones —*realista, fantástica*— en un sentido amplio que se irá poblando de matices, espero, en lo que diré a continuación. Por lo demás, la separación no es neta.

La mayor parte de las novelas y los cuentos de estas escritoras exploran lo que yo llamaría *dramas de mujeres*: la mujer abandonada por su marido y frustrada,[6] viudas hundidas en la rutina y los recuerdos,[7] la mujer casada con el borracho,[8] la que tiene la manía de la limpieza y aliena a su marido,[9] la que pierde a su único hijo,[10] la que no se comunica ya más con su marido,[11] la que se sacrifica por un marido enfermo que la desprecia,[12] la beata que se ha extrañado con su beatería de su condición humana,[13] la mujer que se descubre enferma pero que sigue adelante valientemente,[14] la mujer cuyo marido no quiere hijos,[15] la que roba para ayudar al marido,[16] la mujer soltera que, paranoicamente, se siente explotada y traicionada por el hombre,[17] la madre que tiene que elegir entre su hija criminal y su marido,[18] la que rememora a la hija muerta para darse cuenta de que nunca verdaderamente la conoció,[19] la hija que sacrifica su vida por un padre despótico e incestuoso,[20] la muchacha de pueblo que viene a la gran ciudad y cae en las redes de unas prostitutas bisexuales,[21] la mujer que ha dejado transcurrir toda su existencia en soñar un destino maravilloso que nunca se ha concretado.[22]

Muchos de estos textos tratan con total franqueza los problemas sexuales de la mujer, los rituales de la pasión, la soledad de las mujeres que se refugian en coitos casuales,[23] la que vive sometida a los pequeños ritos con que el hombre rodea el acto amoroso, en una relación en que es él quien tiene la última palabra;[24] aquéllas que buscan en el sexo una aventura más o que encuentran —y es una mujer casada quien lo hace— en la prostitución una diversión pecuniariamente provechosa;[25] o mujeres que viven esclavizadas por la pasión.[26] Dentro de esta *temática del sexo* —como podría llamársela— se cuestionan los valores de una educación que ha reprimido ese sexo, que lo ha vuelto tabú, sucio, represivo. Por ello son de destacar dos textos que «desacralizan», podríamos decir, los roles impuestos por el sexo: uno relata la extraña historia —con tratamiento realista y fantástico, a la vez—, de una diva que está envejeciendo y de un ser que resulta hermafrodita, un ser sin identidad sexual. I.e., que lo que se ataca son los estereotipos, la asignación de determinados papeles que hay que desempeñar de acuerdo a unos códigos sexuales inamovibles, el alto precio que en nuestra civilización se debe pagar por ser diferente. (Diaconú, *Cama de ángel*).[27] El otro texto desacraliza la maternidad, la preñez, desacraliza a la mujer a quien, en ese estado, le está vedado el placer sexual. Ella lo obtiene en un ejercicio solipsista que nunca había sido expuesto, y menos con tanto realismo, en la literatura argentina y mucho menos por una mujer. No por nada la 1.ª ed. se agotó en un mes y hubo que tirar una 2.ª (Ana María Shua, *Los amores de Laurita*). Que yo sepa, no ha habido una 3.ª edición hasta la fecha.

A pesar del gran número de cuentos y algunas novelas en que se ventilan estos dramas de mujeres, como los he llamado, el hombre, sin embargo, no está ausente de esta narrativa. Con bastante frecuencia estas escritoras narran, y casi siempre en 1.ª persona, los *dramas del hombre*: el amor del hombre maduro por la adolescente,[28] los sueños de un muchacho,[29] o el muchacho que se libera de la tiranía familiar,[30] el hombre que se refugia del mundo en la escritura sólo para comprender que la felicidad no está en filosofar sino en las pequeñas alegrías compartidas y cotidianas,[31] el hombre bueno que comete un desliz antes de morir,[32] la tragedia de un hombre rico,[33] la del que perdió a su hija como resultado de un divorcio y que cuando se decide a recuperarla comprende que ya es demasiado tarde,[34] la de un hombre solo,[35] la de la vejez del hombre,[36] la historia tragicómica de un supersticioso,[37] el poético monólogo interior de un muchachito que ha perdido su pareja.[38]

Lugar considerable también ocupa *la adolescencia y sus problemas*: por ejemplo, el de dos adolescentes que tratan de entender la filosofía de Berkeley,[39] el drama de la chica que, por primera vez, a pesar de su inteligencia y belleza, experimenta las diferencias de clase,[40] el de la muchachita que se siente humillada por la ocupación de su padre,[61] la atracción irresistible de una joven por un hombre maduro,[42] el despertar del sexo, la impresión del primer beso y de la primera cita,[43] el mundo de sueños que la adolescencia forja frente a la dura realidad,[44] el problema de las relaciones con la madre [45] y con un padre incestuoso.[46] Se destaca particularmente la novela de Alina Diaconú, *Enamorada del muro*, por la fuerza con que se narran siete días en la vida de una chica veinteañera de la alta burguesía porteña, cuya existencia no tiene rumbo y que deambula continuamente por Buenos Aires, con su cabeza llena de engañosos espejismos nacidos del rock y de la TV. Una chica que aborrece a sus padres y la vida que estos llevan; el orden y lujo de su casa; que siente desdén por su exitoso hermano. Una muchachita, en suma, que poco a poco, ha ido abandonando toda sociedad, que no tiene amigos, que considera a todos idiotas, y que cree encontrar su pareja en un homosexual que la acaricia y le habla de un sexo sin sexo, y en una muchacha tan perdida en la vida como ella quien la vincula a una secta secreta, la cual parece encubrir un operativo político lo que desemboca en el suicidio de la amiga y quizás en la muerte de la tuberculosa protagonista. Ella es un parásito —el de la planta del título— en una ciudad alienada y dividida en dos bandos que luchan a muerte. Muy bien narrada, muy bien construido el carácter del personaje central, implica una acerva crítica a una juventud sin horizontes, sin futuro, sin valores excepto los materiales, porque Bruma —la protagonista— sólo quiere dinero y no vacila en recurrir a la violencia para obtenerlo. Aunque eso no resuelve su insatisfacción total y su falsa percepción de la realidad. Que la soledad y la incomunicación constituyen el drama de esta chica y quizá de todo un sector de la juventud actual, parecería ser el mensaje de la novela de Diaconú. Igual fuerza muestra una *nouvelle* de Cecilia Absatz, «Feiguele» de su libro *Feiguele y otras mujeres*. Feiguele es una simpática e inteligente muchachita judía de la que todos ríen porque es gorda. Es la sencilla historia de sus fantasías y de sus días en la escuela, con su hermano, con su hermana Raquel. Pero Feiguele sufre porque ella quiere ser popular a toda costa y se siente disminuida por su gordura. Por ello se inventa admiradores. La historia resulta trágica y grotesca, a la vez, y el mundo de los adolescentes, con toda su crueldad, está construido con entera verosimilitud.

Un grupo de narraciones atacan *problemas de índole social e histórica*. Son así objeto de escrutinio la conducta del empresario que tiene una tan importante misión que cumplir que, aunque lo muerde una yarará —¡en plena calle San Martín!—, no va a cejar en su misión. (La presencia de Horacio Quiroga en este cuento, es notable),[47] o el asombro de la periodista que va a París con el propósito de entrevistar a las prostitutas parisianas para llegar a la conclusión de que ella misma se prostituye cada día en el desempeño de su profesión,[48] o la historia de la mujer que carece de conciencia social y vive, rica, en medio de la miseria sin molestarse en verla.[49] En una novela se recrean tipos, costumbres, ambientes de la Argentina de mediados del siglo XIX hasta 1930, para mostrar una clase dirigente que usufructa la riqueza del país con un feroz egoísmo y como por derecho propio.[50] En un cuento, en cambio, se hace la alegoría crítica del ocio del funcionario público.[51]

Junto a esta vertiente que, muy generalmente, he llamado *realista* (y que quizá más exactamente podría rotularse, *neorealista*), se da la otra, la *fantástica*, con cuentos de fantasmas y dragones, de alucinaciones de hechos maravillosos, esto es, una literatura fantástica tradicional [52] podríamos llamarla, aunque también se dan novelas y cuentos *neofantásticos*, al tipo de los de Cortázar [53] o de los de Borges, de transcendencia filosófica, como veremos en una escritora. Notorio es, asimismo, el número de relatos negros, góticos, de misterio, en que campea la necrofilia, las venganzas, la bestialidad, los crímenes (por ej., el narrado desde los 11 años de la protagonista y, por tanto, un crimen más horrendo, en «Madán» de Amalia Jamilis, en el libro de igual título, publicado por Editorial Celtia en 1984. Entre paréntesis, Jamilis es maestra en la modalidad gótica o negra).[54]

Hay también *paráfrasis de temas bíblicos*,[55] minitextos que son un *diverstissement*, con variaciones sobre el *tema del sueño*, como el de Ana María Shua, *Sueñera*, de 1984. Algunos textos son *paródicos* de lenguajes estereotipados,[56] reducciones al *absurdo* con intención de crítica social (el tratamiento que se da en los hospitales al enfermo,[57] o el que uno recibe en el dentista[58]) que ponen de manifiesto un humor ingenioso y constructivo, un humor blanco. La influencia de Cortázar, opino, es palpable en estos *cuentos humorísticos*, de corte absurdista tales como los citados y otros de Ana María Shua, Liliana Heker y May Lorenzo Alcalá.[59] Otros, por fin, son reflexiones sobre la escritura[60] o la historia de cómo hay que hacer un cuento cuando es de encargo.[61]

Parecería extraño que hablando de la narrativa argentina de los 70 y de la primera mitad del 80, no haya yo mencionado la *temática política*, esto es, narraciones que denuncien o testimonien los sucesos políticos de esa década y media. Abierta referencia a los hechos que todos conocemos no la hay. En dos o tres cuentos se alude, al pasar, a un «operativo», o se evidencia miedo, o se mencionan gobiernos anteriores al «proceso».[62] Dado el terror, la censura y la autocensura, esta ausencia resulta explicable. Pero hay un texto, una novela, que sí confronta este tema: me refiero a la novela de Vlady Kociancich —en mi concepto la escritora de más talento de este grupo— titulada *Últimos días de William Shakespeare*. La novela es la dolorosa recreación absurdista de los años de las 3A, del camino secreto hacia un poder corrompido y criminal del cual es instrumento, sin comprenderlo, un pedante escritor —«la gloria de las letras nacionales»— y testigo, una jovencita con ideales y principios. Ella registra, al comienzo también sin comprender, el miedo, el terror que imponen el astrólogo y sus secuaces en ese proceso de reconstrucción de la cultura del país en el que dicen que están empeñados, y del que la chica es una de las primeras víctimas. La novela, contada a través de la narración centrada en el escritor, y en las cartas y el diario de la chica, es una lograda radiografía de cómo una nación —que no tiene nombre y una ciudad también innominada pero fácilmente reconocible— va progresivamente entregándose a ese horripilante proceso. Esta novela, llena de símbolos, de sarcasmo, de absurdo me parece el documento más contundente acerca de la reciente historia argentina que este grupo de narrativa femenina haya producido.

Quisiera ahora detenerme un tanto en la obra de Vlady Kociancich ya que ella es autora de otros textos. Su primer libro —*Coraje*— fue un libro de cuentos, de 8 cuentos, tres de los cuales son cuentos largos (30, 26 y 24 págs.). Como sólo esta semana recibí la copia fotostática (que Vlady Kociancich tuvo a bien enviarme) del libro, no he podido leerlo más que una sola vez. Pero ha sido una experiencia interesante conocer este texto cuando ya había leído el resto de la obra narrativa de esta escritora. Y lo ha sido pues este libro primerizo muestra una serie de rasgos que se afinarán en la novela siguiente pero que constituyen, sustancialmente, la muy peculiar voz narrativa de Kociancich. *Coraje* está dedicado a Jorge Luis Borges, dedicatoria que no es gratuita dado que la influencia del autor de *Ficciones* puede apreciarse desde los nombres de algunos de los personajes que pueblan estas historias —Belisario Peñaloza, Rodolfo Maidana («Coraje»); María Elena Gerstein («Diálogo»); Pedro Celestino Bastida («La venganza»)—, pasando por el interés en las historias de cuchilleros que revelan cuentos como «La venganza» y «Coraje» —títulos que Borges debe haber leído con placer, él que tanto soñó esa prenda de carácter— y desembocando en la expresividad lingüística de esta escritora que frecuentemente nos habla con un estilo de cuño tan borgeano como el que muestran estos ejemplos:

...Y sin embargo no puedo evitar el relato de esta historia que me acompaña siempre y que sólo a veces me mortifica. Ya la he contado ante caras bien intencionadas pero incrédulas, y he vivido en la incomodidad de no ser escuchada sino a medias o de no creer que otros me creían. («Su gran amor», 80).
...Es curioso cómo la gente atribuye a los jóvenes rasgos de carácter totalmente falsos, la alegría, por ejemplo, un estado de ánimo inventado por la múltiple melancolía popular (ib.). Los hombres son supersticiosos y con razón. Para ejemplo, el de Pedro Celestino Bastida, vendedor de caballos, que allá por el mil novecientos ignoró la importancia de un negocio, y el mismo negocio le trajo la muerte. Todas las maneras violentas de morir son escandalosas, pero no he conocido otra más escandalosa que ésta. («La venganza», 125).

Los cuentos revelan, asimismo, una escritora que sabe manejar el suspenso y el misterio *(«Diálogo», «Su gran amor»)*, el discurso irónico *(«La venganza»; «Su gran amor»)*, la introspección sicológica *(«Los falsos límites»)* y que constantemente se vale de símbolos y metáforas que confieren al texto una trascendencia filosófica o humana. Sus narradores —desde una 1.ª o 3.ª persona — son mujeres u hombres cuyas circunstancias vitales relatan estos cuentos excelentemente construidos de acuerdo a los procedimientos que Poe, el primero, asignó al género.

Desde su segundo libro, Kociancich ha estado escribiendo novela. Ese segundo libro fue *La octava maravilla* para el que Bioy Casares escribió un elogioso prólogo en el que lo considera una pieza de literatura fantástica (más propio sería decir neofantástica, opino), de ese tipo de literatura fantástica que es (cito a Bioy) «una construcción lógica, posible pero prodigiosa, una aventura de la imaginación filosófica, una historia de amor, de amistad, de traiciones, una busca infinita... [del] inasible sentido de la vida».[63] En suma, una heredera de la narrativa neofantástica —insisto— que Borges nos ha legado. El libro relata, desde la 1.ª persona del narrador-protagonista, unas peripecias, por veces «terribles, cómicas, desgarradoras, raras, nunca arbitrarias, siempre creíbles», como certeramente las califica Bioy *(loc. cit.)*, durante las que Alberta Paradella aprende que no se puede ser auténtico si uno no se libera de la tiranía de lo que los demás buscan en uno. El que fue abogado porque sí, periodista sin saber por qué, él que casó con una hermosísima mujer a la que amó desesperadamente y que lo abandonó un 23 de febrero que él quiere borrar de su existencia de 32 años, comprende finalmente, cuando lo felicitan en el bufete por ser un abogado como los demás, es decir, un autómata y no un ser humano libre, comprende, digo, que ha jugado el juego tal como se esperaba de él.

El cuarto libro [64] que conozco de esta autora —y creo que, por el momento, su último libro— se titula *Abisinia* y es de naturaleza totalmente distinta a los dos anteriores, con lo que se comprueba la versatilidad y el amplio registro de una escritora que habrá que observar de cerca en el futuro. *Abisinia* es, opino, fundamentalmente, una romántica historia de amor, una romántica exaltación del amor. Mas, lo que confiere valor y originalidad a este tema, es el tratamiento que Kociancich le ha dado: el desdoblamiento de su narrador-protagonista en sus dos opuestos *egos*, la dualidad de los sentimientos que dominan a ese protagonista por una mujer que es a la vez eso, mujer pero también su criatura de arte ya que Xavier Durán es un pintor que ha acallado minuciosamente su humanidad en aras de su arte sin percibir —hasta que ya es demasiado tarde— que «sólo el amor da cuerpo y alma a la existencia» (pág. 166), que «nada importa cuando es el amor el que está en juego» (pág. 171). *Abisinia* es también un libro que se vuelve sobre sí mismo, que problematiza el arte frente a la vida («...no hay arte en la vida. Sólo hay arte en el arte, página 161), un libro que demuestra, metafóricamente, que todos somos dobles, que todos tenemos más de una personalidad (Capítulo 13). Ubicada la acción desde mediados hasta fines del siglo pasado, domina la prosa de esta novela un aire decadente, por veces semejante al creado por la prosa modernista e impresionista de un Silva o de un Darío, con igual palpitación lírica, con semejantes fulguraciones cromáticas que condicionan al lector ya desde el título.

Para terminar, digamos que el saldo de la lectura (desde una imposible cercanía) de este *corpus* narrativo femenino nos muestra diversidad y riqueza en la creación literaria de este grupo de escritoras argentinas, aunque también aparece claro el predominio de una temática centrada en los problemas y la sexualidad de la mujer, problemas vitales que están contados, en su gran mayoría, en 1.ª persona o en una 3.ª focalizada en el narrador-protagonista. La 3.ª persona omnisciente no falta pero no ocupa el mismo volumen de la 1.ª. Con frecuencia, como ya he señalado, el tratamiento es neorrealista, con elementos oníricos y de fantasía que conforman un nivel simbólico del texto. De más está decir que la ambigüedad, la fragmentación, el desarrollo no lineal de la trama, propios de toda la ficción contemporánea, para no citar sino algunos aspectos técnicos de esta narrativa, están manejados con el dominio y la soltura propios de avezadas profesionales.

ÁNGELA B. DELLEPIANE<br>
The City College<br>
& The Spanish Doctoral Program<br>
—CUNY—

---

1. Prólogo en May Lorenzo Alcalá, comp. *Cuentos de la crisis*. Bs. As.: Ed. Celtia, 1986, 9.
2. Contratapa del libro *Cuentos cortos y cortísimos* de May Lorenzo Alcalá.
3. Liliana Heker.
4. Amalia Jamilis.
5. May Lorenzo Alcalá.
6. Alina Diaconú, *Los ojos azules*.
7. Silvia Plager, «La mujer y el retrato» y «La venda de Clotilde», en *Boca de tormenta*. May Lorenzo Alcalá, *De viudas y fantasmas*.
8. Liliana Heker, «Don Juan de la Casa Blanca», en *Un resplandor que se apagó en el mundo*.
9. Liliana Heker, «Cuando todo brille», en *Las peras del mar*.
10. Liliana Heker, «Un secreto para vos», en *Las peras del mar*.
11. Silvia Plager, «Paseo», en *Boca de tormenta*.
12. Silvia Plager, «Cajas mágicas», en *Boca de tormenta*.
13. Silvia Plager, «Una pequeña luz», en *Boca de tormenta*.
14. Silvia Plager, «Intruso», en *Boca de tormenta*.
15. Silvia Plager, «Cáscara seca», en *Boca de tormenta*.
16. Silvia Plager, «Los milagros de Julia», en *Boca de tormenta*.
17. Cecilia Absatz, *Los años pares*.
18. Amalia Jamilis, «Por él, sin él», en *Madán*.
19. Amalia Jamilis, «Desconocida», en *Madán*.
20. Silvia Plager, «Nadie ocupará su lugar», en *Boca de tormenta*.

21. Amalia Jamilis, «En la ciudad», en *Madán*.
22. Liliana Heker, «Georgina Requeni o la elegida», en *Un resplandor que se apagó en el mundo*.
23. Cecilia Absatz, «Un ballet de bailarinas», en *Feiguele y otras mujeres*.
24. Silvia Plager, «Viaje», en *Boca de tormenta*; Liliana Heker, «La llave», en *Las peras del mar*.
25. Cecilia Absatz, «Lisa», en *Feiguele y otras mujeres*.
26. Silvia Plager, «Agujeros negros de la noche», en *Boca de tormenta*.
27. En su última novela —*Los ojos azules*—, Diaconú vuelve sobre el tema de la autenticidad del ser humano al relatar la historia de una mujer abandonada por su marido. Ha sido siempre una mujer sumisa, descolorida, atada a las convenciones de una familia burguesa, una familia para la cual la fachada es muy importante. Parece por momentos estar en un hospital y en otros conversar con un psicoanalista. Se va por dos días, gastando sus pocos ahorros —es secretaria— a una isla muy distante, pero allí no vive la aventura maravillosa de amor que se había forjado, sino una experiencia lesbiana, y es torturada y vejada por el dueño de la isla y sus secuaces, que la creen una espía, pues la isla es un orbe distinto en que la procreación está prohibida y la homosexualidad —de hombres y mujeres— es la ley. Lo que no queda claro es si todo es una pesadilla o no. Pero me parece innegable que la novela desarrolla el drama de una mujer cuya educación ha sofocado su verdadero ser y que nunca, en nada, se ha realizado. Es una crítica al tipo de valores y educación de la familia argentina de clase media. Un problema semejante informa la segunda novela de Silvia Plager —*Prohibido despertar*—, ya que la protagonista ha ajustado toda su vida a unas normas de represión y castigo que le han impedido aprender a ser libre y a ver con sus propios ojos. Un viaje, el exilio y dos nuevos hombres en su vida, le señalan el sendero de una vida más auténticamente vivida.
28. Alina Diaconú, *Buenas noches, profesor*.
29. Liliana Heker, «Un resplandor que se apagó en el mundo», en *Un resplandor que se apagó en el mundo*.
30. Liliana Heker, «Vida de familia», en *Las peras del mar*.
31. Liliana Heker, «De lo real», en *Las peras del mar*.
32. Liliana Heker, «Las peras del mal», en *Las peras del mar*.
33. Amalia Jamilis, «Diario de a bordo», en *Madán*.
34. Amalia Jamilis, «Chica en el parque», en *Madán*.
35. Silvia Plager, «El silbato», en *Boca de tormenta*.
36. Silvia Plager, «La mirada», en *Boca de tormenta*.
37. Amalia Jamilis, «Cabulero», en *Madán*.
38. Silvia Plager, «Sin pasaporte», en *Boca de tormenta*.
39. Liliana Heker, «Berkeley o Mariana del Universo», en *Las peras del mar*.
40. Liliana Heker, «La fiesta ajena», en *Las peras del mar*.
41. Amalia Jamilis, «Escrito en papel de Armenia», en *Madán*.
42. Silvia Plager, «Como una burbuja», en *Boca de tormenta*.
43. Cecilia Absatz, «La siesta», en *Feiguele y otras mujeres*; Silvia Plager, «La mano», «Diente de oro», «Boca de tormenta», del libro de este título.
44. «La mudanza», de Silvia Plager, en *Boca de tormenta*.
45. «Prohibido mirar debajo de la cama», de Ana M.ª Shua, en *Los días de pesca*.
46. «Flores de azúcar», de Silvia Plager, en *Boca de tormenta*. En gran medida, la novela de esta autora —*A las escondidas*— también toca el problema del incesto, aunque lo hace en una trama compleja en la cual juegan un papel importante otros temas.
47. Ana María Shua, «En la zona bancaria», en *Los días de pesca*.
48. Ana María Shua, «Mujeres de París», en *Los días de pesca*.
49. Silvia Plager, «Asiento libre», en *Boca de tormenta*.
50. May Lorenzo Alcalá, *El lugar de la herida*.
51. May Lorenzo Alcalá, «La posta», en *De viudas y de fantasmas*.
52. May Lorenzo Alcalá, *De viudas y fantasmas*; Ana María Shua, «Princesa, mago, dragón y caballero», y «El detective, el vampiro y la niña», en *Los días de pesca*.
53. «Fantasma» y «Overyssel, en Holanda», de Amalia Jamilis, en *Madán*; «Otros» y «Tranvía», de Silvia Plager, en *Boca de tormenta*; «Los bichos bolita», de Ana María Shua, en *Los días de pesca*.
54. Prueba de ello son cuentos como «Canal», «La casa quemada», «Recovas», «En la ciudad» y el ya mencionado «Madán», en el libro que lleva por título *Madán*. O los cuentos «Otro otro» y «Amanecer de una noche agitada», que aparecen en el libro

de Ana María Shua *Lo días de pesca* y la *Nouvelle Bloyd*, de Liliana Heker, una obsesionante metáfora de sexo y crimen.

55. May Lorenzo Alcalá, «El pecado», «La obra», «El dolor», «Los dos», en *De viudas y fantasmas*.
56. Ana María Shua, «Documentos», en *Los días de pesca*.
57. Ana María Shua, *Soy paciente*.
58. Ana María Shua, «Una profesión como cualquier otra», en *Los días de pesca*.
59. Ana María Shua, «Lengua y cultura terrestres» y «La escoba y la bruja», en *Los días de pesca*; Liliana Heker, «La sinfonía pastoral», en *Las peras del mar*; May Lorenzo Alcalá, «Los recuerdos», «Viuda constante», «Fantasmas cumplidores», «La viuda se fue con él», en *De viudas y fantasmas*.
60. Liliana Heker, «De los primeros principios o el arte poético», en *Las peras del mar*.
61. Ana María Shua, «Historia de un cuento», en *Los días de pesca*.
62. En «El aborto» (*Feiguele y otras mujeres*), de Cecilia Absatz, se hace referencia a que es peligroso estar en la calle sin documentos. En *Los años pares*, de la misma autora, la acción comienza en los años del proceso militar y la protagonista tiene problemas cuando intenta sacar su cédula, pues ha tenido una entrada en la policía de Jujuy. Hay una suerte de tímida caracterización de la manera en que la policía argentina actuaba, pero luego todo eso se diluye y la novela se centra en la relación de Clara y Eric.

En «Hacer carrera», cuento de *Boca de tormenta*, también de Plager, la historia del protagonista implica la acción política y parece morir torturado. Pero nada se explica claramente.

63. Prólogo, pp. 7-8.
64. El tercer libro fue el tratado en este trabajo en primer lugar, *Los últimos días de William Shakespeare*.

## LOS PERSONAJES Y SU CARACTERIZACIÓN EN LA NOVELÍSTICA DE CARMEN MARTÍN GAITE

Dada la amplitud de la obra literaria de Carmen Martín Gaite y en contraste con los requisitos editoriales a los que me he tenido que someter, ha sido preciso seleccionar tres de sus novelas como representantes del tema sugerido por el título de este ensayo: *Ritmo lento, Retahílas* y *El cuarto de atrás*.

Todo el que haya estudiado la obra de esta escritora se habrá dado cuenta de las muchas técnicas empleadas para describir la variedad de personajes que desfilan por sus novelas y cuentos. Naturalmente no todos están desarrollados con el mismo grado de profundidad; algunos incluso son sencillamente bosquejos cuyo papel principal consiste en prestar ayuda caracterizante a los de mayor importancia.

Uno de los medios frecuentemente empleados es el del diálogo, siendo el más famoso el que sostienen Germán Orfila y su tía Eulalia en *Retahílas*.[1] A través de él, no sólo nos enteramos de la relación que existe, o mejor dicho, podría haber existido entre estos dos seres, dado que las circunstancias hubieran sido otras de las que se plantean en la actualidad novelada, sino también de la idea que se han hecho uno del otro y de todos aquéllos que rozaron sus vidas. A través de estas conversaciones, la autora quiere demostrar de qué modo se ven a sí mismos y de qué manera les han visto los demás. Eulalia es el personaje clave, Germán sirve como resonancia de lo que ella quiere expresar. Esto no significa que el sobrino tenga un papel inferior, es sencillamente distinto y simboliza la fina psicología de que es capaz Carmen Martín Gaite. A través de este coloquio, se irán delineando sus personalidades y las de otras personas que les atañen.

El egocentrismo de Eulalia es evidente desde el comienzo del relato, pues toda su «retahíla» es introspectiva, refiriéndose a su vida, su ideología y sensibilidad, sus impresiones y determinaciones tomadas. En fin, que para el caso, ella siempre se ha considerado única y los que la rodean sólo adquieren importancia si le son útiles a su propósito de mujer independiente, dominante, bohemia y original. Dirá hablando de sí misma: «...(me) gustaba brillar, fascinar, dejar huella en los demás...» (190). Trata de convencerse de que no necesita a nadie, con la posible excepción de dos personas, Lucía, la primera mujer de su hermano, íntima amiga de Eulalia y una de las pocas personas a quienes ésta quiso de verdad, y más tarde su marido Andrés. Cuando su cuñada está agonizando, Eulalia le acompaña meditando: «...si quería, podía hablarle... luego se me ocurrirían miles de cosas que ya nunca tendría a quien decir» (154).

Lucía muere dejando un hijo de once años totalmente desolado. Ya hecho hombre explica: «Durante muchos años el hueco de mamá no me ha dejado dormir... ya ves el tiempo que ha pasado, pues todavía me acuerdo de cómo era y algunas noches de insomnio lo siento igual... es que todas las cosas que haya podido echar de menos luego nacen allí..., en aquella ausencia tan mala de llevar y en haberla tenido que llevar a solas» (157). Esta tragedia infantil tuvo un gran impacto en el temperamento del chico, pues representó una huella imborrable que le persigue hasta el presente de la historia y le produce un fuerte resentimiento contra todos aquéllos que le quisieron obligar a olvidarla, igualmente a los que no le acompañaron, o compadecieron en su tristeza. Dentro de este grupo se encuentra su tía.

El padre se casa en segundas nupcias con Colette, institutriz que trajo para cuidar a los niños, al varón y a Marga, la hermana menor, ser egoísta que pasa inadvertidamente por la novela. Las pocas referencias que su hermano le dedica son, principalmente, para determinar la opinión que se ha ido formando de ella. Esta manifestación redondea sus propios rasgos caracterizantes, sosteniendo lo dicho referente a la participación indirecta que los personajes secundarios suelen aportar a la obra gaiteana.

Unas breves citas demostrarán lo discutido hasta ahora. Hablando de Marga, nos informa Germán: «...es más abúlica todavía que yo...» y, queriendo justificar la animosidad que siente hacia su madrastra, y el resentimiento almacenado contra su tía, quien, en su opinión, debería haber reemplazado a su madre, cita el muchacho una conversación en la que, refiriéndose a su cuñada, participó Colette: «...el típico número para protagonizar a solas, en plan de actriz...», añadiendo el hijastro: «No te puede ni ver, oye, desde luego, le sale una antipatía ancestral» (65).

Otra técnica caracterizante que usa la autora en esta novela es el diálogo, es decir, cuando Eulalia y Germán están contándose mutuas experiencias y confidencias, intercalan conversaciones que han tenido con otras personas, éstas también ayudan a comprender la psicología de los representados. Por ejemplo Eulalia cita coloquios llevados a cabo con Lucía y cuando lo hace, parece como si tuviera a su amiga presente en lugar de a Germán. Lo interesante del caso es que también éstos revelan peculiaridades temperamentales:

> 'No hace falta hablar tanto, libres, pues ya se sabe, y eso ¿a quién no le gusta?, pero es que tú conviertes en precepto igual que el de ir a misa el hecho de ser libre; Eulalia, créeme, te pones muy pesada, te esclavizas a serlo contra viento y marea, no me digas que no, pero yo te decía que no y que no y que no, te acababas callando casi siempre callabas, mirabas los objetos, al cielo y a la calle mientras hablaba yo y te zarandeaba con tantas convicciones agresivas... (141).

El ensimismamiento de Eulalia da lugar a otro aspecto muy interesante y que frecuentemente emplea Martín Gaite en su obra, el desdoblamiento de la personalidad. En esta novela se lleva a cabo explicando la importancia de la «palabra». Primero hay que nutrirla en el cerebro y en la imaginación, clasificarla, pulirla, hacerla nuestra: «Vivir es disponer de la palabra, recuperarla, cuando se detiene en su curso se interrumpe la vida y se instala la muerte, y claro que más de media vida se la pasa uno muerto por volverle la espalda a la palabra,»... Luego explica el consuelo que ésta ha representado siempre para Eulalia: «... desde el pozo de la oscuridad... me acuerdo que existe la palabra, me digo "la solución está en ella"» (187). Un poco más tarde admite la necesidad de compartirla, pero ésta es la última etapa, antes hay que «reflexionar sobre ella, reflexión tiene la misma raíz que reflejar» (188).

Con el propósito de dar más interés al asunto entre manos, conviene apartarse ligeramente de lo que estamos discutiendo y señalar lo que dice la autora en su libro *El cuento de nunca acabar*. Comenta que en su primera juventud para ella «escribir era entonces algo inmediato e incuestionable, como ponerse a hablar o tomar el sol... No tenía conciencia de este tránsito, tan acuciante ahora, del caos al orden, de la vida a la palabra... me "salía" natural; la belleza de las palabras dichas y dispuestas de una determinada manera me embriagaba en seguida. Y al tiempo que me producía seguridad y satisfacción mirarme en lo escrito como en un espejo sagrado de mi propia persona, esta satisfacción me impedía ir más allá, me limitaba» (40).

Y para dar más énfasis incluso al interés expresado, citamos a un contemporáneo de Carmen Martín Gaite, Jean Paul Sartre quien abriga un concepto similar al anterior sobre la importancia de la palabra y el desdoble que un autor efectúa a través de ella.

En su, podríamos llamar, autobiografía intelectual, *Les mots*, dice el francés: «*Je crus avoir deux voix dont l'une —qui m'appartenait à peine et ne dépendait pas de ma volonté— dictait à l'autre ses propos; Je décidai que j'étais double... Je n'écrirais pas pour le plaisir d'écrire mais pour tailler ce corps de glorie dans le mots*»: «Yo creía tener dos voces en la que una —que casi no me pertenecía y no dependía de mi voluntad— dictaba a la otra sus intenciones; decidía que era doble... No escribiré por el placer de escribir, sino para tallar este cuerpo de gloria en las palabras» por eso explica como, ya desde niño, el «Verbo» significaba vida y escribir, «*graver des êtres neufs ou... prendre les choses, vivantes, au piège des phrases: si je combinais les mots ingénieusement, l'object s'empêtrait dans les signes, je le tenais*»: «grabar seres nuevos o... recoger las cosas, vivas, atrapadas a las frases: si combinaba las palabras con ingenio, el tema se enredaría en los signos, lo acaparaba» (181).

En la novela *Ritmo lento*, la autora se sirve sobre todo del *flash-back* y del monólogo interior, a veces definido como «fluir de la conciencia» o «corriente de pensamiento», expresiones que se intercambian a menudo pero que no creo expresen lo mismo. El «fluir de la conciencia» es más bien una serie de pensamientos, ideas, recuerdos, hechos ocurridos, instantes de un pasado que creíamos olvidado, mezclados o separados, da igual, pero que nos vienen sin que nosotros ejerzamos un control determinado, mientras que en la «corriente de pensamiento» es el individuo quien impone cierto derrotero al cerebro por caminos consecutivos, aunque de ellos nazcan otros imprevistos, y es éste último el que mejor define la acción imaginativa de David Fuente hijo, protagonista-eje de *Ritmo lento* alrededor de quien se desarrolla todo un relato basado en su vida y la de otros seres que la han compartido. Estos últimos están vistos únicamente a través de la opinión que David formula de ellos y, lo que es más importante aún, de las conversaciones y la argumentación que aquéllas originan. No es difícil ver que aquí también entra otra técnica a la que tanto se aficiona Carmen Martín Gaite, el diálogo dentro de un monólogo interior.

El interés que *Ritmo lento* suscita está vinculado al fino estudio psicológico de la personalidad de David y su interrelación con los otros personajes novelescos. La novela fluye como el título y nos explica sucesos ocurridos en la vida del protagonista a quien en el clímax final, lo llevan a «Villa Julia», lugar denominado «casa de reposo». Pero que en realidad se trata de un sanatorio para personas desquiciadas. Justo es aclarar que, no es tanto lo ocurrido en la historia, sino la interpretación que David Fuente da a la personalidad ajena y su introspección, lo que constituye el meollo de esta creación gaiteana.

Una vez sentadas estas aclaraciones, pasamos a dar algún que otro ejemplo de las técnicas anunciadas. Cuando el joven está en vísperas de regresar a Madrid, le han dado de alta, se le considera «curado», recibe una carta de Lucía, antigua novia suya, y es esto lo que origina su vuelta al pasado. Sabe perfectamente por qué le han traído a este establecimiento, la sociedad con quien ha convivido no le considera «normal» ya que no responde a la común interpretación que este grupo otorga a este vocablo. Lo curioso del caso es que cada uno quiere imponerle una forma de vida concordante a evaluaciones propias, moldearle según criterios personales y, cuando no lo consiguen, porque él se resiste a perder su sello original, traducido por el resto como falta de voluntad o inercia, entonces sentencian en conjunto que es anormal. Con el propósito de integrarle al mundo establecido por la mayoría, es decir, el de la sociedad burócrata, le consiguen un empleillo en un Banco. David acepta de mala gana, hasta que un día no puede aguantar más su trabajo y, apoderándose del «dinero de una señora», lo tira «por el aire en el patio del Banco» (23). Este acontecimiento precipita su internado en la clínica. Únicamente Lucía, dulce y sencilla compañera, falta de instrucción universitaria, se da cuenta del gran error que se ha cometido contra su amante. Musita David: «Lucía, admirable criatura. Ha tenido que llegar esta noche para que entienda. Tú no me querías "normal". No me querías amordazado. No me reconocías así» (304). Con estas palabras, la autora explica que, el ser diferente o tener ideas distintas a la mayoría, en definitiva, no pertenecer al hombre-masa, se considera una anomalía, por lo tanto intolerable.

David comienza creyendo que, por medio de la conversación, la gente puede llegar a comprenderse. Grande es su frustración cuando, después de muchas tentativas, descubre que no es así. En una ocasión visita a su mejor amigo, Bernardo, antiguo compañero del Instituto y una persona de carácter diametralmente opuesto al suyo. La charla radica en que si la gente presta atención a lo que uno dice o no. En este caso se refieren más bien a las mujeres. La cita es algo larga, pero necesaria:

—Mira, —me dijo. Tú tienes demasiada fe en la dialéctica. Pero supongo que no serás tan ingenuo como para suponer que te escuchan.
Protesté muy sorprendido...
—No me interrumpen —le dije—. Me dejan hablar mejor que tú.
—¿Y con eso ya crees que están compartiendo tu preocupación por algún asunto?
—Pues no sé por qué no. Son cuestiones que más de cerca les atañen a ellas que a nosotros.

—Mira, David... A tí, como te gusta hablar por libre, es muy fácil que te tires una hora hablando y ni siquiera te hayas dado cuenta de que el otro se ha ido. Conque no me vengas haciéndote el lince. La chica que a tí, con lo pesado que eres, no te deje con la palabra en la boca, ésa es plan seguro. ¿Sabes lo único que piensan cuando te ponen esos ojos de atender que dices tú?
—Nada. Siguen mis palabras, supongo.
—¡Qué va! Que eres muy guapo y que qué opinión podrás estar formando de ellas. ¿Pero oírte? Ni te ocupes. A una mujer no le hables de nada.
—¿Y por qué? —me exalté yo—. ¿No te hablo a tí, a pesar de lo bruto que eres de entendederas? Pues, ¿qué más da una mujer que un hombre? (39).

Por medio de esta conversación se da a entender, número uno, que el chico se sale de lo corriente, sobre todo pensando en la España de los sesenta cuando se publicó *Ritmos*, número dos, que la autora acude a un truco muy suyo, expresarse a través de sus personajes novelescos, en este caso en particular señala fallos de la sociedad en general.

Sólo una vez en el libro se sale la autora del monólogo y del diálogo dentro de la corriente de pensamiento para describir una situación o caracteres varios. Esto ocurre en el primer capítulo, el único que podríamos llamar tradicional, si seguimos la connotación que se ha venido dando a este vocablo recordando la novela del siglo XIX. Consiste en una especie de preámbulo que nos sitúa en el ambiente focal de los acontecimientos a seguir.

Lucía siente un ansia consumidora por conocer al padre de su antiguo novio. Sabe, intuitivamente, que hay una relación muy especial entre estos dos hombres. Le visita y mientras están tomando una taza de café, ella le pregunta tímidamente si su hijo le ha hablado alguna vez de ella. El comentario que sigue enfoca este enlace que es tan importante entre padre e hijo, con su esencial impacto en el argumento novelesco: «No, nunca. Conmigo rehuía hace años toda conversación. Al crecer le he ido sintiendo mucho más extraño, y a la vez màs cerca. Es demasiado lo que nos parecemos. Y él se ha mirado en mí con desagrado, como en un espejo» (21).

Dentro de *El cuarto de atrás* cuadrarían muy bien las palabras de Andrés Amorós cuando habla de las «novedades técnicas» atribuidas a la novela del siglo XX, dice: «Ante todo, el realismo objetivo se ha retirado ante la invasión del subjetivismo», añadiendo un poco más tarde: «Claro que, al decir esto, no me refiero al realismo en el sentido profundo de la palabra, ideal siempre válido y plenamente vigente en todas las épocas, sino a una concreta y técnica narrativa que fue predominante en el siglo XIX» (107 y 110).

La técnica de la caracterización de personajes novelescos incluida en esta obra es quizá la más compleja porque se trata, sobre todo, de un desdoblamiento, la escritora en calidad de mujer de carne y hueso, y como creadora de una semificción. El libro está escrito en primera persona y la narradora se identifica plenamente, es Carmen Martín Gaite quien nos habla, de ello hay repetidas pruebas, nos limitaremos a un par de citas: «Hace dos años empecé a tomar notas para un libro que pensé que podría llevar ese título, un poco el mundo de *Entre visillos*» (73), se refiere al nombre que lleva el capítulo donde aparecen estas líneas, «Ven pronto a Cúnigan». La otra está en la página 145. La protagonista recuerda una experiencia en el Instituto: «... se lo diría en clase, al oído, y ella querría que le contara más, nos llamaría la atención el profesor de Religión..., era bajito y yo le imitaba muy bien: "Martín Gaite, repita lo último."»

Incluidas en la novela hay referencias a diferentes escritos y proyectos de redacción que sabemos le pertenecen, como experiencias propias y episodios entrelazados con otros que se manifiestan en distintos escritos y novelas suyos. Aquí sí podríamos decir que se trata de un fluir de la conciencia pues no hay un método riguroso de encajar los recuerdos entre sí, son chispazos a la deriva, a veces suscitados por objetos que observa la protagonista. Recordamos especialmente una situación que aparece en las primeras páginas donde la narradora se encuentra en su dormitorio que sirve a la vez como una habitación donde «todos los estantes y superficies» están «al acecho, como animales disecados, esa caterva de objetos cuya historia, inherente a su silueta, resuena apagadamente en el recuerdo y araña estratos insospechados del alma, arrancando fechas, frutos podridos» (16).

La confusión que le va invadiendo poco a poco radica en tratar de conservarse íntegra dentro del enigma que se va creando a su alrededor, el de no poder distinguir si sueña dormida, o si sueña despierta, «si el tiempo real y el de los sueños» (22) coinciden, o si la imaginación literaria se ha integrado a su persona de tal forma que la ha de compartir con la otra, la que se levanta, come, tropieza y se cae, la que oye el sonido del teléfono, una vez que consigue dormirse y se despierta, o eso cree, asustada al escuchar una voz varonil al otro lado del aparato explicándole impaciente cómo había subido a la cita convenida para la entrevista y que, tras de llamar repetidas veces a la puerta y sin recibir respuesta, le está telefoneando del bar abajo.

El despiste es mayor en cuanto que no se acordaba para nada de haber citado a nadie. No obstante, movida por la curiosidad, le dice que suba. Llega un hombre «vestido de negro..., alto..., la cabeza cubierta con un sombrero de grandes alas, negro también» (29). La entrevista a que se refiere no es corriente, no apunta nada, le hace preguntas extrañas, le invita a desahogos sentimentales de su pasado y ella, sin saber cómo, ni por qué va desnudando su alma ante este desconocido.

Su misteriosa aparición en mitad de la noche, las penetrantes preguntas que le hace, el hecho de que no se identifique por completo, mezclado con la prosaica invitación a tomar un refresco, la señora de la casa le ofrece té helado que ambos beben con gusto, infiere que la autora esté dando a luz a un personaje-feto, pues luego nos enteramos, mediante una serie de acontecimientos demasiado largos y complicados para detallar aquí, que se llama Alejandro. La narradora recuerda placenteramente que es éste el nombre ideado entre ella y una amiga del Instituto cuando, en un tiempo atrás, querían escribir una novela: «... cuánto me gustaría contarle... lo que está pasando al cabo de tantos años; sólo ella podría comprender lo maravilloso que es. Habíamos hecho una lista con los nombres de hombre que más nos gustaba, y dudamos bastante antes de elegir uno para el desconocido aquel de la novela, poeta y vagabundo... En el capítulo siguiente que me tocó empezar a mí, quedaban zanjadas las dudas: se llamaba Alejandro» (144).

Durante el relato hay largos párrafos donde llega a tal punto la introspección de la protagonista, que se olvida del visitante. En estos ensimismamientos se revelan íntimos aspectos de su personalidad puestos en evidencia por medio del *flash-back*, experiencias pasadas que a su vez evocan acontecimientos acompañados de divagaciones, ello desembocando en otras ocurrencias simultáneas haciendo efectiva una superposición de conceptos y destrucción temporal.

En cuanto al antes indicado desdoblamiento de la personalidad, tenemos en esta novela un ejemplo curioso. Cuando la protagonista va en busca del termo de té helado, nota que en la mesa de la cocina hay restos de merienda y platos sucios. Los lleva al fregadero y limpia el hule de la mesa donde se encontraban, ello da lugar a una introspección caracterizadora: «Noto un aliciente que me faltaba hace meses, lo primero que necesito es un poco de orden para que *la soledad* se haga hospitalaria...» (73) (el subrayado es mío). Luego su imaginación comienza a explorar posibles trabajos literarios, para ello necesita buscar un cuaderno donde recuerda haber anotado apuntes que le vendrían muy bien en sus pesquisas. Esta vez su ensimismamiento no le dura mucho porque opina que tiene algo más importante entre manos: «... no me voy a dejar obsesionar por eso, ya lo buscaré, ahora tengo otra cosa mejor que hacer: ofrecerle té a este desconocido para que no decaiga una conversación que me sienta bien» (73).

Luego de limpiar el hule «alz(a) los ojos» y se fija en su imagen reflejada en un espejo que ella cree recordar se encontraba en casa de sus abuelos y que ahora en la suya le entrega su fisonomía infantil y la de su primera juventud. Ello da lugar a que de nuevo se remonta al pasado. Después de algunas rememoraciones, confronta la imagen reflejada y este doble se burla de ella al verla ocupada en quehaceres domésticos. Este incidente suscita una nueva observación referente al desdoblamiento:

> Ya otras veces se me ha aparecido cuando menos lo esperaba, como un fantasma sabio y providencial a lo largo de veinticuatro años no se ha cansado nunca de velar para ponerme en guardia contra las asechanzas de lo doméstico, y siempre sale del mismo sitio, de aquel comedor solemne, del espejo que había sobre la chimenea. La suelo tranquilizar y acabamos riéndonos juntas. 'Gracias, mujer, pero no te preocupes, de verdad, que sigo siendo la de siempre, que en esa retórica no caigo'. (75)

Unas páginas más tarde añade:

> 'No te apures, mujer, que en lo fundamental no he cambiado, aquí sólo se atiende a las faenas precisas y la comida se improvisa sobre la marcha, se ofrece lo que buenamente haya y siempre como aliciente al servicio de la conversación, sin cumplidos y rápido, lo importante es seguir hablando, con los demás o una sola... Otro día te contaré lo que pienso ahora sobre esto del orden y el desorden..., ahora ando con un poco de prisa..., tengo visita, ¿sabes?, por cierto una visita inesperada y bastante rara, sí, como las de los ejercicios de redacción, a ti te encantaría' (89 y 90).

Lo importante aquí es que al desdoblarse dialoga consigo misma a través de un objeto físico, no sólo intelectual, el objeto se convierte en sujeto. La imagen que le entrega el espejo es su reto innato ante la acumulación de las múltiples facetas caracterizantes que se han ido desarrollando a través de los años. Este doble siempre está al acecho para prevenirle contra cambios radicales que puedan afectar lo que significa ser Carmen Martín Gaite.

También en esta novela el diálogo tiene mucha importancia en determinar la descripción indirecta de los personajes. Un buen ejemplo es cuando Alejandro alaba a la narradora por sus «fugas». Ésta siente la necesidad de excusarse porque para ella estas evasiones «siempre merecían severo castigo»:

—Me gustan mucho sus fugas —dice sonriendo con una dulzura turbadora—. Por mí fúguese todo lo que quiera, lo hace muy bien.

Este comentario suscita la siguiente respuesta:

—Seguramente —digo será el efecto de las pastillas [2]. Y mi tono, por haber querido ser frívolo, me suena artificial, a réplica de comedia mala. En esos vislumbres de autocrítica no cabe equivocación. La respuesta inmediata del hombre me lo confirma.
—No se esté defendiendo siempre, habíamos quedado en que no vale defenderse. Usted es una fugada nata y además lo sabe, no se escude ahora en las pastillas, por favor.
—¿Yo una fugada? Eso sí que tiene gracia, nunca me habían dicho cosa semejante.

—No se lo habrán dicho, pero es evidente. Y además no tiene nada de malo, lo único malo, vamos, malo para usted, es que pretenda justificar. (122 y 123).

Un punto interesante referente a esta conversación y muchas otras; ni aquí ni en otras ocasiones nos enteramos de la personalidad de este extraño personaje, Alejandro. Su aportación, además de significar otros elementos temáticos que no vienen a cuento aquí, es, sin duda, como receptor de ideas expresadas por la protagonista.

A pesar de que en este trabajo sólo se han estudiado someramente tres novelas, es evidente el meollo de la fisonomía psicológica en la novelística de Martín Gaite pues la escritora consigue hacer un fino estudio de sus personajes seleccionando técnicas literarias expuestas. Estos métodos les permiten pensar y actuar independientemente, sin intervención descriptiva y, por lo tanto, parece que viven y que no son meros productos de la imaginación, ahí está el interés que provoca leer la literatura de ficción gaiteana el lector penetra y se asimila al mundo que se le presenta.

MORAIMA DE SEMPRÚN DONAHUE
Howard University
Department of Romance Languages
and Literatures

---

1. Conviene señalar que José Domingo apunta en el número 337 de *Insula*, diciembre de 1974, página 13: «No existe nunca el diálogo», no estoy de acuerdo. Cuando dos personas hablan una con la otra y se contestan mutuamente, eso es un diálogo. Aquí

la diferencia estriba en que Carmen Martín Gaite lo hace de una manera muy especial dotándolo de una especie de monólogo-diálogo, es decir, los dos personajes son tan egocéntricos que cuando se hablan aparenta ser un monólogo en voz alta. Sin embargo, nótese cómo hay respuestas del que escucha al terminar el otro su «retahíla». Se comprende por qué José Domingo no lo considera así, pues, además de lo dicho, los diferentes capítulos llevan números duplicados: E1, G1, E2, G2, etc., que significa: Eulalia hablando, Germán hablando, y así consecutivamente; pero, de todos modos, el hecho de que se desdoblen de esta manera, podría demostrar que dialogan consigo mismo incluso.

2. En una ocasión, Alejandro saca de un bolsillo una cajita dorada que contiene diminutas píldoras y le sugiere a la narradora que tome una diciéndole que sientan muy bien. Ella le pregunta si «crean hábito», él le asegura que «son para la memoria»: «¡Ah!... ¿Avivan la memoria?» «Bueno, sí, la avivan pero también la desordenan, algo muy agradable» (107 y 108).

## BIBLIOGRAFÍA

Amorós, Andrés. *Introducción a la novela contemporánea*, Madrid: Anaya, 1971.
Martín Gaite, Carmen. *Retahílas*, Barcelona: Ediciones Destino, 1974.
—. *Ritmo lento*, Barcelona: Editorial Seix Barral, S. A., 1970.
—. *El cuarto de atrás*, Barcelona: Ediciones Destino, 1981.
—. *El cuento de nunca acabar...* Madrid: Editorial Trieste, 1938.
Sartre, Jean Paul. *Let Mots*, París: Gallimard, 1965.

## «EL DISCURSO FEMENINO EN LOS CUENTOS DE ELENA GARRO Y ROSARIO FERRÉ»

El discurso femenino de las escritoras Elena Garro y Rosario Ferré revela la alienación en sus protagonistas. La imaginación femenina de las protagonistas acude a diferentes estrategias en su búsqueda de integración psíquica. Cuando las mujeres se dan cuenta de que en sus vidas faltan los ingredientes de una existencia más completa, de un propósito vital, de un gol para mejorar, ellas fabrican como la araña una tela de proyecciones que las aísla de lo más crudo de su ambiente. Aunque sea en la locura o en la alienación elaboran ese viaje al encuentro de una realidad enteramente suya, pero que el mundo que las rodea ni comprende ni identifica.[1] En este trabajo quiero comparar el cuento de Garro (México) titulado «*La culpa es de los tlaxcaltecas*»[2] con «*Cuando las mujeres no quieren a los hombres*»[3] de Ferré (Puerto Rico). Esta comparación permitirá identificar el discurso femenino de las autoras y en un sentido más amplio permitirá observar los cambios de la perspectiva generacional en cuanto a lo que constituye «la integración» en poco más de una década que dista entre las respectivas colecciones.[4]

«*La culpa es de los tlaxcaltecas*» es la expresión mexicana popular que se aplica a los traidores que echaron a perder algo.[5] En el contexto del cuento hay ambigüedad en lo que concierne a quien cometió la traición: ¿se trata de un elemento racial? o ¿quizá se trata de la actitud de la gente que tiene miedo para enfrentar una responsabilidad?[6] Laura, la protagonista, es la esposa de un hombre acomodado y convencional llamado Pablo Aldama. En la misma casa viven dos criadas: Nachita que es la confidente de Laura, de origen indio y humilde. La otra criada es Josefina que es alborotada y no tiene al parecer una alianza con nadie en la casa. Laura es desgraciada en su matrimonio, no tiene comunicación con su marido Pablo que solamente está interesado en la política del presidente López Mateos.[7] Habla en saltitos y le pregunta a cada instante: ¿en qué piensas? (p. 17). Pablo le pega a su mujer cuando se impacienta. Le prohibe salir sola. La madre de Pablo vive con ellos y es la vigilante más atenta de los movimientos de Laura. A pesar de todo esta estructura de respetabilidad, Laura comienza a llevar dos vidas con dos maridos distintos. Ella se remonta a una vida anterior pero que es a la vez simultánea con su presente en la cual era la esposa de un indio azteca, que a la vez era su primo y su compañero de niñez. A él lo comienza a ver cuando se escapa y empieza a compararlo con su presente marido, Pablo. El indio «*Nunca se enoja con su mujer*» (p. 20), la acepta traidora como ella es: «traidora te conocí y así te quise» (p. 31) porque para él lo bueno crece junto con lo malo y quizá lo que es importante para ella: comparte su cosmovisión de los vencidos y de su infancia. Ella dice en una ocasión «yo y mi primo comíamos coco de chiquitos» (p. 21) y se refiere a las costumbres de sus pueblos.[8] Uno se pregunta entonces ¿por qué se casó con Pablo? Aparte de porque ella tiene el complejo de culpa de ser traidora— en más de un nivel— al principio, creyó que Pablo era como el indio, se parecían, mejor dicho aunque eran dobles por similaridad de apariencia resultan ser uno el polo del otro en cuanto al tratamiento que le dan a ella. Laura desaparece de su casa en varias ocasiones para escapar el ambiente opresivo pero principalmente para encontrarse con el indio. El lector recibe suficientes claves para creer que el indio es real, hay huellas de sangre, de fuego, en fin, toda una escenificación de la derrota después de una guerra entre indios y españoles con sus aliados los tlaxcaltecas. La suegra duda la existencia del indio: «Pobre hijo mío, tu mujer está loca». El médico reconoce una depresión y no quiere admitir que en la fantasía de Laura sobre la caída del Imperio azteca, las lecturas de Bernal Díaz del Castillo podría encontrar un camino al subconsciente de Laura. Tanto el marido como el médico están de acuerdo en que Laura debe tomar «contacto con el mundo y enfrentarse a sus responsabilidades.» (p. 28) Lo que como hombres fallan de entender es que Laura se les escapa por el amor y el indio a esa zona de su irracionalidad salvadora: «cuando ya no quede sino una capa transparente, llegará él y las dos rayas dibujadas se volverán una sola y yo habitaré en la alcoba más preciosa de su pecho.» (p. 21)

La única que intuitivamente y por su cosmovisión india comprende a Laura es su criada Nachita. Las niñas blancas mexicanas fueron criadas por sus nanas que las iniciaron en la cosmovisión india.[9] Nachita que no pertenece ni a la esfera del capitalismo mexicano ni a la respetabilidad conyugal la puede escuchar sin prejuicios. Hay una solidaridad entre ellas que linda en la complicidad. Nachita es la que al final le anuncia la llegada del indio: «Señora..., ya llegó por usted» (p. 33). Después y cuando ya Laura se había ido «Nachita limpió la sangre de la ventana y espantó a los coyotes que entraron en un siglo que acababa de gastarse en ese instante» (pág. 33). La identificación entre Laura y Nachita también tiene que ver en que las dos prestan servicios —a diferente nivel social— en la casa de un hombre autoritario que «repetía los gestos de todos los hombres de la ciudad de México» (p. 20). Cuando Laura se va, Nachita también abandona la casa sin cobrar su sueldo. La madre de Pablo exclamará como lo hizo antes: «Se escapó la loca» (p. 29). Si bien Laura es blanca, por su experiencia conyugal se encuentra en el bando de los vencidos, el inconsciente colectivo racial de México la impresiona hasta el punto de que toma el lado del rival más odiado: un indio al que califican de salvaje, brujo, sádico, según el hablante. La autora Elena Garro hizo una declaración que quizà sirva para ubicar a Laura en un marco histórico-social: «Yo soy agrarista guadalupana, porque soy muy católica. Devota del Arcángel San Miguel y de la Virgen de Guadalupe, patrona de los indios».[10] En el cuento la protagonista va más allá del patronaje, entra a las dos características de la psique mexicana: la traición contra la masa india y la culpa que solamente puede ser perdonada por el amor. En algunas autoras hispanoamericanas, entre ellas María Luisa Bombal y Elena Garro, la búsqueda del amor es la forma de encontrarle sentido a su existencia.[11] En Bombal en *House of Mist* [12] también hay un amante que ambiguamente parece una proyección imaginaria de la protagonista Helga. También allí hay un marido incomprensivo. La necesidad de amar y ser amada aparece como la mayor recompensa en un hogar en el que «la pasividad y la limitada autenticidad» [13] son la norma. Como Laing dijo de la personalidad dividida: «es una estrategia especial que la persona inventa para vivir en una situación imposible».[14] («*schizophrenia is a special strategy that a person invents in order to live in an unlivable situation*»).

Rosario Ferré en *Papeles de Pandora* presenta una galería de mujeres alienadas. Dentro de la dualidad de la formación católica las mujeres se observan a sí mismas o como santas o pecadoras; como vírgenes o prostitutas.[15] En el cuento «Cuando las mujeres quieren a los hombres» aparecen dos tipos extremos de mujeres: Isabel Luberza e Isabel la Negra. Isabel Luberza que es blanca y rubia tiene «un cuerpo sagrado del cual nadie había visto la menor astilla de sus nalgas blancas» y «una piel de pudor que había protegido su carne» (p. 31). En cambio, Isabel la Negra «es la puta más artillera del Barrio de la Cantera» que contonea «su carne de guingambo» y «sus tetas de toronja rebanadas sobre el pecho»

(p. 29). En el lenguaje se caracteriza a estas dos mujeres que desde su nacimiento han sido condicionadas por la cultura patriarcal para ser tratada en formas diferentes y hacerse una imagen: asexual o sexual de como tiene que ser. Como Elaine Showalter ha observado:

> Una teoría de cultura incorpora ideas acerca del cuerpo de la mujer, su lengua y su 'psique', pero los interpreta en relación con los contextos sociales en los que ocurren. Los modos en los que las mujeres conceptualizan sus cuerpos y sus funciones sexuales y reproductivas están íntimamente ligadas a su ambiente cultural.[16]

El patriarcado hispánico ha explotado la vulnerabilidad de las mujeres para tener a las dos mujeres para usos diversos en los que el egoísmo masculino predomina. Ambrosio es el agente que pone en marcha los patrones culturales con su esposa y su concubina a la que prostituye para iniciar sexualmente a los «niñitos ricos», hijos de sus amigos que quieren demostrar que sus hijos no son mariconcitos y que para que después puedan cumplir sus funciones de machos: porque el macho es siempre el que tiene que tomar la iniciativa pero alguien tiene que enseñarle la primera vez» (p. 36). Los patrones culturales se trasmiten como lecciones aprendidas. A su vez, cuando Isabel Luberza se da cuenta de que su respuesta sexual («me dejaba hacer», p. 39) no satisface a su marido cree compensar usando de esa «sabiduría antiquísima» que había heredado de su madre y que era la inocente *domesticidad*. En este fracaso comienza la desintegración psíquica de Isabel Luberza que empieza a percibir a Isabel la Negra como un quiste, como un tumor que se le pegaba al cuerpo (p. 30) y que con ella se trasladaba a la cama «anegada en toda aquella corrupción» que le viene al imaginarse a la concubina con Ambrosio. Es en la proyección hacia una mujer que tiene lo que a ella le hace falta que le nace la culpabilidad:

> Desde que el inconsciente no es capaz de hacer una clara distinción entre el deseo y el acto, aquellos que niegan el «ser dividido» están llenos de culpabilidad como si ellos mismos fueran los que hubieran cometido el deseo prohibido en la realidad.[17]

Una interpretación de este sentido de culpa puede aclarar por qué Isabel Luberza hace penitencia por Isabel la Negra. Solamente al final cuando ella desemboca en su alienación es que admite que ella se ha convertido en la Negra: al pintarse las uñas con el esmalte de *la otra*, símbolo de su transferencia. Laing ha interpretado que la locura de este tipo sería como «a *stage of evolution of a conscious*, truly sane person».[18] Pero no en el caso de ella porque no tiene *una conciencia* de su estado.

Algunos críticos han interpretado a Isabel la Negra como si ella quisiera ser Isabel Luberza.[19] Hay una diferencia básica: Isabel la Negra no quiere ser *la otra*, sino quiere ocupar el lugar de la otra en la sociedad, que es algo diferente, más como «una nostalgia profunda que se le recrudecía con los años, el deseo de sustituir aunque fuera en su vejez, el recuerdo de aquella visión que había tenido de niña, siempre que pasaba, descalza y en harapos, frente a aquella casa» (p. 33). Aunque es verdad que toda esa nostalgia tiene que ver con razones que «ella no entiende muy bien» (p. 33). Isabel la Negra se ha movido siempre en un plano pragmático en el que la educación católica no ha intervenido, puesto que las clases sociales bajas en Hispanoamérica no tienen los colegios particulares ni el indoctrinamiento de la clase media y alta.[20] Ella lo que aspira es subir en la jerarquía de clases, ella que ha vistolopeor en los hombres no tiene ningún espejismo en la imaginación de volverse «la señora respetable». Lo que necesita es la «autoestima» que —en su caso— le viene cuando la suerte le favorece y cuando Ambrosio le deja una herencia en dinero y también la mitad de la casa matrimonial. Isabel la Negra «tiene la voluntad de trabajar».[21] En su libro de ensayos *Sitio a Eros* [22] Ferré utiliza la ideología de Alexandra Kollontay en cuanto a «la voluntad de la mujer verdaderamente liberada»[23] que no radica en buscar ni el amor ni la abnegación tradicional, sino «la voluntad de vivir, de trabajar, de crear». Es lamentable que Isabel la Negra use su voluntad de trabajar para explotar a otras mujeres en su granprostíbulo, pero en su etapa de ascenso al poder ella imita el sistema patriarcal con todos sus vicios.[24] Cuando al fin visita a Isabel Luberza recuerda que:

> Había oído que Isabel Luberza estaba loca, que desde la muerte de Ambrosio se había encerrado en su casa y no había vuelto a salir jamás, pero esto no pasaba de ser un rumor. Pensaba que habían pasado tantos años desde que habían sido rivales, que ya todo resentimiento se habría olvidado, que las necesidades inmediatas facilitarían un diálogo sensato y productivo para ambas. La viuda estaría necesitada de una renta que le asegurara una vejez tranquila y que la motivara a venderle la mitad de la casa (p. 33).

La alienación en la protagonista de Garro la proyecta a su huida buscando ese amor que de una manera estricta es la manera de decir «Soy como soy» y así debo ser amada. Si el indio está dispuesto a aceptarla ella se va con él. Pero el precio que paga es a costa de su salud mental y de su vulnerabilidad socioeconómica. Pero ella no está preparada para mantenerse, como no lo está esa generación de mujeres cuyo único sostén les venía del marido. En la protagonista de Ferré, Isabel Luberza, hay un conflicto que únicamente se puede resolver con la locura completa. Su creencia en las mentiras que la sociedad ha formulado sobre ese amor único, irremplazable solamente le ha ofrecido dudas y confusión. Ambrosio no servía, pero ella prefiere creer que *ella* es la que no sirve. Isabel la Negra sirve y entonces ella cree que debe ser como la Negra para servir a su marido. En la encrucijada social que ella enfrenta, completarse sexualmente equivale a hacerse prostituta, y en el desenlace parece que es lo que su subconsciente elige. Pero no hay una integración consciente elegida y calculada. Si «la salud mental ha sido definida como la integración coherente y armoniosa de todas las funciones»[25] únicamente cuando las Isabeles Luberzas de Hispanoamérica abran los ojos y empiecen una búsqueda de su propia individualidad acabará la alienación en sus vidas. La fragmentación peligrosa es la que les impide realizarse plenamente como seres humanos. Rosario Ferré en un ensayo sobre la autenticidad no únicamente hizo preguntas sobre el amor sino también la liberación sexual de la mujer en general:

> Su autenticidad implicará también un reexamen de la naturaleza del amor, porque en el amor se encuentra la raíz de su culpabilidad. ¿Qué es ese enorme bien por el cual se le ha exigido renunciar al mundo durante siglos? ¿Es el amor el único fin de su vida? ¿Tiene que ser irremplazable, tiene que estar bendecido por la respetabilidad de la procreación y de la propiedad? ¿No tiene acaso la mujer, al igual que el hombre, derecho al amor profano, al amor pasajero, incluso al amor endemoniado? ... ¿a la pasión por la pasión misma?

Lucía Fox-Lockert
Michigan State University

---

1. Ver de R. D. Laing, *The Politics of Experience* (New York: Ballantine Books), p. 28.
2. Este cuento aparece en *La semana de colores* (Xalapa: Universidad Veracruzana, 1964).
3. Aparece en *Papeles de Pandora* (México: Editorial Joaquín Mortiz, 1976).
4. Garro nació en 1917 y Ferré en 1938. Hay veinte años de diferencia en cuanto a sus vidas.
5. Ver de Antonieta Eva Verwey la obra *Mito y palabra poética en Elena Garro* (Querétaro: Universidad Autónoma de Querétaro, 1982).
6. Elena Poniatowska en «Las escritoras mexicanas calzan zapatos que les aprietan», en *Los universitarios*, UNAM, México, números 58-59, p. 2, 1975.
7. López Mateos fue presidente de México entre 1958 y 1964, lo cual ubica la acción.
8. La infancia es una etapa mágica en los cuentos de Garro. Otro espacio de escape.

9. Ver de Rosario Castellanos la obra *Balún Canán* para comprender esta relación femenina.
10. Citada por Antonieta Eva Verwey, obra citada, p. 9.
11. Ver de Lucía Fox Lockert, *Women Novelists in Spain and Spanish America* (Metuchen: The Scarecrow Press, 1979), las diferentes autoras que usan estas estrategias.
12. Ver de Lucía Fox Lockert, «Búsqueda de la integración psíquica en *House of Mist*», trabajo presentado en «Asociación de Profesores de Español y Portugués (AATSP)», Boston, agosto de 1983.
13. Phyllis Chesler, *Women and Madness* (New York: Avon, 1972), p. 4.
14. *The Politics of Experience*, p. 79.
15. *Papeles de Pandora* presenta varios tipos de alienación que es importante estudiar.
16. Elaine Showalter, «Feminist Criticism in the Wilderness», *Critical Inquiry*, VIII, n.º 2, 1981, p. 197.
17. Clifford Hallam, en «The Double as Incomplete Self, towards a Definition of the "Doppelganger"», *The Fearful Symmetry: Doubles and Doubling* (Tallahasee: University of Florida, 1981), p. 6.
18. *Politics of Experience*, p. 79.
19. Ver de María Inés Lagos-Pope «Sumisión y rebeldía: el doble o la representación de la alienación femenina en narraciones de Marta Brunet y Rosario Ferré», *Revista Iberoamericana*, números 132-133, julio-diciembre de 1985.
20. Ver de Ann Pescatello, «The Female in Ibero-America», en *Latin American Research Review*, Summer, 1972, vol. VII, n.º 2.
21. Ver *Selected Writings of Alexandra Kollontay* (London: Holt, 1977). Kollontay estudia las nuevas actitudes de la gente trabajadora. Una nueva esfera de política, economía trae consigo una revolución en el mundo interior de la clase trabajadora. La obra *Sitio a Eros alado* fue publicada en Rusia en 1923.
22. *Sitio a Eros* (México: Joaquín Mortiz, 1980), colección de ensayos.
23. El título de la colección de ensayos de Ferré elimina el «alado» de Kollontay. Es un «Eros sin alas». Pero todavía Ferré sigue a Kollontay en el ensayo titulado «En defensa del pájaro blanco»: «¿Cómo salir de esa prisión de amor a la cual la mujer se encontraba condenada? Por el trabajo», p. 91.
24. Lamentablemente la falta de una toma de conciencia de lo que constituye ser mujer y la falta de modelos engaña a las mujeres que necesitan el poder y el dinero. Kollontay, en *Sitio a Eros alado*, dice: «La prostitución es la expresión organizada de una distorsión del instinto sexual. Si el acto sexual no le produce al hombre un excitamiento esperado, el hombre recurrirá a cualquier tipo de perversión», p. 286.
25. Cita de Laing en «The Lies of Love», entrevista de Richard Leviton, *East West Journal*, September, 1987, p. 40.
26. *Sitio a Eros*, «La autenticidad de la mujer en el Arte», p. 16.

## ISABEL ALLENDE:
## UNA PUERTA ABIERTA A LA ESPERANZA

Debo confesar que la preparación de este trabajo sobre Isabel Allende, ha caído en lo que se llama «vicio» de identificar al autor con la voz narradora y de usar en igual medida, y dándole la misma importancia, las opiniones personales de la escritora y las ideas desprendidas de sus libros. Esta identificación ha hecho que mi estudio se aleje a menudo de la estricta crítica literaria y se acerque más al conjunto que forman «el escritor y sus fantasmas». Sin embargo, el valor testimonial de las obras de Allende, su acercamiento audaz a la realidad latinoamericana, y el paralelo que existe entre su punto de vista individual y el de la voz que nos relata los sucesos novelescos, creo que me justifican ampliamente.

*La casa de los espíritus* (1982) y *De amor y de sombra* (1984) han logrado un éxito editorial extraordinario y han sido *bestsellers* tanto en Europa occidental como en Latinoamérica. La unánime aceptación de estas dos novelas se debe, sin duda, a la maestría de su estilo, a la perfección de su estructura y a los temas apasionantes y verídicos en los que se centran, así también como a la perspectiva, la postura que adopta la autora para entregarnos su visión. Las dos obras ofrecen una concepción antifatalista y esperanzada del hombre a pesar de su inmersión en el mundo corroído de la prepotencia, la injusticia y la violación de los más elementales derechos humanos.

*La casa de los espíritus* es la historia de una familia a través de tres generaciones desde principios del siglo XX hasta la época actual: sus comienzos, el patriarcado, los hijos legítimos e ilegítimos, las luminosas y fascinantes mujeres de la casa y Esteban Trueba, el iniciador, el hombre emprendedor y organizador de una comunidad agrícola a la cual le otorga cierto bienestar y prosperidad pero a condición de que sus órdenes sean entendidas como leyes irrevocables y de que él, el patrón, sea concebido sin dudas como un ser superior frente a los campesinos.

Las etapas de la vida por las que pasan la familia Trueba reflejan la historia de Chile desde principios de siglo hasta la presente dictadura de Augusto Pinochet: el caciquismo inicial, el progreso, la convivencia pacífica, pero también las diferencias irreducibles de clases, el bienestar de los poderosos, las humillaciones de los desposeídos y hasta los actos de violencia más primitiva.

Reconocemos, en el texto, el monopolio de la tierra por una oligarquía que se origina en la época colonial y perdura hasta mediados de este siglo, el primer movimiento de reforma agraria acaecido en los años sesenta, el triunfo del socialista Salvador Allende y su derrota y muerte por las fuerzas opositoras con la ayuda de la política foránea el 11 de septiembre de 1973.

Es una novela que claramente denuncia atrocidades de la dictadura militar en Chile pero que no renuncia en ningún momento a la esperanza de que las circunstancias cambien y el destino de las generaciones futuras sea mejor ya que, como lo expresa la autora misma, Chile no es el Gobierno actual sino una tierra, sus hombres, un pasado y un futuro. «[Pinochet] y su grupo pasarán a la historia como una desgracia que oscureció el cielo, pero pasarán.»[1]

Como acontecimientos novelescos que audazmente se acercan a la crónica aparecen, entre otros, la muerte de Pablo Neruda bajo la descripción enmascarada de «El Poeta [que] agonizó en su casa junto al mar»[2] y la figura de Víctor Jara, un cantante popular con los dedos mutilados que en la obra de Allende se llama Pedro Tercero.

En la novela, como en la realidad, todo llega a su punto culminante con el golpe de Estado militar y la furiosa represión que le sigue. El viejo Senador Trueba se ve derrotado y perjudicado por un régimen a cuyo ascenso al poder ha contribuido sin soñar que bajo el nuevo Gobierno su hijo hallaría una muerte horrible, su hija sería forzada al exilio y su nieta sufriría las màs abyectas humillaciones y torturas en un campo de concentración. Sin que el Senador llegue a darse cuenta, los abusos y despotismos de él y muchos otros de su generación desembocan irremediablemente en una situación atroz en la que él ya no es protagonista sino víctima pasiva y denigrada.

La estructura de *La casa de los espíritus* es circular ya que lo narrado, en su mayor parte siguiendo un orden cronológico, resulta ser lo compilado en unos cuadernos en los que Clara del Valle apuntaba los sucesos más importantes de la familia; a esto se agrega lo que sucede después de su muerte y un epílogo de Alba Trueba, la nieta, que recoge para la narración lo escrito por

Clara, de manera que la primera y última oración del libro son idénticas: «Barrabás llegó a la familia por vía marítima» (pág. 9 y pág. 380).

La vida del Senador Trueba ha concluido como así también su poder y su influencia. Nos hallamos ante el comienzo de un nuevo ciclo que puede parecerse al anterior pero puede también superar al pasado si los hombres se lo proponen firmemente. La esperanza no está en absoluto extinguida.

*De amor y de sombra*, la historia de un bellísimo romance, la historia «de una mujer y de un hombre que se amaron en plenitud, salvándose así de una existencia vulgar», como se anticipa al comienzo de la novela,[3] está desprovista, sin embargo, de sentimentalismo de «novela rosa» y continúa la línea iniciada en *La casa de los espíritus* de una narrativa rica en poesía pero que no se desliga de los hechos históricos y que acusa el absurdo mundo de la dictadura con sus reglas vejatorias y sus resultados devastadores. «Mi libro es la historia de la violencia y el horror y, paralelamente, del amor y la esperanza que están siempre presentes en nuestras vidas»,[4] comenta la autora.

Aunque el lugar geográfico no se indica, los sucesos de la novela ocurren, indudablemente, en Chile, bajo el Gobierno de Pinochet y durante alguna fecha comprendida entre la muerte del general Franco en España y el triunfo de Raúl Alfonsín en Argentina. La estructura de la narración es lineal y sigue un orden casi estrictamente cronológico.

Irene Beltrán (periodista) y su amigo Francisco Leal (fotógrafo), mientras preparaban el reportaje de un hecho intrascendente, descubren, accidentalmente, un crimen sumamente serio. Los dos comienzan una riesgosa y heroica investigación que los transporta desde el mundo estructurado en que vivían a otro oscuro, irracional y desenfrenadamente violento. La saga de los jóvenes culmina con el hallazgo de un cementerio clandestino de múltiples personas oficialmente «desaparecidas». A este hecho le siguen el juicio levantado contra un grupo de militares que, sin embargo, en muy pocas horas queda libre de todo cargo, el atentado contra la vida de Irene y finalmente la huida de la pareja al exilio sin renunciar a la esperanza de volver.

Los hechos denunciados en la novela tienen una correlación directa con episodios reales de la represión de Chile, conocidos como «el caso Lonquén»,[5] pero *De amor y de sombra* sobrepasa magistralmente la crónica y en ella se nos presenta una realidad trascendida y, aunque reconocible como chilena, aplicable a numerosísimos países latinoamericanos: la enajenación del patriarcalismo, los estratos sociales, la miseria de los barrios marginales, la damnificada clase media, la indiferencia de la clase alta, el verticalismo jerárquico de las Fuerzas Armadas y la represión brutal de que es víctima el disidente, como así también, tal como en *La casa de los espíritus*, las muestras de una sociedad provista de valores nobles; hombres y mujeres capaces de repudiar la injusticia, de amar en un sentido amplio y de llevar a cabo el proyecto de una colectividad postindividualista, basada en el respeto mutuo.

Es importante notar que tanto en *La casa de los espíritus* como en *De amor y de sombra*, ningún personaje es plano, unidimensional. Todos, desde el más déspota hasta el más sumiso, se presenta como un intrincado compuesto en el que prevalecen unas facetas más que otras pero en el que subyacen valores nobles, generosos y hasta sublimes. Estos valores humanos existen de manera manifiesta en muchos de los protagonistas; en otros, la bondad es latente, oculta y aun disfrazada bajo las máscaras más perversas, pero puede emerger frente a diferentes circunstancias. Siempre queda una esperanza.

No sería inadecuado afirmar que Isabel Allende trata a sus criaturas con benevolencia y comprensión aun en los casos de despotismo y sadismo más acentuados tal como el del teniente Rivera de *De amor y de sombra*, un hombre increíblemente corrupto pero de quien, sin embargo, alguien puede llegar a decir:

—No era un hombre malo mi Teniente, señorita. Cambió después cuando le dieron poder y no tuvo que rendir cuentas a nadie— (p. 135).

También el capitán Gustavo Morante, que aparece al principio de la novela citada como el novio de Irene y que es un hombre formado para la veneración y la práctica de un machismo irracional, es una figura humanizada desde el comienzo por su sincero amor a la muchacha y llega a adquirir, paulatinamente, una dimensión heroica que culmina al final, al abandonar su actitud arrogante, aceptar el rechazo de la mujer que quiere y ayudarla a escapar para que salve la vida aun a sabiendas que su deslealtad a las Fuerzas Armadas puede acarrearle la propia muerte, como sucede en efecto. Pero quizá la muestra más acertada de esta ausencia de maniqueísmo en el tratamiento de los personajes de Allende, se encuentre en el delineamiento de la personalidad titánica de Esteban Trueba en *La casa de los espíritus*; un patriarca formidable, con todos sus atributos, al que al principio de la obra se lo caracteriza como al hombre que cosechaba el odio y almacenaba culpas «que no le hacían mella porque se le había curtido el alma y acallado la conciencia con el pretexto del progreso» (p. 62) pero que al final aparece como un hombre sensible, agobiado por la soledad y hondamente preocupado por su país.

Por primera vez en su vida, el Senador Trueba admitió que se había equivocado. Hundido en su poltrona, como un anciano acabado, lo vieron llorar calladamente. No lloraba por la pérdida del poder. Estaba llorando por su patria (p. 343).

Este hombre, implacable la mayor parte de su vida, despierta en la vejez una profunda simpatía y un auténtico deseo de perdonarle las culpas.

Es curioso, y a la vez importante, fijarse en los epígrafes que encabezan los dos libros de Allende. En *La casa de los espíritus* leemos el fragmento de un poema de Pablo Neruda:

*¿Cuánto vive el hombre por fin?*
*¿Vive mil años o uno solo?*
*¿Vive una semana o varios siglos?*
*¿Qué quiere decir para siempre? (p. 7).*

Y *De amor y de sombra* comienza con dos versos de una canción de Violeta Parra:

*Sólo el amor con su ciencia*
*nos vuelve tan inocentes (p. 9)*

Tanto el primer como el segundo epígrafe nos dan la clave de una concepción antifatalista que sostiene la posibilidad de cambios. Existe la convicción de que nunca se puede establecer la duración exacta de una epidemia social, pero al mismo tiempo, que los años y las décadas son relativos y aun efímeros ante la larga historia de un país. Las plagas van a pasar, la medicina tiene que llegar algún día; y esa medicina no parece ser otra que el amor y la solidaridad.

Allende es, indudablemente, una personalidad optimista. Pero en su caso, no se trata de un optimismo pasivo o de una confianza en el porvenir que se creará a sí mismo, independiente de la voluntad del hombre; sabe que al destino personal y al nacional lo forjamos entre todos. Nada de lo que pasa en un país es fortuito pero tampoco irreversible.

La escritora ve en las ideas el mejor antídoto contra la barbarie, pero cuando habla de ideas no se refiere a teorías o ideologías en abstracto sino a un pensamiento práctico y aplicable a una sociedad concreta. Lo que Allende llama ideas parece ser, con toda probabilidad, una conducta honesta, una profunda reflexión que lleve a la verdadera comprensión de nuestra realidad y un adecuado y constructivo manejo de nuestras emociones.

No cabe duda de que para Allende el amor está dotado de un

poder casi infalible para salvar al hombre de su desintegración. «Sólo el amor con su ciencia nos vuelve tan inocentes.» Inocencia que no es sinónimo de ignorancia sino una actitud de limpieza interior, de erradicación de cinismos, de olvido de prejuicios. Una actitud de descubrimiento y de entrega.

> A través de la experiencia, sobre todo durante esos meses que viví en la dictadura, comprendí el poder del amor. Es una fuerza extraordinaria, capaz de enfrentarse a la violencia. Hay momentos en la historia de un país, de un pueblo, a veces de todo un continente o de toda la humanidad en los cuales las fuerzas del mal parecen triunfar, se apoderan de todo. En el mal hay una gran desvergüenza, una gran impudicia. La bondad, en cambio, es discreta y suave, pero no es por eso menos efectiva. Igual que en las películas, yo creo que los buenos van a ganar. No me cabe la menor duda.[6]

Las opiniones personales de la autora, unidas a los textos de sus dos obras, proyectan un rayo luminoso sobre el escenario oscuro y violento de América Latina; pero la escritora sabe, sin embargo, que para lograr un cambio beneficioso no es suficiente con desearlo ansiosamente. La cadena de violencia e injusticia debe romperse en algún hito de la historia, parar en un momento dado y proclamar el punto final aunque esto suponga, como sabemos, que una generación, o más, pasará al silencio, no logrará el legítimo derecho a la reinvindicación aunque sí, con esfuerzo, pueda obtener la reconciliación y obrar de lazo pacífico entre sus predecesores y sus descendientes.

En las páginas finales de *De amor y de sombra*, el profesor Leal aconseja a su hijo, próximo al destierro, que sólo guarde recuerdos gratos, que no se debilite pensando en las injusticias del pasado y que tampoco forje grandes sueños para un futuro inmediato. La generación de su hijo podrá, en todo caso, tender un puente de paz construido con constancia y fe y, en casos extremos pero frecuentes, desde el exilio, sin ahondar en rencores y sin perder esperanzas.

> En la luz dorada del amanecer [Irene y Francisco] se detuvieron para ver su tierra por última vez.
> —¿Volveremos? —murmuró Irene.
> —Volveremos —replicó Francisco.
> Y en los años que siguieron, esa palabra señalaría sus destinos: volveremos, volveremos... (p. 281).

Alba, la menor de la familia Trueba, en *La casa de los espíritus*, es la representante de esa generación que debe hacer un alto en la cadena de violencias de su patria. Cuando sale en libertad, después de haber pasado por prisiones malsanas, por recintos de tortura, campos de concentración y haber sido objeto de las más aberrantes vejaciones, violada y golpeada, expresa, sin embargo, más cansancio que indignación. Sabe que acaba de salir de un mundo sórdido construido a base de revanchismos y de leyes taleónicas y al que debe combatirse con métodos diferentes. Alba Trueba, en efecto, más que el propio agotamiento, parece cargar sobre sus hombros el cansancio de muchas generaciones y sabe que es perentorio detenerse.

Y ahora yo busco mi odio y no puedo encontrarlo... Me sería muy difícil vengar a todos los que tienen que ser vengados, porque mi venganza no sería más que otra parte del mismo rito inexorable. Quiero pensar que mi oficio es la vida y que mi misión no es prolongar el odio, sino sólo llenar estas páginas mientras espero el regreso de Miguel, mientras entierran a mi abuelo que ahora descansa a mi lado en este cuarto, mientras aguardo que lleguen tiempos mejores, gestando a la criatura que tengo en el vientre, hija de tantas violaciones, o tal vez hija de Miguel, pero sobre todo hija mía (pp. 379-380).

Isabel Allende confiesa ser una idealista y una optimista incorregible en cuanto a la naturaleza humana se refiere. Esto, sin embargo, no le ha impedido evaluar y calificar nuestras sociedades, nuestros ámbitos de terror, nuestras reglas arbitrarias de Gobierno, como tampoco le ha impedido comprender la parálisis que provoca el miedo, el legítimo deseo de escapar y la búsqueda de refugio en el exilio. La autora, en efecto, presenta una realidad que no puede ni debe pasar inadvertida y que el escritor de conciencia tiene la responsabilidad de transmitir. Así es como ella entiende su labor.

América Latina vive un trágico período de su historia. En nuestra tierra el 60 % de la población es analfabeta, sin embargo los escritores son escuchados y respetados, son la voz de los que sufren y callan. Todos los que escribimos y tenemos la suerte de ser publicados, debemos asumir el compromiso de servir a la causa de la libertad y la justicia. Tenemos una obligación que cumplir en la vanguardia. Al oscurantismo que agobie a varios países de nuestro continente, debemos oponer la palabra, la razón y la esperanza. Hay que emplear las letras al servicio del hombre. El peor enemigo de la barbarie son las ideas [7].

Tanto *La casa de los espíritus* como *De amor y de sombra* son, aparte de sofisticadas obras de arte, una verdadera puerta abierta a la esperanza no sólo para el chileno y el latinoamericano sino para todo de cuya vida se encuentre en un momento oscuro de la historia de su patria.

«Los jóvenes —dice Allende— se sienten angustiados frente al mundo, ante la historia. Sienten que no pueden controlar nada, están expuestos a una hecatombe nuclear, vamos a volar en pedazos y nadie puede hacer nada al respecto... Sienten que hay que agotar la vida en un minuto porque no hay mañana. Al oírlos me dan ganas de llorar, de sacudirlos, de gritarles que la desesperanza es la peor trampa. Yo creo que puedo cambiar el mundo en cada instante de mi destino lo intento, lo intento con todas mis fuerzas...»

Por debajo y por encima de la compresión de nuestros diferentes medios de evasión, las explosiones violentas, la inmovilidad provocada por el horror o la abulia que sigue a toda frustración, sobresale en Allende la creencia en el logro de la paz y la capacidad intrínseca en el hombre de cambiar las circunstancias y legar a sus hijos un mundo mejor. «La desesperanza —repito sus palabras— es la peor trampa.»

Como lectores, como individuos, tenemos el legítimo derecho de adherirnos, o no, a su optimista y excitante punto de vista. Pero sea cual fuere nuestra postura personal, no podemos dejar de reconocer en Isabel Allende una actitud altamente positiva y refrescante que engrandece e ilumina nuestra literatura.

SILVIA LORENTE-MURPHY
Purdue University North Central

---

1. Marjorie Agosín, «Entrevista a Isabel Allende», *Imagine*, 1984, Winter, 1 (2) p. 46.
2. Isabel Allende, *La casa de los espíritus* (Barcelona: Plaza y Janés Editores, S. A., 1985), p. 341. Todas las citas de esta novela corresponden a la misma edición.
3. Isabel Allende, *De amor y de sombra* (Barcelona: Plaza y Janés Editores, S. A., 1985), p. 5. Todas las citas de esta novela corresponden a la misma edición.
4. Isabel Allende, citada por Michael Moody en «Isabel Allende and the Testimonial Novel», *Confluencia*, Fall, 1986, Vol. 2, Number 1, p. 40.
5. En 1978, quince cadáveres fueron encontrados en minas abandonadas cerca de Lonquén, a unos cincuenta kilómetros de Santiago. Miembros de la comisión investigadora enviaron un parte oficial al presidente de la Corte Suprema demandando un exhaustivo análisis del caso. Un grupo de siete militares fue enjuiciado, ya que los cadáveres identificados habían «desaparecido» inmediatamente después de ser arrestados por carabineros. El grupo fue enjuiciado por una corte militar, sin embargo, que al cabo de un año lo declaró inocente. Véase la referencia al libro de Pacheco Gómez, *Lonquén*, que hace Michael Moody en el artículo ya citado, «Isabel Allende and the Testimonial Novel», pp. 40-41.
6. Michael Moody, p. 42.
7. —, p. 49.

# ENTRE EL ABISMO Y LA MEDUSA:
## *COLA DE LAGARTIJA* DE LUISA VALENZUELA

A partir de una posible lectura de *Cola de lagartija*,[1] este trabajo se apoya en dos premisas básicas. La primera, bastante obvia, sostiene que una dictadura militar tal como la que asoló a Argentina recientemente y que Luisa Valenzuela recoge en su novela, constituye el *reductio ad absurdum* del androcentrismo raigal en que se asienta nuestra tradición. La segunda propone que el régimen androcéntrico se fundamenta en una doble apropiación: la de la mente de los seres (la internalización del Padre) y la del orden de lo femenino (la represión de la Madre).

Fundado en la figura de Dios Padre —la que obsesivamente y de múltiples maneras se reitera, como en un juego de espejos, en el escenario de nuestra cultura—, el orden androcéntrico se apoya en la internalización del poder que el Padre representa y en la consecuente represión del que la Madre encarna. Mientras el poder del Padre debe entenderse como ansiedad de dominio, el de la Madre debe interpretarse como vehemencia de liberación.

Es en y por la escritura de su texto que Valenzuela propone una práctica que desinternalice al Padre y despierte a la Madre y que posibilite un proceso de liberación: un proceso que simultáneamente redima la mente y el lenguaje y de ahí el mundo (las estructuras conceptuales que lo informan) de la camisa de fuerza patriarcal. Con tal propósito la autora le da la palabra al Brujo (narrador protagonista del texto y encarnación de la omnipotencia dictatorial) a la par que la asume ella misma al instalarse en el espacio ficcional, no sólo como personaje sino también como «la otra» voz narrativa: voz «otra» que mina el discurso del poder.

Nacida en lo hondo de la experiencia del ser —en las profundidades misteriosas asociadas a lo femenino, y/o en las sombras de la clandestinidad donde la dictadura relegó a sus opositores—, la voz narrativa que asume Valenzuela manifiesta a la Madre. Se trata, sin embargo, de la Madre terrible que emerge vengativa luego de un largo y obligado sueño. Madre terrible, Bruja o bien Medusa aterrante para el varón: encarnación de las voces que amenazan, desde lo hondo, el orden patriarcal. La Bruja Machi y la Vieja 703 Arrugas, *alter egos* de Valenzuela, dejan oír las voces de la Madre en la novela.

De hecho, las implicaciones de brujería, en sus múltiples aspectos, atraviesan el texto de la autora ya que no sólo la Madre se manifiesta como Bruja sino también el Brujo, representación del poder dictatorial. Sin embargo, mientras el arte brujeril del personaje busca dominar el mundo petrificando, por así decirlo, la experiencia de los seres, la práctica de Valenzuela persigue liberar el mundo movilizando las dormidas fuerzas que la Madre representa. Son éstas las fuerzas de la vida y, por ende, de la renovación sin fin: emergiendo del fondo del abismo y encarnándose en voces desmitificadoras, estas fuerzas hacen frente al horror dictatorial al desafiar el afán de permanencia y de inmutabilidad que sustenta el orden de los padres. (Recordar que los contados seres que, desde la clandestinidad, se rebelan contra el Brujo fundan su programática en un constante dudar, un perenne rehacer esquemas.)[2]

La elección del mito de la Medusa y de la imagen del abismo, extraídos de los escritos de Hélène Cixous, no es casual ya que ambos motivos esclarecen, en gran medida, la novela de Valenzuela. «Nuestra cultura nos ha fijado entre dos mitos aterrantes: la Medusa y el abismo»,[3] escribe Cixous, subrayando el hecho de que a la mujer se la ha asociado siempre con lo irracional y con lo que debe relegarse a las sombras de la tradición. Medusa que ríe con terrible humor negro y que se deja oír desde el abismo, la novela de Valenzuela revalúa los mitos a la par que los constituye en base de una práctica subversiva que busca denunciar el discurso de la dictadura.

Por boca del Brujo, *Cola de lagartija* narra el proceso de la mitificación del poder dictatorial (vale decir, de la absolutización del poder del Padre en la figura del dictador); por boca de Valenzuela, la novela pone en escena el concurrente proceso de desmitificación.

Es natural, entonces, que la trayectoria del Brujo presuponga la doble operación de internalización del Padre y de represión de la Madre que sustenta el patriarcado y que alimenta su más terrible manifestación, la dictadura. Así, por ejemplo, los vastos esteros, en cuyas hondas aguas ha morado el siniestro personaje durante su niñez, funciona como metáfora de la mente (del inconsciente humano) del cual el dictador se apropia: «Tengo mi propio país interior... un país de la mente donde me refugio y al que nadie llega» (19). Es evidente que en el Brujo «bajo tierra», contracara del «superyo represivo en la superficie (el gobierno)» (44-4), se expresa el opresor internalizado del que habló Paulo Freire, y que en el contexto de una dictadura se revela como el Padre terrible y vengativo que castiga cruelmente a los que no acuerdan con su Verdad y con su Ley.

La apropiación del orden de lo femenino, por otra parte, se pauta en la novela de dos modos diferentes. Se manifiesta, en primer lugar, en la posesión del Brujo de un tercer testículo que se revela depositario del potencial procreador privativo de la hembra. Incorporado a su propio cuerpo, este grotesco apéndice (hembra sin vagina a la que bautiza Estrella) le permitirá al Brujo acceder a su sueño de poder absoluto. El Yo que ha de engendrar de su propio «yo» y de su propio cuerpo luego de inseminar a Estrella, forja una terrible parodia del dictador: asistido por una vasta red subterránea de fuerzas paramilitares y parapoliciales, el dictador simbólicamente adquiere la omnipotencia, omnisciencia y omnipresencia que la tradición le ha atribuido a la figura masculina de Dios.

Es de notar, además, que al robarle a la hembra la vagina, el Brujo no sólo señala el inmemorial afán del macho de arrebatarle a la mujer el poder de crear vida,[4] sino que también deja entrever su arraigado terror ante el insondable misterio que involucra la vagina. Interpretada como un abismo en el que se depositan los arcanos de la vida y de la muerte, la vagina se le aparece amenazante al hombre: de ahí que la imagen de la *vagina dentata* haya acosado al varón de la especie a lo largo de los siglos.[5] De ahí también que el terror al «hueco feroz que se iba abriendo como para tragárselo» (40), o a «la negra caverna de mujer abierta» (72) que le avisaba del «reino de las tinieblas» (73), impulse al Brujo a lo largo de su trayectoria.

La apropiación de lo femenino también se pauta, entonces, en la invasión que realiza el Brujo de las innúmeras cavernas, grutas y pasadizos subterráneos que representan no sólo la vagina sino también el vientre de la Madre. Invasión que gradualmente petrifica el recinto íntimo de la hembra para convertirlo en basamento del símbolo fálico por excelencia: el de la erecta Cruz.

De ahí que en un momento crucial de su periplo, el que marca su arribo al vientre de la tierra, el grotesco personaje decrete que la estalagmita gigantesca que previamente percibiera como un cuerpo de mujer se exhiba ahora como un gigantesco falo. En una escena reminiscente de la historia de la Bella Durmiente, el Brujo simbólicamente petrifica a la Madre al recubrir a la doncella con una capa de sal: «Él, contemplando incansable, sin tiempo, y la doncella inmóvil volviéndose piedra bajo su mirada pétrea, transformándose en la estatua de sal para siempre viva bajo los cristales de color carne viva» (70). Tal como lo admite el Brujo, sin embargo, la mirada inmovilizadora del Padre no logra matar a la Madre. Inevitablemente la Bella Durmiente ha de despertar.

La apropiación del poder de vida que la Madre representa se complementa, por lo tanto, con la entronización del Falo, simbolizado también éste en el erecto dedo que el Brujo planta en los más hondos de la tierra, donde duerme la Madre. Recalquemos que el Dedo, «...un obelisco infinito... un haz de luz que perfora las nubes...» (92), al cual el Brujo erige el consabido altar del patriarcado, repite el simbolismo de la Cruz cristiana. Al igual que el hipotético Dedo del Brujo, la Cruz se planta en el centro del íntimo recipiente, vasija o caldero de la regeneración que emblematiza la potencia recreadora de la hembra y que queda, de este modo, reprimido.[6]

En última instancia, el erecto Dedo con que el Brujo celebra la supremacía del Falo se ha de transformar en la pirámide en que culmina su aventura. Es precisamente en la pirámide en donde el protagonista de *Cola de lagartija* persigue la consagración definitiva del Falo y la definitiva apropiación del orden de lo femenino.

Asumiendo simultáneamente el poder de inseminación que posee como hombre y el de gestación y alumbramiento que le robó a la hembra y que Estrella simboliza, el Brujo planea engendrar, en el interior de la pirámide (cabal parodia del útero materno), al Hijo en quien cifra su anhelo de consumar su omnipotencia. Previamente a asumirse como hembra, sin embargo, el Brujo ha asegurado la permanencia de su imagen de hombre al hacer tapizar de espejos el interior de la pirámide, y al ordenar recubrirlos, más tarde, con un lienzo inmaculadamente blanco, el que simbólicamente clausura su dominio. De hecho, el lienzo blanco o carpa funciona como metáfora de la hermética clausura del discurso patriarcal/dictatorial. La gradual emergencia de las voces desmitificadoras produce una fisura en la carpa, desmantelan el discurso del Brujo.

Previamente a enfocar el texto desmitificador, sin embargo, es menester retornar brevemente a la escena en que la mirada del Padre petrifica a la doncella. Escena clave, por cierto, ya que la mirada que petrifica lo mirado —que convierte el mundo en objeto de dominio y que a la par lo desposee del potencial de vida que la Madre representa— conforma la cifra de nuestra tradición.

Apelando obsesivamente al órgano de la visión, la cultura de Occidente se ha dejado seducir por la realidad de afuera, por lo que se da o se presenta a la vista o a la mirada. Ello justifica nuestra proclividad a la mímesis, a la representación. Mirar y nombrar el mundo conforman, por lo tanto, las dos facetas del mismo proceso de apropiación patriarcal ya que el nombrar del Padre también convierte lo nombrado en objeto de dominio y también reprime todas aquellas fuerzas que no se dejan nombrar. Acertadamente ha afirmado Lacan que la entrada del niño en el orden de lo simbólico —en el reino que domina el Nombre del Padre— se funda en la adquisición del lenguaje. De hecho, el Nombre del Padre es simultáneamente su No:[7] no a las fuerzas de la vida y no al potencial de transformación inherente al mundo.

Las fuerzas que la cultura ha ocultado se expresan, no obstante, en las recónditas voces que, en momentos de rebeldía, duda y lucidez, surgen de lo hondo buscando volver a nombrar el mundo y persiguiendo recrearlo. De modo entonces que si bien las fuerzas de la vida son inmirables y por lo tanto innombrables o irrepresentables, también es cierto que son eminentemente escuchables. La escritura de la novela se ancla precisamente en ese escuchar: más allá del discurso de la dictadura, el texto de Valenzuela deja oír las secretas voces que desafían al Padre. La autora simboliza ese escuchar en la Vieja 703 Arrugas, quien también ha participado en el tejido de la tela o carpa del Brujo.

Irónicamente, la tarea de tejer la tela se ha encomendado a un número de personajes que han hecho de la duda su razón de ser y que silenciosamente se han rebelado contra el poder del Brujo.[8] Es evidente que la tela que se instala en lo hondo de la pirámide metaforiza no sólo la clausura del discurso del poder sino también la posibilidad de su apertura. Las voces de la Madre disuelven los mitos patriarcales y revelan lo que el discurso del dictador oculta.

Recordemos que tanto la tarea de coser así como las afines de bordar y de tejer se relacionan con la mujer y por ende con la Madre, a quien tradicionalmente se ha interpretado como continuamente tejiendo, destejiendo y volviendo a tejer el tejido de la creación: visión dinámica y unitiva radicalmente opuesta a la estática y fragmentaria que define el reino de los padres. Valenzuela admite la sacralidad de estos trabajos cuando afirma: «Coser es una forma de oración. Rezar es estar uniendo con puntadas invisibles los trapos sueltos del Misterio» (269).

Depositaria del Misterio, la Madre calladamente le habla a la Vieja 703 Arrugas quien teje su porción de tela para colocarla, como un parche, en la tela de todos, en la carpa: «También mantiene un diálogo... (la vieja)... y es casi como si hablara sola. Pero escucha, escucha y al ritmo de la muy tenue voz va hilando la estopa y después la teje. Crea un buen trozo de tela de una trama algo abierta pero consistente que luego formará parte de la carpa, aportando las palabras que se han intercambiado en ese indefinible encuentro» (271). Insertas como un parche, las palabras de la vieja han de causar una desgarradura o fisura en la tela que el Brujo cree suya. En última instancia, el tejido/parche que la vieja teje inspirada por la voz queda de la Madre se constituye en símbolo de la novela que leemos. Inscripción que desgarra el discurso del poder y que mina su univocalidad, el texto de Valenzuela busca no sólo denunciar la pasividad de un pueblo que, inmovilizado por el miedo, vive la dictadura como parte del orden natural, sino también movilizar al pueblo, convocando a la Madre.

Cabe preguntarse ahora hasta qué punto la propuesta de Valenzuela puede incidir en el mundo que su novela enjuicia. A casi cuatro años de retorno a un régimen constitucional la figura del tiránico Padre se mantiene incólume en Argentina: perenne amenaza de retorno al régimen militar. Valenzuela prevé la continuación de esta problemática en su novela al hacer sobrevivir al Brujo, luego de su rotundo fracaso como dador de vida: recordar que el alumbramiento anhelado culmina con un estallido que acaba convirtiendo al personaje en un hilillo de sangre. Marchando inexorable hacia la capital, el hilillo de sangre al que queda reducida la sagrada trinidad Brujo/Estrella/Hijo ha de encargarse, presumiblemente, de la perpetuación del horror. En este contexto la novela pareciera concluir con una nota de desesperanza.

Desde una perspectiva diferente, sin embargo, la novela pauta la posibilidad de una apertura. Si, según lo sugiere la autora, la realidad ha de entenderse como tejido o texto que la Madre infinitamente teje, la inscripción de la novela en ese tejido o texto ha de incidir, *de manera recóndita* en la totalidad. A contrapelo de la tradición realista de Occidente que busca representar la realidad, la novela de Valenzuela se postula como una porción de esa realidad: punto neurálgico que desgarra el discurso de clausura del Brujo (la inmaculada carpa blanca) liberando su latente textualidad (poniendo en marcha el tejido de la Madre), y que luego se silencia para permitir la emergencia de las voces creadoras inmanentes. De ahí que al final del segundo capítulo, Valenzuela abandone la escritura de «su» novela: callarse ella para que hable la Madre.

Por quimérico que parezca, el proyecto implícito en la novela de Valenzuela no es irrealizable. La emergencia de un nuevo mundo al que muchos aspiramos —un mundo que integre lo femenino y celebre la vida— depende fundamentalmente del despertar de la Madre: la Medusa siempre latente en el abismo, en las honduras del ser.

Nelly Martínez Z.<br>
McGill University

1. Luisa Valenzuela, *Cola de lagartija* (Bruguera: Buenos Aires, Argentina, 1983). Las páginas correspondientes a citas de la novela se indicarán en el texto.

2. «Son ellos los puros», comenta la voz narrativa que desafía al Brujo, «... (los que no) se creen sublimes propietarios de la razón. Tan sólo hacen intentos» (178).

3. Hélène Cixous, «Sorties: Out and Out: Attacks/Ways Out/Forays», en Hélène Cixous and Catherine Clément, *The Newly Born Woman* (Minneapolis: University of Minnesota Press, 1986), trad. Betsy Wing, 68. Mi traducción al español. Consultar, además, de la misma autora, «The Laugh of the Medusa», *New French Feminisms*, ed. Elaine Marks e Isabelle de Courtivron (New York: Schocken Books, 1981), 245-264. Varias traductoras.

4. Es obvio que este afán moldea la arraigada noción de un Dios Padre, la cual hace del hombre el arquetípico creador. Está presente, además, en tales historias tradicionales como la del dios griego Zeus, quien de su cabeza engendra una hija, Atenea. Recordar, también, que numerosos mitos asocian el poder creador de ciertos dioses con su castración. La extirpación de los órganos genitales masculinos, que producía un orificio sangriento evocador de la vagina, simbólicamente otorgaba al dios la potencia procreadora de la hembra. Mencionemos, entre otros, al dios egipcio Ra, al babilonio Beel y al mexicano Quetzacoatl. Consultar, al respecto, el capítulo III, «The Wise Crone», en el excelente trabajo de Barbara G. Walker, *The Crone: Woman of Age, Wisdom, and Power* (New York: Harper and Row, Publishers, 1985), pp. 43-68.

5. Dadora de vida, la mujer también se aparece como dadora de muerte. De ahí la figura de la Madre destructora y demoníaca cuya relevancia, sin embargo, sólo se entiende en el contexto del mito que la engendra: el de la Diosa que veneraban los pueblos pre-patriarcales. Última manifestación de la Diosa, la Madre terrible representa a la Mujer Vieja en una tríada que incluye a la Doncella y a la Madre «buena». El patriarcado no sólo desdivinizó a estas dos últimas para fundirlas en la imagen de la Virgen, sino que también exilió a la Mujer Vieja a las sombras de la tradición. Notar que mientras la Doncella y la Madre representan las fuerzas de la creación, la Mujer Vieja encarna las de la destrucción y regeneración: la Diosa es simultáneamente creadora, preservadora, destructora. En la Medusa, obviamente, se manifiesta la Mujer Vieja, la Madre terrible.

La idea de la mujer como dadora de muerte está involucrada, además, en el mito de Eva, quien, al causar la caída del hombre, priva al género humano de una supuesta inmortalidad original.

6. Barbara G. Walker hace hincapié en el hecho de que en la Edad Media aún poseía vigencia el símbolo «pagano» del caldero, el que se oponía tenazmente al de la cruz. Consultar, especialmente, el capítulo V, «The Crone and the Cauldron», 99-122.

Supuestamente situado al pie del Árbol de la Vida (el que se identifica con la cruz), el caldero se interpretaba como la fuente última de la vida, de la generación sin fin. Es de notar que al desvirtuar el simbolismo del caldero, nuestra tradición despojó a la cruz de su sentido intrínseco de regeneración o resurrección. Escribe Walker: «Así como la cruz cristiana expresaba una contundente finalidad —*una* muerte, *una* resurrección, *un* eterno cielo o *un* eterno infierno— el caldero encarnaba una perpetua recurrencia cíclica» (103). (Mi traducción y mi subrayado.) En efecto, la sangre derramada en los campos de lucha, o en los centros clandestinos de las tiranías no sacraliza nuestro mundo, no lo regenera; más bien perpetúa el vampirismo generalizado que define el reino de los padres.

7. La conciencia de sonido entre los vocablos franceses «le nom» y «le non» permite esta interpretación. Además de Cixous, Julia Kristeva y Luce Irigaray proponen prácticas significativas que minan el discurso patriarcal. Alineadas con los ritmos recreadores del inconsciente, estas prácticas nombran lo que el discurso del poder oculta, a la par que dejan oír las secretas voces con que la Madre se expresa desde lo hondo.

8. Participan en el tejido de la carpa los personajes «puros» a los que alude la voz desmitificadora de Valenzuela.

*MUJER SIN EDÉN*

## UNA VISIÓN FEMENINA DEL GÉNESIS

*Mujer sin Edén* fue escrita durante una época difícil no sólo para la autora, sino también para su país. Las memorias de una sangrienta Guerra Civil y unos primeros años de dictadura muy difíciles para los vencidos formaron parte de la existencia de gente como Carmen, que trataban de poner cierto orden en sus vidas. La obra fue publicada en 1947, o sea en estos primeros años de la posguerra.

Para esta mujer que estuvo muy activa tanto en lo social como en lo político en la época de la Segunda República, así como durante la guerra, estos primeros años de la dictadura la obligaron a llevar una vida de apariencia más tranquila y reposada. Esta levantina, aprovechó estos años en que vivió en casa de amigos cerca de El Escorial para verter en forma poética toda la angustia y la lucha agónica en que vivía su espíritu. *Ansia de Gracia*, publicada en 1945, y *Mi fin en el viento*, que salió el mismo año que *Mujer sin Edén*, reflejan también esta angustia espiritual.

En estos versos vemos plasmado el grito desgarrado de la mujer, de esa mujer antigua y al mismo tiempo nueva que pregunta el por qué de su sufrimiento. Sufre por ella y por sus hijos, que también sufren. Es la mujer-madre, la mujer-esposa, la mujer de todos los siglos empezando con Eva, que lleva sobre sí la carga de la injusticia, de la enfermedad, el trabajo, el sufrimiento, la vejez y, finalmente, la muerte.

En sus versos se dirige a Dios y esto le da una calidad religiosa. Sobre todo porque el tono y muchas imágenes se inspiran en la Biblia. La lectura de esta obra poética nos hace recordar versículos de los Salmos, del Eclesiastés y del Libro de Job en el Antiguo Testamento; y el del Apocalipsis en el Nuevo.

El esquema de la obra es el siguiente:

Canto I: tres poemas en los que trata de la caída y de la expulsión del Paraíso terrenal.

Canto II: más largo que el anterior, ya que tiene quince poemas y donde varios acontecimientos y temas del Génesis aparecen. Uno de los más importantes y de mejor enfoque sería el de Caín y Abel.

Canto III: cuatro poemas que tratan del Diluvio universal.

Canto IV: contiene 12 poemas y aquí se pasa a una nueva fase, ya que la antigua Eva pasa a ser Ave María.

Canto V: dos poemas que resumen lo que se plasmó en los otros cuatro cantos.

El último poema de la obra es un resumen de las ideas y los temas que se van desarrollando en los cantos anteriores. Concha Zardoya, en las breves pero bien escritas páginas que le dedica a esta obra de Carmen Conde, dice lo siguiente en relación a este poema: «Quizás el poema más impresionante de todo el libro sea el titulado "Súplica final de la mujer". Clama ésta por el perdón de Dios, inútilmente, pues Dios no lo olvida nunca, despiadado.» [1]

Vamos a usar este poema de la súplica como nuestro punto de partida al intentar comprender cómo Carmen Conde nos da una interpretación de la Biblia en general y del Génesis en particular, vista desde un punto de vista femenino.

El poema empieza como algunos Salmos de David: «Señor, ¿Tú no perdonas?...» Como en otros muchos poemas de esta obra, la mujer dirige su oración, su súplica hacia el Creador. Otras veces habla con el hombre y otras consigo misma. Aun en el caso de esos soliloquios, parece que quiere que Dios esté oyéndola. La mujer que hace esta pregunta a Dios es la Eva de hoy con memorias antiquísimas que vienen de un ayer remoto. Estas memorias, causa de un gran sufrimiento existencial, las expresa cinco líneas más adelante en el siguiente verso: «Yo llevo las entrañas por raíces de siglos...» Ésta es la Eva del primer canto.

En el canto I y en el primer poema titulado «Arrojada al Jardín con el hombre», ya se ve que su enajenamiento empezó aun antes de la Caída. Este Jardín no fue creado para ella, sino para el hombre,

> ¡Amor de mi Jardín, Edén primero
> creado para Dios y para el hombre!
> El silbo de sus auras recorría
> las frentes que el placer sacó de fruto.

En el tercer poema de este mismo canto se pregunta la mujer: «¿Dios hizo su mundo por hastío / de aquella soledad divina?»

Viendo que el amor fue para el hombre y no para ella, le pide a Dios que la devuelva a la Nada de donde vino,

>*¡Vuélveme a la Nada, Tú, Señor!*
>*Devuélveme a la Nada.*
>*Y haz que el hombre te refleje absorto*
>*en su extática admiración de lucha.*

También en esta primera estrofa de la Súplica se pueden observar las imágenes de la naturaleza que se mezclan con lo humano: «...las sendas de los trigos entre zanjas de sangre».... Tanto en el segundo poema como en el tercero del Canto II, vemos estas imágenes de la mujer que es naturaleza y la naturaleza que es mujer. Siempre la idea de una tierra que tiene que ararse símbolo del trabajo y del sufrimiento. El lamento final del poema que lleva por título «Evocación de las palabras de Dios», nos dice:

>*Si aramos ya tan lejos del Edén*
>*mis hijos no lo verán, y al fin los cielos*
>*harán suyo el Jardín que se nos cierra.*

Y el poema siguiente, «Cumpliendo el trabajo», añade: «Bajo mi espalda ¡qué multitud de guijos / se hincan a la carne que me siembras!»

En la poesía de la levantina Carmen Conde la mujer que se identifica con la naturaleza y viceversa nos une a unos mitos antiquísimos y precristianos, esos cultos paganos de la fertilidad.

Pero la vieja Eva pasó por una metamorfosis cuando Dios la escogió para que de ella saliera su Hijo. He aquí el significado del cuarteto siguiente de la súplica:

>Señor, mi Dios, un día creí que Tú eras mío porque bajaste
>a mí alumbrando mi carne con el alma que allá, al sacarme
>del hombre, metiste entre mis huesos con tu soplo de aurora.

El Canto IV está dedicado a este cambio y a una verdadera esperanza. El tercer poema, «Voz de la vieja Eva al sentirse María», nos hace recordar el Magnificat del Evangelio de San Lucas: 46-55, tanto en su canto de alabanza a María como la preocupación de Dios por los pobres del mundo. La encarnación claramente se presenta en la segunda estrofa:

>*¡Salvarnos con tu lumbre, por tu hijo;*
>*venirte Tú a entendernos, dialogando*
>*por medio de la Voz que depositas*
>*en cuerpo de mujer que pura siempre!*

La esperanza está clara y explícitamente presentada en el poema siguiente, llamado «La mujer divinizada»: «Jehová me perdonó. Vuelvo a la gracia / pariéndole su Hijo, el Preferido.» Esta idea del perdón divino es impresionante si se ve en contraste a una exclamación de angustia lanzada al cielo en un poema anterior cuando la mujer apenada, resentida y acongojada, le dice a Dios en el Canto II, «Nostalgia de mujer»: «Soy la nada, soy el tiempo, soy un sueño... / agua que fluye, hierba ácida / que cortas sin amor... Tú no me quieres.»

La tragedia de la mujer también estriba en el hecho de que los hijos que ella ha concebido y parido con dolor tengan que morir de muerte violenta. Esta estrofa en forma de pregunta, «¿Sembrando he de seguir, pariéndote más hombres / para que todos maten y escupan mis entrañas...» La muerte de los hijos, de los padres, de los hermanos está vivida en la mujer Carmen que acaba de presenciar una guerra civil. Quizá por eso el mito bíblico de Caín y Abel, tan ligado a la filosofía y obra de pensadores como Unamuno, se manifiesta con una nueva fuerza desgarradora en el Canto II, cuando la mujer-Eva nos cuenta la tragedia de la madre que quiere a sus dos hijos. A Caín, nos dice, Dios le odia porque fue concebido en el Jardín fruto primerizo del pecado, sea dicho de paso, que la palabra pecado no es frecuente en el vocabulario de esta obra. El «Llanto por Abel» desgarra el corazón. En cinco de las seis estrofas de este poema que se encuentra en el Canto II, repite: «¡Hijo mío, Abel!», o «¡Abel, hijo mío!». Que, a fin de cuentas, es lo mismo. Hay una visión surrealista de la madre que se deshace en un dolor cósmico, agónico, en este caso es el doble dolor de la madre que ve que el muerto es su hijo pero que se da cuenta que el asesino es también un hijo suyo. Estos versos, o por lo menos parte de ellos, nos hacen recordar a la madre que Picasso pintó el *Guernica*, cuyo hijo muerto cuelga inerte en sus brazos fuertes y macizos. Esa madre parece aullar en un grito de dolor inmenso como si quisiera abarcar el horizonte y las esferas celestes. La Eva de Carmen Conde dice:

*Aullándote por la noche,*
*bramando misericordia,*
*¡hijo mío, Abel!*

Eva también sufre por su hijo Caín, ahora maldito y perseguido por Dios. En el «Lamento por la maldición de Dios a Caín», el ojo omnipresente de Dios le persigue por todos los lugares. Esta parte del poema hace recordar el poema de Victor Hugo que se titula «La Conscience».[2] En este poema de este autor también se manifiesta este ojo omnisciente y perseguidor. Al fin del poema de Carmen Conde, Eva exclama: «¡Tengo miedo!» La problemática planteada por esta vieja Eva que por un momento vislumbró el perdón de Dios cuando devino María, es que hoy como ayer y muy posiblemente mañana Dios no ha perdonado y la condición humana, sea para la mujer o para el fruto de la simiente que creció en sus entrañas no ha cambiado. Quizá con la muerte llegue a acabarse todo. La muerte no es lo peor, sino la vejez. En este poema, «La súplica...», que está sirviendo de análisis para este trabajo, tres estrofas empiezan con «Soy vieja» o «Tan vieja».

Estos versos hacen recordar el poema en el Canto III, titulado «Imprecación a la vejez». Enferma y vieja, la mujer prefiere la muerte a vivir en un estado decrépito y achacoso. Podríamos añadir que por contraste, estos versos son un canto a la juventud, ya que hay un contraste entre esta época de la vida con aquella por la que el individuo tiene que pasar antes de la muerte. Claro está que aquí no hay referencia a los que mueren en edades más tempranas. La muerte es la consecuencia del castigo de Dios al ser expulsados Adán y Eva del Jardín. La ironía endénica es que el llamado «árbol de la vida» es verdaderamente «el árbol de la muerte». Por esta razón la autora exclama: «¡Te odio, te apostrofo, oh árbol de la vida: / quiero la juventud hasta la muerte!» La idea fundamental estriba en que el castigo verdadero no es la muerte, sino la vejez. «Soy la madre de los muertos. De los que matan, madre», dice Carmen en la Súplica. De nuevo la evocación de la Eva que vio a sus hijos morir y matar. El poema anterior a éste, o sea el primero del Canto V, titulado «Meditando la mujer ahora», incluye un tema muy parecido. En él hay una visión alucinante que evoca violencia, profunda tristeza y finalmente la muerte. La mujer dentro de la cual algo muere al ver morir a sus hijos.[3] Tenemos que recordar que Carmen Conde aún tenía muy frescas las memorias de la Guerra Civil, cuando tantas madres vieron a sus hijos matarse entre sí. Sólo con esto en mente podemos explicar los versos siguientes: «Los seres que mataron, hechos carne podrida, / oscuros de metralla, reventando en niebla.» Y también poco después: «¡Oh qué triste me siento la juventud en rezago, / al mirar a esos hombres que murieron conmigo!»

Las últimas estrofas de este primer poema son una meditación sobre la muerte y el deseo de la vida eterna. Hay una doble visión, por un lado está la tierra y por otro el deseo de la autora de ponerse en un plano más elevado desde el cual se pueda ver lo que está ocurriendo abajo. El primer verso ya establece estos planos a los que nos referimos: «Desde arriba, tan alto, ¿cómo podré ser vista?» Podríamos decir que así como varias de sus poesías nos hacen recordar la angustia que reflejan algunos cuadros surrealistas de Picasso, aquí, Carmen nos hace recordar, pero con verso muy contemporáneo nuestro, la visión de los planos terrestre y celestial que pintó El Greco en su *Entierro del Conde de Orgaz*.

Volviendo al último poema que nos sirve de punto de referencia, en la novena estrofa de nuevo vemos la imagen de «la espada». Imagen que se repite en otros poemas de esta obra. Aquí se encuentra en los versos siguientes: «... Hunde toda la espada de la llama que me echó del Edén.» En el primer poema del Canto I ya se menciona esta espada como el símbolo de la expulsión. Aquí es evidente que ésta es una imagen muy bíblica, como podemos leer en el versículo 24 del capítulo tres del Génesis: «Echó pues, fuera al hombre y puso al oriente del huerto de Edén querubines y una espada encendida que se revolvía a todos lados, para guardar el camino del árbol de la vida.»

El segundo poema de este Canto I empieza con: «Una espada encendida...», y esta imagen de la espada encendida de los ángeles, este fuego expulsador y vengador se encontrará a través de toda la obra. Por excepción, en este poema es en el único donde el hombre habla y aquí la espada se convierte en metáfora sexual. Todo el poema rebosa de alusiones sexuales y está lleno de sensualidad, y para ver la relación entre espada, fuego o lumbre y procreación, citamos:

*¡Desnudo me encontré*
*con fruto de tu sed sobre mi carne!*
*una espada hay ahora, ¡una lumbre!*
*que no nos deja ir... ¿por qué no ardía*
*antes que tu voz junto al manzano?*
*Me busca y te busco; el hambre tuya*
*es hambre de ti en mí. Yo te deseo.*
*........................ Hueles a hembra*
*y yo quien te fecunda, prolóngote.*

Esta espada llameante será pues símbolo de expulsión o rechazo de parte de Dios, del amor, del sexo, de la procreación y, finalmente, de la muerte. Mas, si lo tomamos en su conjunto, podríamos decir que en un plano mucho más metafísico, esta espada de lumbre es la tragedia de la mujer de carne y hueso a la que canta Carmen Conde a través de los poemas que se encuentran en estos cinco cantos.

Antes de terminar tenemos que comentar lo que quizá sea el punto más importante en este drama de la mujer eterna que esta obra expresa con una fuerza vital.

«¿Por qué no me perdonas?» Es una pregunta que se hace varias veces no sólo en este último poema, sino a través de la obra. Lógicamente, pues, nos tenemos que preguntar: ¿qué ha hecho la mujer que Dios no la puede perdonar? Parece convincente que la respuesta se halla en unos versos del poema «Respuesta de la mujer» en el Canto I. Parece que descubre la mujer que la condición estática del jardín se rompió y se ve reemplazada con una condición «kinética», condición que parece reflejar mejor una de las esencias del Creador. La ironía es la mujer débil como ella misma le confiesa a Dios: «...la más débil, la que dentro del sueño Tú infundiste...». Débil sí, pero que ya tuvo que estar «luchando con la selva y con las furias».

Esta criatura débil, sin embargo, parece haber descubierto el secreto de Dios:

*Descifro tu secreto, y lo prolongo...*
*¡Tendrás hombres; de hombres océanos,*
*que mi cuerpo querrá brotarle al mundo!*

Se quiere hacer co-conspiradora con Dios en esta eterna faena de una creación siempre dinámica y creciente:[4]

*Por el abismo seco que ya es nuestro refugio,*
*llevo con nosotros tus simientes.*
*Y hombres te daré prietos de jugo*
*para el bien y el mal que me enseñó la bestia.*

El pecado de Prometeo fue robar el fuego divino, el de la mujer de Carmen Conde es el haberle quitado a Dios algo de su poder creador. Sus versos están preñados de dolor y de angustia, son una queja y al mismo tiempo se nota una rebeldía contra lo que siente la mujer ser una injusticia divina. No hay que olvidar que estos versos rebeldes también acusan a la sociedad que por milenios ha tratado muy mal a la mujer.

*Mujer sin Edén* nos ofrece una visión poética de la condición de la mujer que va a las raíces mismas de su realidad histórica. Su verso contiene unas imágenes poéticas de una fuerza indiscutible. Leopoldo de Luis nos dice: «Creo que... puede decirse sin hipérbole que Carmen Conde es la mejor poetisa de la lengua castellana...»[5] Éste es un poema de la mujer que se afirma ante la historia y la sociedad; y, lo que es más importante, se afirma ante sí misma. Ésta es la afirmación que la lleva a una superación.

Quizá sea este «no perdón de Dios» el que produzca la tragedia en la mujer, ya que esta actitud de parte del Creador se convierte en la fuerza interferente entre este acto de afirmación y la superación que esta mujer necesita.

Enrique Martínez-Vidal<br>Dickinson College

## APÉNDICE 1

## SÚPLICA FINAL DE LA MUJER

Carmen Conde, *Obra poética* (Madrid: Biblioteca Nueva, 1967).

Señor, ¿Tú no perdonas? Si perdonara tu olvido
ya no pariría tantos hombres con odio,
ni seguiría arando cada día más estrechas
las sendas de los trigos entre zanjas de sangre.
La fuente de mi parto no se restaña nunca.
Yo llevo las entrañas por raíces de siglos,
y ellos me las cogen, las hunden, las levantan
para tirarlas siempre a las fosas del llanto.

Señor, mi Dios, un día creí que Tú eras mío
porque bajaste a mí alumbrando mi carne
con el alma que allá, al sacarme del hombre,
metiste entre mis huesos con tu soplo de aurora.

Mas, ¿no perdonas Tú? Y no es gozo el que tuve
después del gozo inmenso en el Jardín robado.
Me sigues en la tierra, retorciendo mis pechos
con labios de criaturas, con dientes demoníacos.
No hay lecho que me guarde, ¡ni de tierra siquiera!
Los muertos me sepultan, y obligada a vivir
aparto sus plomadas y vuelvo a dar la vida.

¡Oh tu castigo eterno, tu maldición perenne:
brotar y aniquilarme lo que brotó a la fuerza,
porque un día yo quise que el hombre por Ti hecho
repitiera en mi cuerpo su estatua, tu Figura!

¿Sembrando he de seguir, pariéndote más hombres
para que todos maten y escupan mis entrañas

que cubren con el mundo los cielos, tus estrellas,
y hasta el manto de brisas con que tú paseabas
por tu Jardín soñado, cuando yo era suya?

¿Por qué me visitaste, Señor? ¿Por qué tu Espíritu
entróse a mi angostura dejándome tu Hijo?
¿Por qué te lo llevaste a aquella horrible cueva
que el odio de los hombres le abriera como tumba?
¡Oh! ¿No perdonas, Dios? Pues sigue tu mirada
teniéndome presente: joven, bella e impía
delante de tus árboles, que yo ya ni recuerdo...

Pues soy vieja, Señor. ¿No escuchas cuánto lloro
cuando el hombre, dormido, me vuelca su simiente
porque Tú se lo ordenas sin piedad de mi duelo?
¿No ves mi carne seca, mi vientre desgarrado;
no escuchas que te llamo por bocas estalladas,
por los abiertos pechos de niños, de mujeres?...
¡En nada te ofendieron, sino en nacer!
Soy yo la que Tú olvidas, y a ellos los devastas;
me obligas a que siga el lúbrico mandato
de aquella bestia horrible nacida en contra mía.

Yo nunca fui dichosa con la bestia maldita
y siempre soñé entre tus árboles cándidos.
Con tus coros de cisnes, de almendrales floridos,
y aquel olor de lirios derramándose.
Tan vieja..., tan cansada... Espuelas que me rajan
son las piernas del hombre. Líbrame de ese yugo.
No puedo amarle más ni enterrarle. No cabe
ni yacente ni vivo sobre la tierra negra.
Porque Tú perdonarás, porque al fin olvidarás.
¿Quién si Tú eres Todo, de no ser Tú podría
darte un Paraíso por el perdón que te pido?

Tan vieja soy y labro. Tan vieja y cubro muertos.
No estéril porque quieres que sufra mi delirio
de un solo día hermoso del que guardo el aroma.
Ni Tú, Señor, lo olvidas. Que por ello me quejo.

Soy madre de los muertos. De los que matan, madre.
Madre de Ti seré si acabas conmigo.
Vuélveme ya de polvo. Duérmeme. Hunde toda
la espada de la llama que me echó del Edén,
abrasándome el cuerpo que te pide descanso.
¡Haz conmigo una fosa, una sola, la última,
donde quepamos todos los que aquí te clamamos!

## APÉNDICE 2

## SÚPLICA FINAL DE LA MUJER

Carmen Conde, *Mujer sin Edén*, Madrid, 1947.

Tan vieja soy y labro. Tan vieja y cubro muertos.
No estéril porque quieres que sufra mi delirio
de un solo día hermoso del que guardo el aroma.
Ni Tú, Señor, lo olvidas. Que por ello me quejo.

Soy madre de los muertos. De los que matan, madre.
Madre de Ti seré si acabas conmigo.
Vuélveme ya de polvo. Duérmeme. Hunde toda
la espada de la llama que me echó del Edén,
abrasándome el cuerpo que te pide descanso.
¡Haz conmigo una fosa, una sola, la última,
donde quepamos todos los que aquí te clamamos!

Yo nunca fui dichosa con la bestia maldita
y siempre te soñé entre tus árboles cándidos.
Con tus coros de cisnes, de almendrales floridos,
y aquel olor de lirios derramándose.

Tan vieja..., tan cansada... Espuelas que me rajan
son las piernas del hombre. Líbrame de ese yugo.
No puedo amarle más ni enterrarle. No cabe
ni yacente ni vivo sobre la tierra negra.
Porque Tú perdonarás, porque al fin olvidarás.
¿Quién si Tú eres Todo, de no ser Tú podría
darte un Paraíso por el perdón que te pido?

1. Carmen Conde, *Obra poética* (Madrid: Biblioteca Nueva, 1967). Todas las citas de este trabajo de «Mujer sin Edén» son de esta edición.
1. Concha Zardoya, *Poesía española del siglo XX*, vol. 4 (Madrid: Gredos, 1974), p. 35.
2. Victor Hugo, *La légende des siècles*, tome I (Paris: Ollendorff, 1906), pp. 32-33.
3. George H. Engeman, J., «Carmen Conde: La pasión del verbo», *Kentucky Foreign Language Quarterly*, 13 (1966), p. 19. Este autor hace el siguiente comentario sobre un aspecto biográfico que inspiró la poesía de Carmen Conde: «Carmen Conde has been driven to a fury of creation by the specters of pain and death which she has seen...»
4. Susan U. Cabello, *The Poetic World of Carmen Conde* (dissertation University of Arizona, 1978. Ann Arbor: UMI, 1983), p. 344.
5. Leopoldo de Luis, *Carmen Conde* (Madrid: Ministerio de Cultura, 1982), p. 27.

## LA ESCRITORA A TRAVÉS DE SU OBRA:

*Mis libros, Balún Canán, Poesía no eres tú*

Refiriéndose a Nellie Campobello, Emmanuel Carballo asevera que «En contados casos como el suyo es válido el viejo apotegma: "El estilo es el hombre"».[1] La obra poética y narrativa de la escritora mexicana, reunida casi entera en un volumen titulado *Mis libros*, publicado en 1960, «está hecha con la sustancia de su propia vida», sigue diciendo el mismo crítico.

El nombre de Nellie Campobello figura en general entre los novelistas de la Revolución Mexicana y su fecha de nacimiento se sitúa entre 1909 y 1913, en Villa Ocampo, estado de Durango. «Mujer de rara personalidad. Cuanto hace lo hace a su manera»,[2] dice de ella Martín Luis Guzmán, Nellie Ernestina Francisca, hija de un general villista que murió en la batalla de Ojinaga en 1914, tiene la particularidad de haber combinado simultáneamente desde muy joven dos carreras con las que tuvo fama y éxito. Como bailarina profesional se dedicó a estudiar y conservar las danzas indígenas de México y a representarlas en toda la república. Como autora reveló ser, antes de los dieciocho años, una poetisa original de gran sensibilidad y una novelista cuyo talento la ha colocado al lado de escritores del calibre de Mariano Azuela, Luis Martín Guzmán y Rafael F. Muñoz, con quien se le suele comparar.

El tono muy original de todos sus escritos transparece en su primera obra, publicada en 1928, *Yo, por Francisca*. En esta colección de quince poemas la joven se retrata a sí misma. El mejor ejemplo de autorretrato es sin duda el poema «Yo»:

> *Dicen que soy brusca*
> *que no sé lo que digo*
> *porque vine de allá.*
> *Ellos dicen*
> *que de la montaña oscura*

> *Yo sé que vine*
> *de una claridad*
> *Brusca porque miro de frente;*
> *brusca porque soy fuerte.*
> *Que soy montaraz...*
> *¡Cuántas cosas dicen porque vine de allá.*
> *de un rincón oscuro de la montaña!*
> *Más yo sé que vine*
> *de una claridad.*[3]

Esa manera directa de hablar y de ser es probablemente lo que más caracteriza a Nellie Campobello, tanto en su poesía y narrativa como en su vida personal. Así se definió en una entrevista periodística, en 1958: «Soy una parlanchina que, a veces, se pone seria. Soy tan verdadera que cuando hablo la gente dice que cuento mentiras.»[4] En su prólogo a *Mis libros* reconoce haber sido una niña bastante feliz a pesar de que creció en medio de la tormenta revolucionaria que, como se sabe, convirtió todo el norte, donde ella vivía, en un verdadero campo de batalla. De ahí la dualidad de sentimientos expresada en el poema «Alegría»:

> *Iba cantando*
> *por toda la casa,*
> *como un pájaro*
> *sin jaula.*
> *Así vivía mi libertad.*
> *¿Y cuántas veces*
> *abrazando mi alegría*
> *tenía que llorar?*[5]

En toda la obra de Nellie Campobello sobresale un anhelo de libertad. Afirmó siempre amarla más que a las olas del mar y mucho más que al amor. Como consecuencia, nunca dejó de exponer sus verdades al denunciar la simulación, la injusticia, el despojo y la calumnia. En unos de sus primeros versos, compuestos cuando todavía era sólo una adolescente, expresó esa misma reflexión melancólica vuelta a ser escrita unos treinta años más tarde en el prólogo antes citado: «Yo quería tener alas, verdaderas alas de cóndor: irme. Creo que muchas almas de mexicanos también han querido alguna vez tener alas.»[6] En el poema de su juventud, «Imaginación», decía:

> *Soy una mariposa.*
> *Me gusta volar*
> *y acercarme*
> *al corazón de las rosas,*

> *y sentir en mis alas
> abiertas
> jardines de libertad.*[7]

El amor hacia la naturaleza y en particular el campo norteño, «su casa», como lo llama, es otro tema que la poetisa desarrolla en unos versos a menudo llenos de nostalgia. En su segunda colección, «Abra la roca», tiene como dedicatoria a una de sus más largas poesías, «A mi tierra». En ella se dirige al Río Florido, así se titula el poema, como si se tratara de un ser humano querido: «Quisiera besar tu cara / para decirte otra vez: / "Mira hacia mí, padre río, / mírame, que soy tu niña."»[8] Contiene unas estrofas verdaderamente autobiográficas donde la poetisa nos habla de su familia, los señores Luna, fundadores hace tres siglos de Villa Ocampo.

Particularmente autobiográficos también son estos dos poemas de la misma colección, «Ella», dedicado a mamá, y «Estadios» a mi patria. En el primero se perciben ecos muy cercanos de su corta novela *Las manos de mamá*. Son unos versos de amor y de admiración a la vez que una descripción de la madre de la escritora a quien tanto se parece ella: «Era su paso una danza / toda compuesta de ritmo.» El segundo comienza con una nota muy personal y a la vez muy nacionalista:

> *Mi danza, erguida en los estadios,
> sigue el ritmo majestuoso de los valses mexicanos.
> Antorchas y banderas, arcos de triunfo
> ha llevado mi danza en su ruta y en su forma
> por mi alma y en el alma de mi raza.*[9]

Está escrito en primera persona y recuerda las experiencias de Nellie la bailarina como intérprete de danzas indígenas en todo el país. Ella misma aparece en muchas de las estrofas evocando sus emociones sobre la tela de fondo de los pueblos y paisajes mexicanos que tanto ama:

> *Chiapas, carta de cerros enmarañados
> de árboles y peñascos,
> en tu cumbre yo dancé
> entre yerbas y guijarros.
> La voz del pueblo se oía
> en el ritmo de mis pasos.*[10]

Acaba el poema con un toque muy sentimental en el que ella humildemente se postra ante su tierra y se deja dominar por ella. Según su propia definición, Nellie Campobello es un ser de naturaleza romántica. El tema fundamental de la mayoría de los poemas que constituyen «Abra la roca» es el amor en todos sus aspectos: romántico, filial, materno, entre amigos, hasta hacia el mar, el viento y su casa. Más de una vez los sentimientos expresados son causados por el desamor entre ella y su amado y la poetisa expresa por ejemplo en «Y el silencio» su estado de ánimo desconsolado:

> *Y sé que mueren las partículas*
> *de que se forma el amor.*
> *¿Morir? No es nada,*
> *horrible es continuar fiel al segundo*
> *en que el dolor hizo presa*
> *a nuestra crédula y frágil conciencia.*
> *Pero lo increíble es seguir, seguir,*
> *sobre el esqueleto de una hoguera*
> *sin aplastar las cenizas...* [11]

La colección termina con «Fieras y nieve», en el cual la poetisa se dirige a sí misma recordando los sufrimientos de la Revolución, especialmente para los niños inocentes.

Si Nellie Campobello es mejor conocida y más nombrada como novelista de la Revolución que como poeta, cabe mencionar aquí que su primer libro de poesía, *Yo, por Francisca*, publicado, como se ha mencionado, en 1929, tiene el mérito de ser uno de los primeros y pocos escritos por una mujer en México a principios de siglo, antes de que se dieran a conocer las poetisas más famosas de la generación del dieciocho: Margarita Michelena, Emma Godoy y Guadalupe Amor. Es también gracias a estas primeras poesías que Nellie Campobello conoció a Federico García Lorca en el año treinta, en La Habana, donde ella y su hermanita Gloria, a quien está dedicado el libro, se encontraban en compañía del periodista y crítico José Antonio Fernández de Castro. Así nos cuenta ella el encuentro:

> José Antonio le enseñó mi libro de versos, y el gran poeta fue a nuestra casa para verme: mi persona le había inspirado gran curiosidad. Cuando él y José Antonio llegaron, yo estaba asomada a un barandal altísimo. Contesté —desde donde yo miraba— el tímido y cortés saludo de Federico y el de José Antonio, que reía como un niño— Pude ver a Federico sin apartar mi mirada de la de él. Sus cejas eran, o me lo parecieron, enormes, su cara ancha, sus ojos de moro, bellísima su frente; su boca translucía signos amargos de tragedia constante.[12]

Como se puede ver, también en la siguiente opinión del famoso especialista de la literatura de la Revolución Mexicana, Ernest R. Moore, publicada en *Mexican Life* en 1941, el talento original de la joven escritora le valió muy temprano merecido reconocimiento fuera de México:

> When she was sixteen she published in Mexico City a book of verse called «Yo por Francisca» which immediately revealed her marked individuality as a writer, untutored artistry of expression, freshness and originality in image, and naturalness of language. These qualities she retained and accentuated in her two books of prose.[13]

Se trata, naturalmente, de sus dos novelas *Cartucho* y *Las manos de mamá*. Aunque fueron publicadas por primera vez en 1931 y 1937, respectivamente, se nos presentan como escritas por una niña, la pequeña Nellie, testigo por muchos años de la lucha tan heroica como cruel que la Revolución desató en su querida tierra norteña más que en ninguna otra parte del país. Este mundo de violencia lo mira ella, dice Antonio Castro Leal en su introducción a *La Novela de la Revolución Mexicana*, con «tranquila curiosidad, con un interés sin angustia y compasión, con esa frialdad tan natural en los jóvenes y los niños».[14]

Los recuerdos de niñez, de los cuales la escritora nos habla en *Cartucho*, son en realidad «un conjunto de estampas, de pequeños cuadros en los que los personajes y las cosas aparecen sorprendidos por una mirada de calcetines cortos y blancos».[15] A menudo los relatos son escenas que tienen lugar en la casa de la pequeña o cerca de ella, como éste titulado «El coronel Bustillos»:

> Bustillos había nacido en San Pablo de Balleza. Siempre que venía a Parral traía con él dos o tres amigos y llegaban a la casa a ver a mamá. Platicaban de la revolución. Al coronel Bustillos le encantaba ver como mamá se ponía enojada cuando decían la menor cosa acerca de Villa.[16]

Uno de los personajes que la escritora tiene más interés en hacer revivir para nosotros en esas memorias suyas es, sin duda, el general Pancho Villa. En una entrevista con Emmanuel Carballo explicó, hablando de *Cartucho* y de su subtítulo, «Relatos de la lucha en el norte de México»:

> Lo escribí para vengar una injuria. Las novelas que por entonces se escribían y que narran hechos guerreros, están repletas de mentiras contra los hombres de la Revolución, principalmente contra Francisco Villa. Escribí en este libro lo que me consta del villismo, no lo que me han contado[17].

La lealtad y la admiración de Nellie Campobello por el general, amigo de la familia, dominan muchos de los cincuenta y seis cuadros de *Cartucho*. Parece que representaba para la niña el padre que le faltaba. A menudo nos cuenta anécdotas que demuestran la ternura de Villa con sus muchachos y su preocupación por los de abajo. Dado también el amor tan profundo de la escritora por su madre y la personalidad excepcional de esta joven viuda villista capaz de cualquier hazaña por sus hijos, era de esperar que su presencia llenara varias estampas de la novela como ésta de «El general Rueda», en la cual se dibuja por otra parte el carácter ya luchador y valiente de la hija:

> Hombre alto, tenía bigotes güeros, hablaba muy fuerte. Había entrado con diez hombres en la casa, insultaba a mamá y le decía: «¿Diga que no es de la confianza de Villa? ¿Diga que no? Aquí hay armas. Si no nos las da junto con el dinero y el parque le quemo la casa». Hablaba paseándose en frente de ella... Me rebelé y me puse junto a ella pero él me dio un empellón y me caí. Mamá no lloraba, dijo que no le tocaran a sus hijos, que hicieran lo que quisieran... El hombre aquel, güero, se me quedó grabado para toda la vida.
> Dos años más tarde nos fuimos a vivir a Chihuahua, lo vi subiendo los escalones del Palacio Federal... Ese día todo me salió mal, no pude estudiar, me pasé pensando en ser hombre, tener mi pistola y pegarle cien tiros.[18]

Este episodio anuncia lo que será su segunda novela, *Las manos de mamá*, consagrada enteramente a la memoria de su madre Rafaela, que fue la fuerza dominante en la vida de la autora, a pesar, o posible a causa de su muerte prematura. «La quise tanto», confesó en una entrevista, «que no he tenido tiempo de dedicarme al amor. Claro que he tenido pretendientes, pero estoy muy ocupada con mis recuerdos.»[19] Una gran parte de esos recuerdos figuran en *Las manos de mamá*, libro compuesto también de cuadros en los cuales la escritora comparte con nosotros aún más que antes en *Cartucho* datos autobiográficos. Explica por ejemplo la influencia que tuvo en su vida su abuelo materno, a quien reconoce deber su amor a la naturaleza, su pasión por la libertad y muchos aspectos de su personalidad.

Una de las estampas más conmovedoras y con más impacto de la novela es la que relata cómo la madre, que se había vuelto a casar con un médico de Boston, el doctor Campbell, se dejó morir de pena a los treinta y ocho años después de la muerte repentina de su último hijo, un angelote rubio de ojos azules, alegría y felicidad de toda la familia. Es posible que en las últimas líneas del cuadro sea donde mejor se nos revela el alma de la verdadera

Nellie Campobello, hija desconsolada, que logra sin embargo justificar el deseo de la madre de no querer sobrevivir a uno de sus hijos, abandonando a los demás.

En 1940, escribió dos libros más, *Ritmos indígenas de México* y *Apuntes sobre la vida militar de Francisco Villa*. No son novelas, sino obras de naturaleza más técnica. Una, escrita con su hermana Gloria, es el fruto de su labor sobre la danza y la otra de sus investigaciones históricas sobre el general norteño.

Nellie Campobello no sólo queda en la historia de la literatura mexicana como precursora por haber sido la primera novelista en tratar el tema de la Revolución, sino también, y sobre todo, en presentarlo desde el punto de vista autobiográfico de una niña de unos siete años. Como mujer y como escritora, así la juzga Emmanuel Carballo: «Apegada a las estrictas normas de la autenticidad y la generosidad..., es excepcional y prodigiosa.»[20] Helia d'Acosta comentaría que su obra «es fecunda y muestra un profundo amor a México, a la verdad y a la justicia».[21]

Se dice que la literatura de la Revolución cambió radicalmente las letras mexicanas. Obviamente su aparición significa una independencia de la influencia extranjera, que si bien había comenzado con el modernismo, se confirmó plenamente con el nacimiento de esta narrativa popular. Hay un lapso de tiempo antes de la aparición y apogeo de la nueva ola literaria de los años sesenta, cuando la influencia de la novelística revolucionaria engendra obras entre las cuales se distingue una novela como *Balún Canán*, cuya autora, Rosario Castellanos, pertenece a la generación que sigue inmediatamente a la de Nellie Campobello. Nacida en 1925, unos quince años después, presenta con ella, a mi parecer, interesantes semejanzas personales y literarias.

Rosario Castellanos empieza también a escribir versos en la adolescencia y así define su primer poema, publicado en 1948, *Trayectoria del polvo*: «Es una especie de resumen de mis conocimientos sobre la vida, sobre mí misma...»[22] En su reciente estudio sobre la poetisa, «The search for a voice», Frank Dauster afirma: «...not all readers are aware of the extent to which her poetry was influenced throught her life by autobiographical factors, even though Castellanos denied it...»[23] Ya en varios de los primeros poemas de su tercera colección, *La vigilia estéril*, uno se da cuenta de que Rosario Castellanos quiere que el lector se entere de algunas reminiscencias de su infancia. En «La casa vacía», declara:

> Yo recuerdo una casa que he dejado.
> Ahora está vacía.
> Aquí donde su pie marca la huella,

*En este corredor profundo y apagado
crecía una muchacha, levantaba
su cuerpo de ciprés esbelto y triste».*[24]

En «Dos poemas», no sólo nos habla de su enemiga la soledad, sino que insiste en describírnosla:

*Estoy sola: rodeada de paredes
y puertas clausuradas;
sola para partir el pan sobre la mesa,
sola en la hora de encender las lámparas,
sola para decir la oración de la noche
y para recibir la visita del diablo.*[25]

Siguiendo con su obvia intención de desahogo autobiográfico, Rosario reconoce a propósito de una de sus más famosas y más tempranas composiciones, «Lamentación de Dido»:

En este poema quise rescatar una experiencia, pero no me atreví a expresarla sino al través de una imagen dada en lo eterno, en la tradición: la imagen de Dido. La desgracia amorosa, el abandono, la soledad después del amor, me parecieron tan válidos y absolutos en Dido que los aproveché para expresar referidos a mí, esos mismos sentimientos.[26]

El tema repetido del desamor, el de la desilusión desde lo personal a lo colectivo son los que, como Nellie Campobello, van dando a su poesía un tono cada vez más íntimo, más confesional: «He escrito mis poemas de amor con cenizas»,[27] confesará trayendo con esta imagen ecos de los últimos versos de «Y el silencio» de la escritora norteña. Parecido también en las dos poetisas fue un común deseo de retratarse a sí mismas en poemas cuyos títulos indican plenamente su contenido autobiográfico, el «Yo» de Campobello y el muy conocido «Autorretrato» de Castellanos.

Aunque totalmente diferente en su intención, la obra de las dos escritoras refleja a menudo la presencia de la madre, positiva en una, negativa en otra. La infancia de ambas fue marcada trágicamente por la muerte súbita de un hermano pequeño que causó indirectamente, pero indudablemente, cambios radicales en su vida, a la vez que tuvo una definitiva influencia en la decisión de las dos de escribir sus primeras novelas. En el caso de Rosario Castellanos, *Balún Canán*. Cómo la de Nellie Campobello, está escrita en su mayoría en primera persona, por una niña de unos siete años. No hay duda de que en ella la novelista puso muchos de los recuerdos de su infancia, que contaba a su amigo Emilio Carballido, cuando éste le aconsejó escribir con ellos una novela.

La narración ofrece interesantes parecidos con *Las manos de mamá*, debido a que por una parte ambas obras se presentan en forma de estampas y por otra fueron las dos muy influidas por la poesía de su respectiva autora. Escuchemos sobre esto la contestación de Rosario Castellanos a la pregunta que le hizo Emmanuel Carballo sobre la influencia de su poesía en su prosa:

> Este influjo se nota fácilmente en *Balún Canán*, sobre todo en la primera parte. En forma estricta esta obra no puede considerarse prosa: está llena de imágenes, en momentos las frases se ajustan a cierta musicalidad. La acción avanza muy poco. Se le podría juzgar como una serie de estampas aisladas en apariencia pero que funcionan en conjunto... [28]

Comparémoslo con una de las más conocidas críticas del segundo libro en prosa de Nellie Campobello, la de Martín Luis Guzmán, sobre el aspecto poético de la novela:

> *Las manos de Mamá* es un poema... escrito en prosa, es decir en palabras de sílabas no contadas y de acentos no medidos, pero que, aparte estas circunstancias exteriores son palabras de lenguaje característicamente poético por su eficacia estética y conmovedora. En todo momento la forma traduce el fondo con la manera peculiar de la poesía.[29]

Las pequeñas protagonistas tienen muchas características comunes. Por ejemplo, en su actitud hacia los desheredados, los indios o en su reacción contra las instituciones religiosas al negarse categóricamente a hacer la primera comunión.

Julia Hernández justifica el hecho de incluir en su libro a Rosario Castellanos entre los novelistas y cuentistas de la Revolución basándose en que *Balún Canán* es:

> Indiscutiblemente obra de denuncia no sólo de las cuestiones agrarias y del maltrato al indio; sino del dolor femenino, oculto y callado, por razones de raza y de sexo... Aporta a las letras castellanas las modalidades de forma y pensamiento indígenas con un auténtico valor de originalidad.[30]

Este último punto subraya el aspecto indigenista de la novela. Al ser con ella la primera mujer en pertenecer al llamado Ciclo de Chiapas cuyos nuevos escritores escogen como tema un punto de partida diferente en su presentación del indio, Rosario Castellanos nos queda también como precursora.

En conclusión, estas dos grandes escritoras mexicanas son cada una a su manera iniciadoras de una modalidad literaria. Mientras Nellie Campobello es la primera en enfocar el tema de la Revolución desde el punto de vista de una niña, Rosario Castellanos es la primera mujer en darnos un nuevo tipo de novela indigenista vista también a través de los ojos de una niña de siete años. A pesar de pertenecer a diferentes generaciones, la obra de ambas, sean poesías autobiográficas, sean autobiografías noveladas, representa en la literatura contemporánea a la vez que un reflejo personal, histórico y social, una nueva corriente creadora, cuya mera existencia sigue enriqueciendo las letras hispanoamericanas.

MICHÈLE MUNCY
Rutgers University-Camden

1. Emmanuel Carballo, *Diecinueve protagonistas de la literatura mexicana del siglo XX* (México: Emp. Editoriales, 1965), p. 327.
2. Nellie Campobello, *Mis libros* (México: Cía. Gral. de Ediciones, 1960), p. 35.
3. *Op. cit.*, p. 251.
4. Emmanuel Carballo, «Nellie Campobello», *México en la cultura*, n.º 483, 6 julio 1958, p. 2.
5. *Mis libros*, p. 249.
6. *Op. cit.*, p. 9.
7. *Op. cit.*, p. 260.
8. *Op. cit.*, p. 272
9. *Op. cit.*, p. 275.
10. *Op. cit.*, p. 277.
11. *Op. cit.*, p. 286.
12. *Op. cit.*, p. 15.
13. Ernest Moore, «Novelist of the Mexican Revolution: Nellie Campobello», *Mexican Life*, vol. XVII, n.º 1, 1 Feb. 1941, pp. 21, 22.
14. Antonio Castro Leal, *La novela de la Revolución Mexicana* (México: Aguilar, 1972), I, p. 26.
15. Juan Uribe Echevarría, *La novela de la revolución mexicana y la novela hispanoamericana actual* (Santiago: Univ. de Chile, 1936), p. 61.
16. *Mis libros*, p. 59.
17. *Diecinueve protagonistas*, p. 336.
18. *Mis libros*, p. 97.
19. *Diecinueve protagonistas*, p. 330.
20. *Op. cit.*, p. 338.
21. Helia d'Acosta, *Veinte mujeres* (México: Octavio Colmenares, 1971), p. 49.
22. *Diecinueve protagonistas*, p. 412.
23. Frank Dauster, *The Double Strand: Five Contemporary Mexican Poets* (Lexington: The Univ. Press of Kentucky, 1987), p. 135.
24. Rosario Castellanos, *Poesía no eres tú* (México: Fondo de Cultura Económica, 1975), p. 51.
25. *Op. cit.*, p. 54.
26. *Diecinueve protagonistas*, p. 416.
27. Idem.
28. Emmanuel Carballo, «Rosario Castellanos. La historia de sus libros contada por ella misma», *La Cultura en México*, n.º 44, 19 diciembre 1962, p. II.
29. *Mis libros*, p. 36.
30. Julia Hernández, *Novelistas y cuentistas de la revolución* (México: Unidad Mexicana de Escritores, 1960), p. 132.

## TRADICION MARINA Y MODERNIDAD EROTICA EN LA POESIA DE MERCEDES ESCOLANO

En 1985 apareció una antología de la joven poesía española escrita por mujeres, *Las diosas blancas*, la cual ha tenido un éxito editorial sin precedentes. Se trata por lo tanto de un fenómeno culturalmente atrayente, ya que la poesía en general recibe poca atención de críticos y público. Frente al grupo reducido de poetas ya consagradas como Carmen Conde, Rosa Chacel, Ernestina de Champourcin, Concha Zardoya, María Victoria Atienza y Ana María Fagundo, todas ellas enmarcables en el período de posguerra, a primera vista, lo que destaca entre las nuevas poetas postfranquistas es su prolijo número. Por ello, habría que preguntarse si la cualidad del fenómeno es equiparable a la cantidad, enigma que el tiempo dilucidará.

Otro de los rasgos que se destacarían en esta antología de escritoras nacidas a partir de 1950 y que publican sus primeros libros en la década de los 80, es su afinidad con la temática erótica. Esta se afirma con un lenguaje renovado y con una nueva conciencia de ser escritura femenina frente a la posible subordinación anterior de las poetas de posguerra a un lenguaje y unos temas con ecos tradicionalmente masculinos. Se puede destacar en esta línea erótica a Ana Rossetti, *Indicios vehementes* (1985), Luisa Castro, *Los versos del eunuco* (1986) y Mercedes Escolano, *Felina calma y oleaje* (1987). Aquí quiero singularizar a esta última, cuyos versos de exquisita factura merecen un comentario aparte.

Mercedes Escolano, como muchas de «las diosas blancas», es licenciada en hispánicas. Es ésta una característica que permite a estas poetas exhibir una singular inclinación a la literariedad. Quizás nos hallamos ante un grupo de poetas licenciadas que vendría a sustituir a aquel ya lejano de los poetas profesores del 27. Escolano, gaditana de nacimiento y residencia, entronca geográficamente su obra con una importante tradición poética, la andaluza, y en particular, con la poesía que ha destacado el mar como tema (Alberti, Juan Ramón Jiménez). A pesar de su juventud (23 años), su obra ya considerable (cinco libros) ha cosechado entre otros, el importante premio Luis de Góngora de la Diputación de Córdoba.

El primer libro *Marejada* (1982) no parece tener una unidad definida. Se trata a primera vista, de un volumen adolescente, primerizo. Pero por el título apuntan ya los dos polos por los que se moverá posteriormente su poesía: el flujo y el reflujo del amor y del mar. A éstos se añadirán como complementos los puntos cardinales de la soledad y la muerte. El mar que se proyectará como protéico y andrógino amante en otros libros, esconde en susurro la tradicional imagen de sepultura como la del poema «Fondo». La voz poética aislada e imantada por el «me pide que vaya /a reír [sic] con su espuma» termina por afirmar: «Sí, pronto me iré con la espuma» (26).

Por este libro despuntan el erotismo y el lenguaje que audazmente afirma la pulsión femenina. En «Poemas de noche», junto a las imágenes surrealistas de corte lorquiano, el lenguaje celebra la eclosión metafórica del cuerpo de la mujer: «el estertor de los labios» (13). El cuerpo femenino se define sin recurrir a la correspondencia tradicional del amante masculino, ya que éste se diluye tras su «infinito rostro (...) su ausencia de ola» (13). El lenguaje celebra pues la plenitud, el triunfo del cuerpo femenino que afirma su indiscutible identidad:

> *Ahora ya sé: que voy hacia el escándalo*
> *Lo saben mis manos y mi sexo,*
> *mi boca,*
> *la curva apenas en la cintura, mis*
> *pies extensísimos. (11)*

«La mujer rota» anuncia la llegada de la pubertad y la menstruación y manifiesta irónicamente la identidad positiva de la sangre:

> *De asfalto se levantan las manos*
> *Chorrea la sangre.*
> *(Que no cunda el pánico, las mujeres y*
> *los niños primero).*
> *Hay que beberse el miedo que brota,*
> *beberse las flores del pecho*
> *surgidas al estallar.*
> *El sexo como una flor de sangre, la sangre*
> *resbalándose por las piernas. (16)*

La inserción en este contexto de afirmación femenina de la intertextualidad irónica «(que no cunda el pánico, las mujeres y / los niños primero)» niega por un lado el falocentrismo y por otro, señala una capacidad temprana para subvertir discursos genéricamente establecidos, algo que dominará en el último libro, *Felina calma y oleaje*. Como señala Héléne Cisoux, esta afirmación del cuerpo no es otra que la de la libre conciencia femenina que se proyecta en la escritura. El erotismo de la escritura deriva de un inconsciente femenino ahormado por impulsos corpóreos, como la sangre y la leche. Se trata pues de afirmar por la escritura el cuerpo, para manifestar lo femenino.

«Write your self. Your body must be heard. Only then will the immense resources of the unconscious spring forth... To write. An act which will not only 'realize' the decensored relation of woman to her sexuality, to her womanly being, giving her access to her native strength; it will give her back her goods, her pleasures, her organs, her immense bodily territories which have been kept under seal» (cit. en Gaule Greene and Coppélia Kahn eds.: 88).

Otro poema aborda los problemas de la representación y de la conciencia e imagen desdobladas del sujeto. «La hora de los espejos» presenta a un yo escindido que busca evitar la fugacidad del tú reflejado ante el espejo: «el perfil enseña ironía / y es falacia el instante o la mirada» (8). El orden simbólico de la conciencia lingüísticamente desgajada produce siempre la misma frustración ante el espejo. Allí aparece la añoranza del estado pre-edípico de lo imaginario estudiado por Lacan; un imposible retorno a la unidad, a la relación diádica con la madre: «Ya ves: ningún rostro queda» (9). Como antídoto, el marco poético aporta la ilusión de superar la fugacidad de la mirada en el espejo y de encerrar esta rotura en el espacio lírico. El nuevo espejo de la palabra poética no retorna a la unidad pero sí encierra en su paradójica negatividad significante estudiada por Kristeva («Poesía y negatividad») la ironía simbólica de su lenguaje: «Día a día se repite la misma trampa. / La hora de la tala decapita sin descanso» (9).

Por ello el marco del poema y su palabra adquieren desde un principio atributos rituales y el sujeto de la enunciación se anuncia como exquisita y exigente sacerdotisa de la palabra. La poesía será pues culto y objetivo supremo, espacio esencial, área donde el subconsciente podrá subvertir la relación genérica del lenguaje. Lo resumen estos versos de *Las bacantes* (1984):

> *si vós me hubieses entonces
> ofrecido la poesía
> habríamosla arrojado contra el suelo
> ahora me agacho
> y recojo. (22)*

Esta veneración por el lenguaje poético entronca a Escolano con la tradición de exigentes logólogos de la poesía andaluza: Góngora, Jiménez y Cernuda.

En sus dos siguientes libros, *Antinomia*, escrito en 1983 pero no publicado hasta 1987 y en la tercera parte de *Las bacantes*. La muerte de Stephano, el motivo del amor y de su complemento marino se verá amplificado por la presencia de la muerte como antítesis constante ejemplificada en el título. El primer poema de *Antinomia*, «La nave sigilosa», anuncia:

> *En la orilla oculta, la palma ardiente
> del desierto mostraba un tatuado
> jeroglífico: la línea tortuosa del amor,
> la órbita elíptica de la muerte, el punto
> exacto donde eclipsan el sol y la luna. (5-6)*

El amor homosexual de Antinoo con el emperador Adriano frustrado por el ardiente rayo del dios Rá se conjuga en el binomio Eros-Thanatos sugerido por el plerisignificativo y oximorónico semantema «eclipse» que enmarca el libro. Por ello evoca Adriano en los últimos versos del volumen,

> *las facciones tantas veces acariciadas
> por quien tanto las amó en vida.
> recordadas aún más bellas en la memoria,
> fuera del tiempo y de lo humano,
> lejos de todo posible eclipse. (11)*

En «La muerte de Stephano» de *Las bacantes* surge el espacio mediterráneo de Argos, la androginia del cuerpo y la metamorfosis erótica con su doblez masculina/femenina, recordando el punto de vista de Aristófanes en *El banquete*. De Stephano se dice que «no habrá un efebo que te bese los labios; / ni un toro que engendre a tus hijos infuturos; —una copa como vagina sagrada / te da a beber la vida—» (43). De esa misma copa pende la muerte, de nuevo antitética a la celebración de Eros: «La estatua de los pechos de mármol / es quien te ofrece la cicuta» (43). Y se maldice al cuerpo en pena que no hallará descanso hasta la llegada del invasor turco y la otomanización de Argos: beberás de este veneno hasta que corra el año de 1387» (46).

Estos dos poemarios se sitúan por lo tanto en los espacios concretos del mundo grecolatino y mediterráneo de la Antigüedad dentro de una tradición esteticista muy en consonancia con el ejemplo culturalista de los poetas del grupo novísimo, en especial, Luis Antonio de Villena, y los ecos del poeta griego Konstantino Kavafis. Se trata pues de un neomodernismo decadentista, un rechazo y escape al discurso tecnológico a través de un lenguaje exageradamente refinado, clasicista y culto. Estos dos libros en unión con *Felina calma y oleaje*, mostrarían algunas afinidades con los rasgos de la poesía de tendencia veneciana (Marcos Ricardo Barnatán, Jaime Siles, Antonio Colinas) y bizantina (Luis Antonio de Villena), elaborados por Manuel Jurado López (86-90).

Se percibe en ellos, especialmente en *Antinomia* y *Felina calma y oleaje*, un sentimiento de superioridad cultural, tendencia ya apuntada por la importancia anteriormente dada a la palabra, pero reforzada por el clasicismo contextual de los poemas. En la primera parte de *Las bacantes*, subtitulada, «las siete artes», se notan también ecos de la tendencia manierista, nominativa, catalogadora e intertextual de los venecianos. Se trata en efecto de una literaturización consciente como declara el exergo a éstos: «Conjunto de siete poemas inspirados en unas pinturas de Salvador Dalí que descubrí en unos platos de porcelana» (15). Luego en *La almadraba* (1986) y en *Felina calma y oleaje*, las citas llegarán a tener tono de protagonismo. También encontramos la heterogeneidad del código amoroso ya esbozada en *Marejada*, ahora enriquecido por la androginia y la homosexualidad. Finalmente pueblan los poemas personajes autosuficientes y desarraigados (náufragos), ciudadanos de la polis mediterránea (Ulises, Penélope), el mito como cita (Pigmalión), o la mitología como contraste irónico.

*Las bacantes* y *Antinomia* son libros de gran exquisitez formal y de marcado mimetismo de escuela, atraídos por las constantes culturalistas de la poesía de los setenta y los ochenta. Por ello, llamar «diosa blanca» a Escolano en alusión a su virginidad poética es tal vez equívoco, ya que al contrario, estos versos muestran oficio poético y exquisito rigor en la construcción y disposición estróficas. Se apoya en la tradición novísima pero ésta no oculta las contribuciones personales de los poemas. En *Las bacantes*, la dificultad imaginista se ve efectivamente reforzada por la falta de puntuación. El repetido uso del imperativo (tú-vosotros) invoca la participación del lector y abre el poema a una producción colectiva, a un diálogo permanente en el eje personaje-lector implícito. En otros poemas de la segunda parte de *Las bacantes*, la iconicidad de los símbolos transforman los textos en experiencias visuales como en la poesía concreta, abriendo aún más los recursos de transgresión artística.

El dialogismo de estos poemas apuntado antes tiene especial significación en el titulado «Poseidon's Dreams», el cual certifica la madurez de la voz de Escolano. En este texto el personaje mitológico se encarna en el cadáver flotante de un ahogado que sueña el poema. El título en inglés se contrasta drásticamente con el marco clásico y vela la clave del texto. Efectivamente, el fin del poema corresponde al momento en el cual se revela la náufraga identidad del dios, es decir en el instante en que la historia o el tiempo lineal extratextual, nuestra lectura, anulan el mito o el tiempo circular del texto, el enigma. Mito y poesía se conjugan. De acuerdo con Emile Benveniste, la confluencia de la historia (3.ª persona de la voz poética) y del discurso (voz en yo del personaje) en el enunciado disemina a su vez al sujeto de la enunciación:

> *cien sirenas le entretienen*
> *le amamantan con pechos salados*
> *—he convertido mi templo en un burdel*
> *en una caracola escucho la marea humana—*
> *lentamente nazca el oleaje —ordena—*
> *floten sus cabellos bailen como medusa*
> *Yo soy un dios*
> *puedo fornicar con todas mis doncellas (27)*

El lenguaje erótico utiliza el contraste de la metáfora o metonimia eufemística vegetal y marina:

> *Ella es una concha tan blanca tan negro*
> *el racimo de uvas de su sexo*
> *par de anémonas sus senos*
> *leche marina tiene Poseidón en los labios (27)*

Por lo tanto, el texto vela el objeto erótico, retarda como lo señala Goytisolo, al igual que en el juego erótico, el orgasmo y se convierte en lugar de goce textual («jouissance» barthiana). De nuevo se enfrenta la vida erótica (acto sexual que inicia el poema) con la muerte que lo cierra: «Cuando despierte / sabrá que no es más que un ahogado» (27). El poema sobrepasa por lo tanto la fuente de emisión de una voz monológica concreta y pasa a ser una constelación de voces y de contextos. Este autor función a lo Foucault se diluye ante la polifonía de la textualidad del discurso amoroso, ya que este es heterogéneo, protéico e inasible. Este poema anuncia claramente la evolución de la poesía de Mercedes Escolano, que como pez en el agua, va a buscar ahora el ritmo elemental del mar, cobrando su voz nuevas tonalidades para ir apartándose de los rasgos miméticos de los novísimos.

*La almadraba* es un libro de pesca, irónicamente en la doblez del simbolismo de su título. Aparecen los poemas enmarcados entre dos citas que se refieren a la pesca de los atunes. Un texto explica la tradición de este oficio en el litoral gaditano, plasmado en los tridentes dibujados en una de las medallas de la ciudad de Cádiz. Otro, es un trozo de *La ilustre fregona* de Cervantes donde el narrador elogia la dureza educativa de la academia de la pesca de los atunes. Dos planos formales limitan interiormente los poemas: el simbólico de la almadraba como red para los amantes y como contraste irónico, el narrativo de la literariedad de los poemas que reescriben la pesca y matanza de los atunes, enmarcadas por las citas prologales y epilogales.

> *Iban al amor y encontraron*
> *la peor de las suertes*
> *el frío desamor de un cuchillo*
> *entrega incondicional.* (14)

La almadraba es eróticamente lugar de encuentro, metáfora para el cuerpo del amante:

> *llega el sueño y me encuentra*
> *prendida a tu cintura*
> *como atún a la red de la almadraba.* (7)

Pero también es antitéticamente dolorosa porque «el sedal (...) parte la carne como el amor y escuece» (10). Esta tendencia a oponer el dolor al placer recuerda al modernismo, mientras que las imágenes de este libro se plagan de frías connotaciones fúnebres con ecos surrealistas lorquianos. Lo fundamental es que el mar cobra un nuevo protagonismo protéico. Se trata de la metáfora que celebra la sensualidad del cuerpo amado: «mi boca rema a su antojo un mar de piel salada» (7). Y en otro poema se lee:

> *a la bajamar deslizo el cuerpo*
> *tan húmedo tu mar*
> *el atún de mi cintura;*
> *nadando a contracorriente*
> *casi se ahoga.* (9)

También aparece el mar como testigo y clave silenciosa de la matanza:

> *nadie sabe sino el mar un mar*
> *que guarda celosamente sus secretos*
> *y arroja a la diáspora. (8)*

O es el «cementerio / lleno de dulce mortaja / de amor entre carne y acero» (13).

Finalmente en *Felina calma y oleaje*[1] como su paradójico título indica, el/la mar conjuga la celebración del juego erótico pero sin cobrar características genéricas. Este Eros andrógino y protéico intercambia, transforma sus atributos sexuales con la cadencia del flujo y el reflujo de las mareas. En el poema reflejado en el título, a veces el/la mar es un deseo/amante al cual «cuando baja del cuerpo la marea (...) a mi amor estiran la piel hacia la orilla» (15). Otras, el/la mar se transforma y recibe el impulso de la líbido: «retorna el maremoto despiadado, / mi cintura incrusta una ola a tu cadera» (15). El/la sujeto/a es polimorfo/a, «Labio de esponja/, perpetua turba de ola posesiva» (15) y antitéticamente mezcla elementos marinos y humanos que huyen de una determinación erótico-genérica precisa: «lícuo abrazar de muslo contracorriente» (15).

Al escoger el mito natural de el/la mar como referencia erótica andrógina (genéricamente es una de las pocas palabras ambiguas en castellano) y evitar por la continua transposición y oposición de los significantes la fijación y definición de su imagen, el lenguaje poético transgrede el orden cultural establecido masculino/femenino, ya que en la enunciación del lenguaje ordinario terminaríamos por optar por uno de los géneros posibles, el/la mar. Aquí se apunta hacia una sexualidad que supere la tradicional dicotomía masculino/femenino en la cual, el segundo término está falocéntricamente determinado por el primero. Se trata pues de un espacio polifónico genéricamente indeterminado por donde campea la ambigüedad de un nuevo discurso erótico plenamente moderno. La poesía desconstruye la tradicional visión de la mar como madre, fuente y fin de la vida para presentarnos un piélago inconcreto, cambiante y transformador, que reúne y exhibe a la vez todos sus atributos, «prostíbulo protéico» como lo llama el poema «Llamada urgente» (21). El/la mar es una «metamorfosis» titula otro poema (26), una perenne ambigüedad paradójica: «esa herida que crece hacia el Sur o hacia el Norte/, cremallera a mi boca incitando y negándole» (26). Judith Kegan Gradiner señala que esta indefinición genérica es característica de la literatura escrita por mujeres, como símbolo de las dificultades sociales de afirmación de lo femenino:

Women writers often draw characters in whom traditionally

male and female attributes of personality form a real and infrangible union. Such deliberate literary androgyny does not reflect authorial confusion about gender identity (...). The problems of female identity presented in women's poetry and prose are rarely difficulties in knowing one's gender; more frequently, they are difficulties in learning how to respond to social rules for what being female means in our culture. (189)

Tras su indefinición, el/la mar a veces se presenta como madre/útero andrógino/cementerio: «La madre mar escondía ese atardecer/ a sus sirenas» (5); y en otro poema leemos:

> *la copa de hembra que es el mar*
> *muestra su vagina suntuosa*
> *de ola sus senos rotundos*
> *desgájanse la leche de los ahogados*
> *mientras uno a uno*
> *a pique*
> *sucumben los barcos*         *(24)*

Aparece como esposo/falo: «La ola / ciñe frívola y recalcitrante, bracea urgentemente / buscando litoral donde insuflar su puño» (11). El juego marino cubre la totalidad de la geografía erótica: la boutade del verano, «un puñado de turbas pasiones» (25); la conquista y posesión del mar como símbolo fálico ante una compañera de ambigua y centáurea identidad:

> *El esposo impone dictadura y la blanca*
> *y tímida centaura asustada prosigue nadando*
> *hacia el colmillo, ofrece yugular caliente, himen*
> *preparado para librar íntima batalla.*     *(8)*

O la mar se presenta como clítoris que «la quilla lengua invade/ carne mar adentro» (14). También es la prostituta del poema «Professional Wave» que «nos lame y burlando se aleja / a colocarse del mar en una esquina» (35). A veces el fondo y el lenguaje marino sirven para enmarcar el símil del ayuntamiento erótico de un marino cuya novia «tiembla como un alga cuando él entre sus remos / la enfila al horizonte sin más brújula / que el cielo encapotado» (30).

A la polifonía de imágenes andróginas habría que añadir la de las intertextualidades. El título de una novela de Marsé, «Ultimas tardes con Teresa» irónicamente desacraliza el mundo de la antigüedad homérica del poema «Ultimas tardes con Penélope». El sacrificio cristiano negado por el poema «El banquete», «tomad y comed, éste es mi cuerpo / tomad y bebed, ésta es mi sangre» (5), presenta a una mar que como madre devoradora ofrecerá en el libro la paradoja de la vida y la muerte. En el poema «En busca del tesoro» que gasta retórica del romancero, se apela a la literatura infantil de *La isla misteriosa* de Robert Louis Stevenson: «En mala hora soltáronse las velas, / ningún atlas traía dibujada esa isla misteriosa» (7). Hay que tener en cuenta que el libro va dedicado a dos personajes infantiles de la televisión, «El Capitán Tan y su novia Valentina» y que otro poema como «Galerna» contiene el exergo de una canción infantil: «habíase una vez un barquito chiquitito / que no sabía navegar» (14). También vemos a la mar de Jorge Manrique que niega irónicamente el espacio del cortejo de un pescador-macho que busca pareja con su caña: «La caña de otros, / sin embargo, va a dar en el mar, que es el morir» (17). Otro poema, «Latitud sur» intertextualiza simétricamente el poema «Quisiera estar en el sur» de Luis Cernuda de *Un río, un amor*. Por ejemplo el verso «en este Sur tan ajeno a las nieves (…) se pierden los ojos» (23) invoca los versos de Cernuda, «En el sur tan distante quiero estar confundido» (84). Otro presenta a un mar literariamente ambiguo, un Marat-Sade de Peter Weir que hay que abrazar «por la garganta / apretando hasta ahogarlo / en su bañera» (25). «El mar de los veranos», recuerda como la estación para enamorarse, una novela de Esther Tusquets, «El mismo mar de todos los veranos» (25). El Moby Dick de Henry Melville, busca novia para que el arpón del ballenero se conjuge con el de Cupido (27). «Rafael, marinero en tierra» entronca la tradición marina del primer libro de Alberti con la evocación de su infancia y despertar a la tradición marina. «A la caza de las ballenas en flor» evoca el tiempo proustiano. Como citas no integradas, encontramos el romancero de «Cantar de la bodas», «la Lola se fue a los puertos» de los Machado, a Joyce en «Retratos de un mar adolescente». Dialogismo pues que refuerza toda la polionía imaginista andrógina y es paralelo a la predilección de los poetas postfranquistas por las alusiones literarias y el énfasis en el marco cultural de los poemas. Desde su aparente inocencia los poemas reordenan y reescriben a través de las citas la tradición erótico-marítima.

No puede faltar la ironía y la parodia que subvierten la tradición sexual en estas intertexualidades, siguiendo el modelo estudiado en *Marejada*, sobre todo cuando se invoca el lenguaje coloquial, recurso común en el libro. En el poema «Juego de niños» se utiliza la imagen del anzuelo como símil para pescar corazones: «No difiere mucho el arte de amar del de la pesca»; y se parodian los ritos del cortejo tradicional: «Antiguamente las hembras confiaban más en la carnada / respondiendo al instinto o al simple aperitivo» (17). Pero las cosas han cambiado y el sujeto femenino se revela juguetonamente contra la tradición e invocando un proverbio oriental[2] dice: «Cambiemos de técnica y aparejo aunque el juego sea el mismo / y, en vez de darme un pez, enséñame a pescarlo».

Las características de la poesía de Mercedes Escolano aquí apuntadas señalan que nos encontramos ante un ejemplo muy prometedor entre *Las diosas blancas*. En contraste con su paisana Ana Rossetti, otra interesante cultivadora de la veta erótica, la poesía de Escolano reelabora de forma innovadora la visión erótica que se esconde entre la doblez del lenguaje andrógino y marino.[3] Esta energía prelingüística erótica identificada por Kristeva como «lo semiótico», (*La révolution du langage poétique*, 31) surge a través del paragramatismo andrógino de los poemas de Escolano que escapa a la lógica 0-1, («Poesía y negatividad», 73-93; *El texto de la novela*, 124-129) y se entronca con los placeres corporales polimorfos de la comunicación pre-edípica, censurados por el discurso patriarcal (social). La tradición subvertida en la poesía de Mercedes Escolano hace esperar con expectación sus dos nuevos libros: un cuaderno titulado «Angel» y un libro, «Tatuaje», el cual en consonancia con la importancia de la cultura popular para los poetas novísimos, anuncia según la autora, sugerentes y nuevos erotismos macarras y canallas.

José María Naharro-Calderón
Department of Spanish & Portuguese
University of Maryland

---

1. Editado por la Diputación Provincial de Córdoba en 1987. No dispongo todavía de ejemplar personal y cito por el número del poema en la fotocopia del manuscrito amablemente proporcionado por la autora.
2. Según me lo comunica la autora.
3. Me señala generosamente mi colega Kathleen McNerney, los interesantes ejemplos en esta línea de la poeta catalana Maria-Mercè Marçal i Serra (*Bruixa de dol*, 36-41).

BIBLIOGRAFIA

Barthes, Roland. *Le plaisir du texte*. Paris: Seuil, 1973.
Benveniste, Emile. «La nature des pronoms». *Problèmes de linguistique générale. Vol.* 1. Paris: Gallimard, 1966. 2 vols. 251-257.
—————. «L'appareil formel de l'énonciation». *Problèmes de linguistique générale.* Vol. 2. Paris: Gallimard, 1974. 2 vols. 79-88.
Buenaventura, Ramón Ed. *Las diosas blancas: antología de la joven poesía española escrita por mujeres.* Madrid: Hiperión, 1985.
Castro, Luisa. *Los versos del eunuco.* Madrid: Hiperión, 1986.
Cernuda, Luis. *Poesía completa.* Barcelona: Barral, 1977.
Escolano, Mercedes. *La almadraba.* Madrid: El Crotalón & Ultismo, 1986.
—————. *Antinomia.* Málaga: Publicaciones de la Librería Anticuaria El Guadalhorce, 1987.
—————. *Las bacantes.* Elche: Catoblepas, 1984.
—————. *Felina calma y oleaje.* Manuscrito.
—————. *Marejada.* Elche: Cuadernos «Poema Joven», 1982.
Foucault, Michel. «What is an Author» *Textual Strategies: Perspectives in Post-Structuralist Criticism.* Ed. & Trad. Josué V. Harari. Ithaca: Cornell, 1979, 141-160.
Gardiner, Judith Kegan. «On Female Identity and Writing by Women». *Writing and Sexual Difference.* Elisabeth Abel, ed. Chicago: The University of Chicago Press, 1982, 177-191.
Golerstein, Carolyn y Kathleen McNervey eds. *Women Writers of Spain.* Westport: Greenwood, 1986, 191-192.
Goytisolo, Juan. «La metáfora erótica: Góngora, Joaquín Belda y Lezama Lima». *Disidencias.* Barcelona: Seix Barral, 1977, 257-285.
Greene, Gaule, Coppélia Kahn eds. *Making a Difference: Feminist Literary Criticism.* London: Methuen, 1985.
Jurado López, Manuel. «Venecianismo, alejandrinismo, grecismo geográfico y mitologismo». *Hora de poesía* 13 (1978): 86-90.
Kavafis, Konstantino. *Poesías completas.* Versión española y notas de José María Alvarez. Madrid: Hiperión, 1981.

Kristeva, Julia. *La révolution du langage poétique*. Paris: Seuil, 1974.

———. «Poesía y negatividad». *Semiotica*. Vol. 2. Versión española de José Martín Arancibia. Madrid: Fundamentos, 1978, 2 vols. 55-93.

Lacan, Jacques. *Ecrits*. Vol. 1. Paris: Seuil, 1966. 2 vols.

Marcal i Serra, Maria Mercé. *Bruixa de dol*. Barcelona: Ediciones de Mall, 1979.

Platón. «El banquete o del amor». *Diálogos*. Versión española de Luis Roig de Lluis, 1983. Prólogo de Luis Castro Nogueira. Madrid: Espasa Calpe, 1982, 113-180.

Rossetti, Ana. *Indicios vehementes: (poesía 1979-1984)*. Madrid: Hiperión, 1985.

Villena, Luis Antonio de. «Para una definición 'post-novísima'. *Postnovísimos*. Madrid: Visor, 1986, 9-32.

———. *Poesía 1970-1982*. Madrid: Visor, 1982.

## LA IMAGINACION COMO PRINCIPIO ESTRUCTURADOR DE LA OBRA DE DELMIRA AGUSTINI

Una nueva lectura de la obra de Delmira Agustini parece singularmente apropiada a poco más del centenario del nacimiento de esa poeta uruguaya de indudable importancia en las letras femeninas hispanoamericanas. Es así, porque esa obra parece haber sido siempre explicada en función de elementos extraliterarios, especialmente biográficos, más que de elementos literarios. La excesiva importancia de lo biográfico en el estudio de la obra de Delmira obedece a dos razones: 1) a la fascinación de los críticos por la personalidad y circunstancias biográficas de la autora y 2) a ciertas características de esa obra que hacen difícil su interpretación y facilitan la falacia de confundir el yo lírico con el autor.

Delmira Agustini nació en Montevideo en 1886 y murió allí en 1914 asesinada por su ex-esposo que de inmediato se suicidó. Las circunstancias de la muerte de Delmira, las extrañas relaciones clandestinas que mantenía con su ex-marido después del divorcio y especialmente la aparente doble vida y personalidad de la autora, que de día era la «nena» pasiva que vivía en completa sumisión a sus padres y en perfecto acuerdo con el puritanismo del medio, y de noche, era la poeta que escribía poesía erótica que escandalizaba al medio, son algunos de los factores que contribuyen a la fascinación de los críticos con la vida de la poeta. En cuanto a su obra, Delmira publicó tres libros de poesía: *El libro blanco* (1907), *Cantos de la mañana* (1910) y *Cálices vacíos* IEPEAJ.[1] Por el carácter antológico de su último libro (que además de presentar nuevos poemas reeditaba y ordenaba gran parte de los ya publicados en los dos primeros libros) se considera que su obra está contenida en este último libro.[2]

Las dificultades en la interpretación de la obra de Delmira radican especialmente en la naturaleza de su lenguaje que hace difícil el determinar con certeza a qué realidad extra-literaria aluden las palabras e imágenes y explicar cómo se relacionan entre sí los diferentes elementos de la obra. Esas dificultades impidieron a los críticos, entre los que están Emir Rodríguez Monegal, Carmen Rosenbaum, Clara Silva, Manuel Alvar, Doris Stephens, explicar literariamente lo que intuían acertadamente sobre esa obra: su carácter unitario, el que Eros fuese su metáfora central y el que esa obra aludiera a una realidad subjetiva. También esas dificultades determinaron que para explicar esas intuiciones los críticos mencionados recurrieran a lo biográfico. Así, los estudios críticos sobre la obra de Delmira explican su unidad, el significado de Eros y su relación con otros elementos de la obra en una de estas dos maneras: o que esa obra expresaba un alma femenina cuyo contenido fundamental era el amor, o que la unidad de la obra radicaba en ser el testimonio del fracaso vital de su autora en su búsqueda de algo imposible de obtener (sexo, amor o trascendencia, según el crítico). Dado lo que ha sido hasta ahora comúnmente aceptado sobre la obra de Delmira, una nueva lectura de la misma parece requerir ante todo un análisis cuidadoso de su lenguaje y de los contextos modernistas en los que la obra se inscribe.

A continuación, describiré algunas características del lenguaje de Delmira para mostrar primero ciertas dificultades que ofrece para su interpretación y luego, para ofrecer algunas claves para su elucidación. Si bien estas claves permiten explicar los principios de estructuración del universo poético de Delmira, la relación de Eros, con otros elementos de la obra y sobre todo, mostrar la profunda unidad de esa obra, ellas no ayudan a desentrañar a qué realidad extra-literaria se refiere la obra. Para entender ésto, es necesario contextualizar esa obra, es decir, colocarla dentro del modernismo y su problemática. Esas actividades permitirán sustentar la tesis de que la obra de Delmira trata de la vida y naturaleza del arte y de la imaginación de la que Eros es su metáfora central. También, que la imaginación no sólo es el asunto de la obra sino también su principio estructurador.

El estudio de las imágenes es la clave más certera para la comprensión de la obra de Delmira. Sin embargo, la ausencia de un sistema estable de referencia para la interpretación de las mismas hace que su significado no se imponga de inmediato al lector. El significado de las imágenes o palabras depende siempre de una perspectiva de visión y no de un sistema estable de referencia. Esto se debe especialmente a la relación entre imagen y concepto, al hecho de que la imagen se mueve siempre entre dos polos extremos de significado, a la falta de constancia del punto de vista y a la concepción del espacio y del lenguaje implícitos en la poesía de Delmira.

Se puede notar que una misma palabra o imagen designa conceptos contradictorios y, también, que un mismo concepto se expresa en multitud de imágenes diferentes. En «El dios duerme» (*CV* 87), por ejemplo, la imagen de la serpiente es doble: están «las serpientes del mundo», que tienen una connotación negativa mientras que «las bellas serpientes» tienen una connotación opuesta. Cualquier imagen o palabra de la obra es doble: el sol, por ejemplo, da vida y muerte; el espejo une y separa; la sombra del tú logra simultáneamente rosas de fuego y de nieve en el yo. Al mismo tiempo, un mismo concepto como el de apertura vital, se expresa en una multiplicidad de imágenes como el florecimiento, la luminosidad, la estatua que rompe en llanto, el vuelo. El significado particular de cada imagen o palabra no tiene ninguna correlación objetiva, no depende de que la palabra aparezca con mayúscula o minúscula, de su posición en la frase, ni, en general, de su relación objetiva con otros elementos del poema. El significado depende de una perspectiva de visión.

Hay en la poesía de Delmira falta de constancia en el punto de vista y rotación de perspectiva. Esa rotación puede ser espacial, como en «la estatua» (*LB* 97) en que se la ve desde diferentes ángulos: de arriba, de abajo; en el «adentro y afuera» de otros poemas; o en el «aquí y allá» de «Vida» (*CM* 129) y «Cuentas de fuego» (*RE* 156), por ejemplo. La rotación puede ser temporal, como en el «antes y después del encuentro» de los poemas amorosos. Cada perspectiva crea un ser nuevo y en cada situación el ser se hace otro. Eso se ve en «La siembra» donde el yo visto desde afuera es Selene y desde adentro el yo. Ocurre lo mismo en «El cisne» en donde se dice: «¡A veces, toda! soy alma; / y a veces, toda! soy cuerpo» (*CV* 57). Como es la situación la que determina al ser, no hay evolución en la poesía de Delmira sino polarización. La situación (el aquí, abajo, adentro, etc.) es la que crea al ser. Eso se puede ver también respecto a los estados anímicos, en los que en vez de evolución hay metamorfosis, y en los que el hablante circula entre sentimientos extremos como si fuese poseído por ellos, como ocurre en «Oh, tú» (*CV* 61). Más adelante se verá que no es únicamente la situación, sino también el acto, la sustancia de la que participa y el valor, los que determinan el significado del ser, imagen o palabra.

Los cambios de punto de vista y el perspectivismo de visión son manifestaciones de una concepción del espacio que se llama existencial, ya que se basa en una experiencia personal del objeto o situación. A diferencia del espacio visual —escenográfico, medible por un ojo fijo en un punto central (como era común en el primer modernismo)— el existencial es ambiguo y semi-proyectivo ya que no hay en él una separación radical entre el yo y el objeto ni tampoco una estructura uniforme o constante. El observador simultáneamente observa y participa de la acción u objeto y la composición se crea así por la situación de adentro y afuera del observador. Como la conciencia del objeto es más tactil que visual —el observador rodea, abraza y circula alrededor del objeto— ese espacio es multi-sensorial y multi-dimensional. También es discontínuo porque los objetos se reflejan en la conciencia del sujeto sin estar ordenados en una secuencia consistente y porque el tiempo o las cosas se yuxtaponen. Cada foco de atención aparece así, como una instancia dramática de un proceso. Por ello predomina más en ese espacio la sucesión que la secuencia. Por último es un espacio determinado por lo cualitativo más que por lo cuantitativo, lo que lo hace similar al espacio mítico.

El lenguaje de Delmira es material y dinámico. Delmira crea imágenes que son una síntesis de sustancia y atributo y que viven en una zona intermedia entre la imagen pura y el concepto. Esas imágenes aparecen siempre en constante transformación, y ésta está orientada por el valor. La experiencia del valor aparece primero como una reacción fortuita e intensa del poeta ante una relación ideal entre sujeto y objeto y luego como la intención de repetir dicha experiencia. El concepto de valor incluye por lo tanto el de la intuición de la calidad y el de intencionalidad poética.

De idéntica manera que en el pensamiento mítico, el mundo poético de Delmira se estructura sobre una experiencia de valor equivalente al concepto de lo sagrado. Ella explica la construcción binaria del universo de Delmira, la fluctuación entre opuestos y el hecho de que cada diferencia de calidad se manifiesta como una diferencia espacial o temporal. También explica por qué cada imagen o concepto puede ser positivo o negativo ya que su valencia depende de su ubicación en la esfera de lo sagrado (que expresa una relación ideal, valencia positiva) o de lo profano (que expresa la ausencia del ideal, valencia negativa). Explica también cómo cualquier objeto, Eros, la cruz, los nardos, puede expresar lo sagrado o el valor, ya que éste es una relación ideal y no un contenido.

El concepto de valor (sagrado) como reconocimiento de calidad o como intencionalidad poética crea una paradoja. Por un lado, el valor designa o reconoce una relación ideal entre objetos, lo que presupone la existencia de objetos; por el otro, es la relación o acto la que crea dichos objetos, ya que la experiencia del valor se identifica con la génesis de la creación. Esta paradoja también aparece en el pensamiento mítico y respecto a ella dice Cassirer:

Whenever it (myth) speaks of the origin of things, the birth of the cosmos, it interprets this birth as a mere transformation. It always presupposes a definite substratum, usually of a whole sensuous nature, from which change stars and in it takes place (208-209) [3].

De la misma manera que en el mito, Delmira estructura las imágenes a partir de dos elementos o principios originales pre-existentes que son el agua y el fuego.

La noción de elemento implica la de fuerza y la de materia. El agua y el fuego son fuerzas substanciales, principios dinámicos que se revelan en su comportamiento como materia. El fluir del agua por ejemplo, es un comportamiento, un atributo de la materia agua, a la vez que es su principio, la fluidez misma. El principio o esencia que cada elemento contiene sólo se manifiesta a través de su substancialización. Un elemento se substancializa cuando asume la temporalidad y la relación, cuando entra en un acto. En el primer momento del acto, el elemento aparece valorizado en su función (actividad y energía). Cuando ese momento inicial se acaba, hay una caída, y el elemento se revela como materia. Así los elementos originales del universo poético de Delmira son ambiguos, capaces de ser analizados bajo dos perspectivas: en su sublimación, en que predomina la función (actividad y energía) sobre la materia o en su cristalización, en que predomina la materia. La semejanza entre los principios estructuradores de la poesía de Delmira y los del mito, gobernados por la imaginación, dan una primera pauta de que la imaginación, siguiendo su propia lógica, es el principio estructurador de la obra. Sin embargo, la clave más certera para demostrar no sólo ésto, sino también que la imaginación es el asunto de la obra es la de colocar a Delmira dentro de los contextos modernistas. En ellos, el concepto de imaginación aparece como sinónimo de subjetividad y de creación poética.

La obra de Delmira comienza con el resquebrajamiento del modernismo: de las creencias sobre la imaginación creadora del poeta, de la forma y de la realidad que sustentaban esa estética. Para los modernistas, la imaginación del poeta era infinita o ilimitada porque era capaz de aprehender directa o inmediatamente lo universal. Esa aprehensión se producía en la percepción, que ellos llamaban visión poética y que era donde los modernistas localizaban la creación. Por lo tanto... para ellos, el fondo (visión) y la forma (poema) eran idénticos y simultáneos. Las formas modernistas eran así una proyección o reificación de la subjetividad del poeta, que él creía reales. Los conceptos modernistas de la infinitud de la imaginación creadora del poeta, de la ausencia de mediación entre fondo y forma del poema y del poeta como visionario o espíritu plasmador dependían de la existencia de una realidad última de carácter universal. El universal era el punto fijo de referencia, el absoluto o ideal que permitía la resolución de todos los dualismos, contradicciones y limitaciones del mundo fenoménico más allá de la experiencia e ilusión. Su desaparición deja al ser sin identidad, lugar o significado en un mundo que cambia y fluye.

Así, Delmira tiene la intuición de que la identidad del ser es relativa al lugar, la persona y el acto. Vitalmente, ello se muestra en que Delmira se consideraba «nena» de día, en su vida cotidiana en el hogar, en los paseos, conversaciones e interacciones con sus padres; y «poetisa» al escribir sola de noche, frente al público y/o extraños. En su obra, se muestra en lo que llamé «perspectivismo de visión», en el hecho de que el significado o identidad de cualquier elemento de su obra es relativo a esos tres factores mencionados. La ausencia de un lugar fijo, ya que éste es relativo a las cosas que se mueven alrededor del yo o del yo que se mueve entre ellas, el cambio constante en un mundo de permanente fluir, genera una nostalgia de fijación que se ve en el deseo de que la luz viva sea eterna, de que la mirada de la musa sea capaz de helar y fijar el ser en un instante ideal. También es la nostalgia de la serpiente (yo del poema) entrelazada en una estatua del emperador y clamando por su corazón imposible y eterno de «Fiera de amor» (*CV* 53).

La intuición de la relatividad e inestabilidad de la conciencia, la nostalgia de eternidad o permanencia, junto con la percepción de que la creación de la forma no es una génesis absoluta y eterna, no es más que el reconocimiento de los límites que lo contingente y temporal imponen a la imaginación. También es el reconocimiento de lo universal como ilusión. A continuación, discutiré ese nuevo concepto de la naturaleza de la imaginación y la creación implícito en la obra de Delmira. Para esta discusión me limitaré a usar ejemplos basados en imágenes únicamente. Sin embargo, se puede demostrar lo mismo basándose en un estudio de lo anecdótico que escapa a las limitaciones de este trabajo.

La imaginación es un principio abstracto y también un elemento o término de una relación. Es un proceso que se funda en un acto y es también el medio de ese acto. Es el punto hipotético de origen y/o llegada del ser, un valor que expresa la intencionalidad y el reconocimiento de la calidad. Es, sobre todo, un modo de ser que se reconstituye en el acto.

La imaginación como principio es la facultad o energía hipotética, abstracta y autogeneradora del ser. Es lo que preexiste y subsiste cada acto de creación y cada forma y es, también, la potencialidad que se encarna a sí misma en la forma o poema. La imaginación como principio aparece en la poesía de Delmira a través del dinamismo activo y la energización del fuego «principio» y de dinamismo pasivo, fluidez y reflexión del agua «principio». De ese modo, la imaginación como principio representa simultáneamente la energía y la pasividad potencial del ser. El agua y fuego simbolizan la calidad trascendental de la imaginación que transfigura la realidad, que la supera, la deshace y la rehace: es el poder de creación y destrucción, el principio de vida y de muerte.

Esa facultad o principio es abstracto e hipotético porque su existencia no puede ser aprehendida directamente sino deducida a través de las transformaciones que provoca en la materia. Energía y materia es la primera polaridad del mundo de Delmira. Como con las otras, que nombraremos más tarde, cada uno de los términos que la configuran se define por su contrario y se hace su contrario. Así, la materia es lo que carece de energía y la energía es lo que moviliza la materia. La forma se define como materia que se energiza (sublimación) en el primer momento de su existencia, o como materia que pierde su energía o energía que abandona la materia (cristalización) en su segunda etapa. Además de materia y energía, fuego y agua, otros términos polares son: yo y tú, vida y muerte, vuelo y caída, luz y sombra, movimiento e inmovilidad, principio y fin. Estas oposiciones existen no porque la obra trate del proceso vital de un ser desde su nacimiento hasta su muerte, sino porque trata de los ritmos y vida de la imaginación o subjetividad que se reconstituye a sí misma entre dos polaridades abstractas, reversibles, cada una de las cuales se define y determina por su contrario, se transforma en él y vive en cambio permanente.

Por lo dicho en el párrafo anterior, se puede ver que la imaginación como principio no es, no puede revelarse, hasta entrar en una relación, asumir la temporalidad y comportarse como un elemento, como un término de una relación. De ahí se puede deducir que la imaginación se funda en el acto creador del que nace la forma (conjunción de materia y energía, ideal poético). Ir del acto a la forma, es también ir de la trilogía de sombra, silencio e inmovilidad (cristalización) a la aérea de sonido, luz y movimiento (sublimación), del punto de origen al movimiento. Sin embargo, el acto no termina en una forma final.

La imaginación es un proceso contínuo que va de acto a forma, a nuevo acto y a nueva forma sin detenerse jamás. El nuevo acto continúa al que le precedió, a la vez que es un nuevo comienzo. Lo mismo sucede con la forma. Por ello, la imaginación es a la vez cíclica y diacrónica. Es cíclica porque va constantemente de la luz a la sombra y de la sombra a la luz, o en otras palabras, de una forma que nace, brilla, muere y renace en otra posterior, en actos que se suceden unos a los otros y es diacrónica porque va del pasado al futuro, porque la forma y las estructuras de los actos creadores del pasado determinan la configuración de los que los siguen.

El proceso de la imaginación parece empezar en un punto que resuelve todas las contradicciones y oposiciones previas. Ese punto es el «ahora» del amor al final de LB. Ese punto aparece como un umbral o intersección y está representado por el espejo que desdobla el ser. Ese símbolo de la conciencia no es tanto un lugar (punto) sino más bien el medio de un acto de creación, en el que el sujeto parece hacerse objeto y el yo y el tú están en una relación ideal. El encuentro del yo con un tú que lo transforma apunta tanto a un «antes» como a un «más allá» de ese encuentro, a un momento en el futuro en que ese ideal se haría unión permanente y que hace del instante presente, el comienzo de algo que vendrá después. Esa unión sugerida y buscada en el amor es la ilusión que la obra de Delmira sustenta y desenmascara a la vez. Es así porque el «punto» de unión recede en cuanto parece alcanzársele. Siempre está «más allá» en el pasado o en el futuro. Sin embargo, hay una búsqueda de ese punto: el supuesto lugar de origen del movimiento y de todas las formas, y el supuesto destino hacia el que el movimiento y lo creado se dirigen. Pero ese «punto», ese centro de donde todo emana es una nada en el centro de la subjetividad (como lo sugiere la imagen del espejo). Por ello, la conciencia o la imaginación es, en última instancia, un modo de ser caracterizado por la transformación y tensión permanente entre dos polaridades hipotéticas y el constante ir de una hacia la otra.

En conclusión, la imaginación siempre vive «más allá» de sí misma, en la búsqueda de la forma última y del punto de origen y llegada, que siempre recede. Es la identidad del ser con la oscuridad y con la luz, con el principio y con el fin, es el reconocimiento de una nada o hueco en el centro del ser. También es la potencialidad que al encarnarse, vive de la desintegración de las viejas formas y crea nuevas síntesis. Vivir en la imaginación es vivir, entonces, en la mediatez y en la distancia, siempre «más allá» de sí misma, buscando una totalidad inalcanzable y una permanencia ilusoria.

Ileana Renfrew<br>
Foreign Language Department<br>
Northern Michigan University

---

1. Las abreviaturas que usaré son las siguientes: LB para *El libro blanco*, CM para *Cantos de la mañana*, y CV para *Los cálices vacíos*.

2. La edición que uso en este trabajo es la de Alberto Zum Felde y los números de página se refieren a ella. *Delmira Agustini: Poesías completas*. Pról. y sel., Alberto Zum Felde, 4.ª ed., Buenos Aires: Editorial Losada, S. A., 1971.

3. Ernst Cassirer, *Mythical Thought*, vol. II de *The Philosophy of Symbolic Forms*, trad. Ralph Manheim (New Haven: Male UP, 1955).

## MARIA LUISA PUGA:
## ASPECTOS DE UNA NUEVA SENSIBILIDAD DE NARRAR

Cada vez que se intenta hacer un balance crítico y/o evaluativo de una generación literaria de un país cualquiera, se corre el peligro de excluir aquellos escritores que no necesariamente se ajustan a los cánones o tendencias delineadas por dicha generación. La mayoría de las veces, los críticos a cargo de esta tarea evaluativa fijan sus pautas de inclusión o rechazo basados en la ruptura o acatamiento de la tradición como primer paso, y la cronología (fechas de nacimiento de los autores; fechas de producción de sus obras) como segunda plataforma de apoyo.

El ejemplo más acertado de la evaluación de una generación literaria mexicana es, sin duda alguna, el libro de Margo Glantz *Onda y escritura en México*.[1] En este voluminoso análisis, la crítica recopila y analiza textos de la literatura joven de México, toda ella realizada por autores nacidos entre los años de 1938 y 1950. Las normas críticas que orientan el texto de esta autora son, a saber, el establecimiento de la fisonomía política y espiritual de la generación en cuestión, haciendo énfasis en dos conceptos teóricos básicos que le dan coherencia al estudio: La *Onda* y el concepto moderno de *escritura*.

Margo Glantz cree ver en la *Onda* una forma de un nuevo realismo caracterizado por el uso desenfadado de la lengua popular. El habla popular de México (y muy en particular la del Distrito Federal) cohabita con el lenguaje del arte *pop* y el *rock* introducidos en el ambiente cultural mexicano por los medios modernos de la comunicación. Los ejemplos más destacados de esa generación son José Agustín y Gustavo Sainz cuyos experimentos lingüísticos han ido más allá de los límites impuestos por la generación de la *Onda*.

Si para la generación de la *Onda*, por un lado, el habla popular (en su sentido más lato) era una forma práctica de sátira y de cuestionamiento de las estructuras sociales mexicanas, por el otro, con el concepto de *escritura* dicha generación «indaga» los límites de la experimentación con el lenguaje. «La novela», dice Glantz, «...se efectúa en un territorio distinto al de la poesía y plantea una estética novelística que se erige en el cuerpo mismo de lo narrado, o en la materia narrativa misma, en la *escritura*».[2] Es decir, si entendemos bien, lo que aquí se explora es el mecanismo fabulador donde la génesis del texto y su desarrollo giran en torno al acto de escribir como formas autorreferenciales.

Al examinar la obra narrativa de María Luisa Puga se puede observar que sus ideas estéticas sobre lo que deben ser la novela y el cuento convergen con los postulados de la generación de la *Onda*. Sin embargo, aunque generacionalmente Puga correspondería a dicho grupo (ella nació el 2 de febrero de 1944), difícilmente se pueden encontrar referencias críticas a su obra en las historias de la literatura mexicana contemporánea. Más que de olvido, la razón se debe al hecho que Puga pasó más de diez años viviendo fuera de México antes de volver a radicar definitivamente allí. Sus intereses personales la llevaron a radicar por diferentes períodos de tiempo en Europa y en Africa. De su estancia fuera de México son testimonio sus narraciones (novelas y cuentos) que están firmadas ya en Nairobi o en Oxford, en Inglaterra, y varios de sus relatos se encuentran ambientados tanto en la Colonia Roma del D. F. como en las calles cosmopolitas de Londres o en el ambiente exótico de Nairobi.

Aunque la producción de Puga puede considerarse extensa,[3] no fue sino hasta 1978 cuando publicó su primera obra *Las posibilidades del odio* que se le dio reconocimiento instantáneo como una de las narradoras mexicanas contemporáneas más singulares. *Las posibilidades del odio* llamó la atención inmediata de la crítica porque en esta narración Puga explora simultáneamente seis visiones de la realidad de Nairobi. La ciudad misma se erige como un personaje más de la novela y las historias se entrelazan como unas variaciones de un tema musical. O, dicho de otra manera, Puga nos hace ver la realidad de una ciudad como si estuviéramos viendo a través de un prisma. Este es el tipo de textos novelescos que, de acuerdo con John S. Brushwood, «retan el concepto mismo de novela, negando su forma tradicional»[4] y agrega el mismo crítico que este tipo de narraciones se puede considerar como novelas sin límites.

*Las posibilidades del odio* está estructurada a base de seis relatos centrados en un tema común —el odio como expresión humana o contra el imperialismo internacional— que pueden funcionar juntos o como entidades independientes. Además de esta característica estructural, Puga hace hincapié en el hecho de que su novela tiene propósitos que van más allá de lo meramente literario. La novela está dedicada a un escritor comprometido de Kenya que ha vivido la mayor parte de su vida perseguido por su gobierno. (Además de esta solidaridad, esta novela contiene un epígrafe tomado del libro de Frantz Fanon, *Los condenados de la tierra*). La veracidad histórica de ese país africano está sustentada por una serie de datos históricos que cubren desde 1888 (con el establecimiento de empresas británicas en Africa) hasta 1973 cuando Kenya se convierte en la Sede del Programa de las Naciones Unidas para el Medio Ambiente.

Aunque esta novela podría parecer un poco exótica para la realidad latinoamericana, no obstante encara al lector con la realidad mexicana circundante. Al narrar situaciones crueles e injustas que ocurren en Africa, Puga las hace extensivas hacia Latinoamérica. Por ejemplo, Puga reflexiona sobre el crecimiento incontrolado y grotesco que está ahogando las ciudades del Tercer Mundo. Los hoteles Hilton se convierten en símbolos del imperialismo extranjero que contradicen toda realidad autóctona, ya sea africana o mexicana. La incertidumbre del progreso no controlado exacerba el odio de los personajes de la novela y es como si Puga le estuviera sugiriendo al lector que la sanidad mental del hombre depende en gran medida de la sanidad social y ecológica.

Es obvio que este tipo de narrativa donde se destacan los problemas sociales no es la única faceta de la obra de Puga. Entre sus obras de ficción también se encuentran aquellas que se preocupan principalmente por explorar el proceso y el resultado de la *escritura*. Como ya se mencionó, la preocupación con el fenómeno de la *escritura* y la metaficción fueron otras de las características que distinguieron a algunos miembros del grupo de la *Onda*. Estas se proyectaron con igual vigor más allá de los límites de esa generación hasta desembocar en la ficción de autorreferencia que apareció en México después de los sucesos críticos de Tlatelolco en 1968. La literatura producida en México durante la década de los setenta y hasta la producida en los primeros años de los ochenta muestra una marcada tendencia hacia el intimismo cuyas preocupaciones son las de romper con el fenómeno alienador que impone dicha sociedad. Parece que Brushwood tiene razón cuando escribe que «esta tendencia tiene un aspecto... egocéntrico»[5] que más inmediatamente se percibe como «una ruptura en la experiencia convencional. En este sentido, la metaficción se aprecia como otra faceta del cambio social».[6]

María Luisa Puga participa en esta corriente narrativa mexicana de los últimos años con su novela *Pánico o peligro* (1983).

En ella, la narradora de la novela —una mujer de edad mediana— trata de escribir su autobiografía basada en una serie de cuadernos manuscritos que ella ha ido acumulando a lo largo de los años. En *Pánico o peligro* lo que comienza como una situación primordial (el deseo obsesionante de la autobiografía) pasa a segundo plano cuando la narradora descubre que el proceso mismo de la escritura y sus técnicas son más importantes que la historia que se deseaba contar. La narradora inició su historia con el deseo de «darse a conocer a su amante y así ser entendida por él. Se supone que ella empieza a escribir sin pensar mucho en el proceso y las técnicas de la escritura».[7] Sin embargo, aunque el personaje narrador desea hacer un mero ejercicio de metaficción (es decir, la narración que se refiere a la narración) ésta no puede evitar las asociaciones o extrapolaciones que se establecen con la vida social y política de México. Así, *Pánico o peligro* se convierte en el testimonio de los últimos cincuenta años de acontecimientos en el país: las huelgas de los telefonistas, las manifestaciones estudiantiles de 1968, las revoluciones centroamericanas, hasta culminar con la reciente crisis económica de 1982. De la misma manera que la ciudad de Nairobi se convierte en un personaje más, México, D. F. es otro personaje en *Pánico o peligro*.

Hasta aquí se ha presentado en forma esquemática la trayectoria literaria de María Luisa Puga y se han puesto de manifiesto sus conexiones con autores de su misma generación. Ahora, lo que conviene a este punto es concentrarse en por lo menos una de sus narraciones específicas para ver con más detalle cuáles son los temas y preocupaciones que obsesionan a esta escritora. Para ello, la narración que sobresale, tanto por su valor estético como por su popularidad, es su cuento largo titulado «Ramiro» incluido en su volumen de cuentos *Accidentes* publicado en 1981.[8] Este cuento, que más bien podría calificarse de *novella* —una obra de ficción de tamaño mediano— debido a su longitud y estructura,[9] servirá de muestra.

«Ramiro», que también se podría calificar como una narrativa del grupo de la *Onda*, es la historia de Ramiro Jiménez (hijo de don Raúl Jiménez y doña Elvira de Jiménez), un adolescente que vive en la Colonia del Valle de la ciudad de México. Después de varios intentos —frustrados todos— por aprender inglés (él sólo sabe decir «jaló», «lles», «bay»), su padre decide enviarlo a Inglaterra para que aprenda «inglés del bueno» y no como el de los americanos que van a México de vacaciones. En Inglaterra, Ramiro vivirá bajo la custodia de unos amigos de su padre que éste conoció en México.

La vida de Ramiro se resume en visitas diarias a las funciones de cine por las tardes con su único amigo, Joaquín. Aparte de eso, el otro interés que motiva a Ramiro es el tiempo que pasa recorriendo las calles de la capital en su auto nuevo Ford que su padre le regaló en uno de sus cumpleaños. De sobra está decir que la familia de Ramiro pertenece a la clase media mexicana. Su padre se ha convertido en un próspero hombre de negocios en el ramo de las ferreterías después de pasar muchos años haciendo un sinnúmero de labores como manejar un taxi. La serie infinita de comodidades y atenciones que rodean a Ramiro no logran romper la apatía que lo domina en todos los aspectos de su vida.

Su educación escolar no corre con mejor suerte. Cuando Ramiro fracasa en el bachillerato, pone seriamente en peligro su oportunidad para viajar a Inglaterra. Es evidente que ésta es una de las mayores crisis en la familia de los Jiménez de la Colonia del Valle:

> ¡Ves! ¡Ves tu hijo! ¡Uno aquí matándose como un burro para que al fin este zoquete nos haga quedar en vergüenza! ¡Y es tu culpa! —se exaltaba [don Raúl] más y más mientras Ramiro se iba encogiendo, opacando— ¡Se va al cine todos los días como si nada, ni siquiera avisa ya, y tú chillando! ¡Pues qué se cree, ahora sí, que uno está aquí para servirle o qué! (p. 70).

La vida de Ramiro en la capital se puede considerar como mediocre. Atrapado en las costumbres familiares y rutinas domésticas, él no tiene opinión sobre ninguna cosa o evento. Al principio del cuento se nos presenta como un personaje amorfo cuya función sería la de servir de vehículo para una fuerte sátira de la clase media mexicana. Sin embargo, a medida que la narración avanza, la historia comienza a perfilarse como una estructura del viaje mítico donde el joven héroe tiene que dejar la casa paterna para recobrar o hacerse una identidad. Ramiro, como Jasón, Hércules o Telémaco, tiene que internarse en zonas extrañas para lograr en concreto lo que intuye pero no entiende todavía. En la generación de la *Onda*, los personajes jóvenes viven la aventura mítica ahora degradada. «El joven adolescente se desplaza, se mueve, cambia de ambiente, 'viaja', pero su identidad sigue confundida porque su personalidad es colectiva y mecánica, se inserta en la onda de lo auditivo, etc.»[10]

Mientras vive en la Colonia del Valle, Ramiro sólo sabe *viajar* a través de las películas que ve por las tardes (a veces hasta lograba asistir a tres funciones distintas):[11] sus sueños de conquistar a alguna joven de su edad se diluyen en las escenas eróticas que mira en las películas de mala calidad en los cines de barriada de segunda categoría. Su música no es la del *rock* como en el caso de los personajes de José Agustín. Por el contrario, Ramiro vive hundido en el folklore fácil y bonachón de su padre que escucha «Radio Mil», sirve café «de olla» y un «tequilita» a sus amigos ingleses que han prometido ayudar a Ramiro cuando éste viaje a Inglaterra.

La vena satírica de Puga se centra principalmente en el comportamiento del padre de Ramiro. Don Raúl puede ser solemne un momento y extremadamente vulgar en otro. En este cuento, se enfoca el fenómeno de la emergencia de la clase media en una sociedad poco desarrollada. Es una anatomía de un sector de la sociedad mexicana que aún no logra situarse en un contexto específico de la realidad y vive espejismos que alimentan falsas ideologías. El empeño que don Raúl Jiménez pone para que Ramiro aprenda inglés y disfrute de todas las cosas que le compra en la frontera con los Estados Unidos no son sino máscaras que ocultan la realidad clasemediera de la familia. Los resultados son, pues, calcos degradados de una realidad manipulada grotescamente por fuerzas ajenas al país mismo. El mundo social y espiritual de Ramiro (como el de otros personajes de la *Onda*) es una secuencia desenfrenada de nombres extranjeros y calles llenas de polvo donde coexisten el mundo de los restaurantes «Denny's» y el mercado de La Lagunilla.

Probablemente el fuerte tono satírico de este cuento deje pasar por desapercibida otra de las características que enriquecen esta narración. Esta es su parentela con el Bildüngsroman (o novela de formación). En este tipo de narración, el punto clave es el desarrollo y madurez de la mente y los pensamientos del protagonista cuando durante su niñez o adolescencia éste atraviesa por una serie de experiencias. No es extraño tampoco que en la novela de formación el protagonista tenga que sufrir una crisis espiritual antes de comprender definitivamente cuál será su destino y, por consiguiente, su papel en el mundo que lo rodea.

Solamente cuando Ramiro sale de México para vivir en Londres es cuando se puede ver la profunda alienación que lo agobiaba aún dentro de su propia familia. El viaje es el reactivo que lo obliga a tomar decisiones que no habría tomado en su casa en México. Dice el texto: «[Ahora en Londres] vivía en silencio Ramiro, y aunque puede decirse que también en México básicamente lo había hecho así, allá por lo menos era un silencio autocomplacido de espectador consciente de que los están entreteniendo. Acá era un silencio cerrado, aislado, de frío» (p. 102). Su alienación es tanta que empieza a perder su identidad cuando la sociedad inglesa lo descrimina por su apariencia física. Todos piensan que Ramiro es pakistano y las bromas que se suscitan por esta confusión de nacionalidad lo hieren profundamente al no entender cuál es el origen de tanta vileza. Esta situación hace crisis una noche cuando viajaba en el tren subterráneo. Ramiro es atacado violentamente por un grupo de jóvenes *punks* que gritaban «Paki», «Paki», cada vez que lo golpeaban con sus botas de cuero.

Después de ese incidente Ramiro no será el mismo; su decisión de conquistar el mundo de Inglaterra es firme y la idea de aprender inglés funciona como un símbolo de madurez de este pequeño héroe derrotado, perdido en un laberinto de signos y sonidos ininteligibles. Para Ramiro el viaje espiritual ha terminado. Algunos atisbos de madurez se contraponen al mundo mexicano degradado que dejó atrás y que sólo toma presencia cuando lee las cartas de su padre. Antes de que pueda reponerse físicamente de los golpes recibidos, Ramiro ha tomado la mejor decisión: «Ramiro entonces supo que no volvería a México. Todavía no. Faltaban 127 días para que terminara el curso [de inglés]» (p. 123).

Cuando en 1985 María Luisa Puga dirigía un taller literario en Morelia, Michoacán, ella consideraba que el mejor consejo que podría ofrecerles a sus discípulos era que «cada uno va encontrando su camino a eso que siempre ha querido contar. Eso que se acomodó en su conciencia y quedó como una tentación después...» [12] Aquí sólo se han insinuado algunos de los caminos que esta joven escritora ha venido explorando.

Raúl Rodríguez-Hernández<br>
Ithaca College

---

1. Margo Glantz, *Onda y escritura en México: jóvenes de 20 a 33* (México: Siglo XXI, 1971).
2. Glantz, p. 32.
3. Entre los textos más representativos de Puga se pueden mencionar: *Inmóvil sol secreto* (1979), *La máquina de escribir* (1979), *Cuando el aire es azul* (1980), *Accidentes* (1981), *Pánico o peligro* (1983), *La forma del silencio* (1987).
4. John S. Brushwood, *La novela mexicana (1967-1982)* (México: Grijalbo, 1985), p. 76.
5. Brushwood, p. 105.
6. Brushwood, p. 105.
7. Fernando García Núñez, «Panorama de literatura mexicana», *La Palabra y el Hombre*. Nueva época, núm. 58 (abril-junio 1986), p. 33.
8. María Luisa Puga, *Accidentes* (México: Martín Casillas, 1981).
9. Para una definición más detallada, véase la discusión de M. H. Abrams, *A Glossary of Literary Terms*, 4th ed. (New York: Holt, Rinehart and Winston, 1981), p. 119.
10. Glantz, p. 23.
11. Los abusos del cine y de la televisión por la clase media mexicana son explicados así por Gabriel Careaga: «La clase media vivirá el cine, la televisión, las novelas y los *comics* como mitos. Van al cine no a buscar arte, diversión o reflexión, sino que van a encontrar arquetipos melodramáticos, humorísticos o eróticos. Modelos que los hagan por un momento superar su mediocridad a través de una difícil identidad con el héroe cinematográfico.» Gabriel Careaga, *Mitos y fantasías de la clase media en México* (México: Océano, 1974), p. 191.
12. María Luisa Puga, «Un taller literario en Morelia: la amable esquizofrenia»: *La cultura en México*, suplemento de *Siempre*, núm. 1321 (30 de junio de 1987), p. 38.

## HILDA PERERA EN *PLANTADO*:
## ¿ES MUCHO HOMBRE ESTA MUJER?

Hilda Perera y Soto ha dedicado toda una vida al quehacer literario. Irrumpió en el mundo de la literatura cubana con una colección de cuentos infantiles publicados en 1947. «Apolo vive a treinta y cinco centavos del mar... Negro, ágil y brilloso, son sus dientes lo único verdaderamente blanco es su cara. Al reírse recuerda a la farola del Morro».[1] Metida en la piel oscura de Apolo, un negritillo de siete años, sabichoso, listo y preguntón, entrega al lector el mundo intacto del niño cubano con su habla peculiar, sus aspiraciones, sus dos vidas: «la de afuera, la de hacer mandados, cuidar a Homobono, ir al colegio... La otra sí verdaderamente suya... es como i ra unas vacaciones en sí mismo...»:[2] su mundo interior. La narrativa de Perera es fresca y está llena de vitalidad. Ha sabido captar el ambiente criollo fijándolo en una prosa poética deliciosa.

Dejó en Cuba con los girones de su corazón, también una novela: *Mañana es 26* (1960). Exiliada en Estados Unidos, su novela *El sitio de nadie* (finalista de premio Planeta en 1972) es el fruto literario del proceso largo y doloroso que la llevó a salir de su patria. Refleja con gran fidelidad otro mundo cubano: esta vez el del exiliado y su penosa renuncia al suelo patrio.

*El sitio de nadie*, que tiene mucho de autobiográfico, fija la realidad cubana de una época que es también, la realidad de cualquier exiliado político, quien podrá reconocerse en las incertidumbres y vicisitudes de una familia cubana que ha tenido que llegar, como última instancia, a optar por el exilio ante la imposibilidad de continuar bajo un régimen político inaceptable.

En *Plantado* (1981) recoge de nuevo nuestra escritora, el drama social de Cuba en los hombres marginados por sus ideas políticas. El presidio político ha sido tema masculino desde siempre. Hombres que habiéndolo sufrido, han narrado después sus experiencias convirtiéndolas en tema literario. Y en Cuba, esta denuncia del presidio político tiene larga tradición. En 1871, un cubano de 18 años de edad, desterrado en Madrid, escribía, en una pobre pensión de la calle del Desengaño,[3] *El presidio político en Cuba del* que acababa de salir. Era José Martí.

Si en *El sitio de nadie* Perera experimentó lo que narra, no es así en *Plantado*[4]. Sin embargo, logra captar la fiel realidad por ese mimetismo que ya apuntaba en los *Cuentos de Apolo*. Como tanto le duele Cuba aún, consigue encarnarse en el personaje de José Raúl Armenteros y hacer suyos los sufrimientos y las penurias del presidio. Desde una primera persona, convincente y emocionada, nos lleva detrás del rastrillo al fondo de una galera húmeda y oscura; a una circular del Presidio de Isla de Pinos; a una celda tapiada en Boniato. Hilda Perera es el caso insólito de una mujer que no habiendo sufrido prisión política en carne propia, ni habiendo visitado las prisiones políticas de Cuba pues no tuvo familiares cercanos en ellas, ha podido trazar un cuadro que mantiene un equilibrio entre la veracidad de lo que narra, las pasiones humanas y el gusto literario.

Esa veracidad sin exageraciones está traducida en descripciones breves pero fieles de las cárceles, diálogos en la jerga carcelaria donde los hombres utilizan un lenguaje rudo y descarnado, salpicado con los dos o tres vocablos groseros más empleados por el cubano para acentuar el verismo, pero no para regodearse en la grosería.

El dolor del presidio político en lo físico y lo moral está retratado en el cuadro mísero donde afloran esas pasiones. Contra este telón de fondo José Raúl Armenteros vive doce años de encierro esgrimiendo la única arma del preso político: la rebeldía que en Cuba se ha traducido por un plantarse o ser preso plantado.

¿Es mucho hombre esa mujer? Es mi intención demostrar los méritos ya mencionados al contrastar *Plantado* con dos obras sobre el mismo tema escritas por hombres: *Perromundo*,[5] de Carlos Alberto Montaner y *Contra toda esperanza*,[6] de Armando Valladares.

Carlos Alberto Montaner sufrió prisión política en Cuba, según atestigua Armando Valladares en *Contra toda esperanza*. La novela de Montaner está escrita dentro de los parámetros de la técnica de la novelística hispanoamericana actual. Utiliza la tercera persona omnisciente en ciertos capítulos donde va narrando lo que acontece a cada preso; usa la primera persona cuando Ernesto Carrillo, el protagonista, se encara con otros personajes y la segunda, cuando el subconsciente le habla a Ernesto Carrillo. Imagina un drama en el que los jueces están encapuchados, para representar la arbitrariedad del juicio de Mario Ordaz. En el diálogo final con los carceleros emplea tres planos de narración. El jefe penal, Barniol, le espeta un discurso a Carrillo en una intentona final para hacerlo aceptar el plan de rehabilitación, éste aparece en letras mayúsculas, e intercalados, entre las frases, los pensamientos de Carrillo en dos planos. Ajeno a lo que se le dice piensa en las flores junto al marco de la ventana, en Marcia y en otras cosas banales —esto aparece a la derecha de la página—; a la izquierda de la página, su subconsciente, utilizando el tú, le indica el peligro de una muerte segura y le conmina a que resuelva vivir. «No conviertas tu obsesión de rebeldía en un acto suicida: no vale la pena».[7] Terminan la escena y la novela en una nota pesimista: un tiro en el ojo derecho y la muerte. ¿Valió la pena?

La novela había comenzado en una granja de castigo en la escena que precede a la final. Se retrocede a saltos y el lector va reconstruyendo la vida del hombre, como si colocara las piezas de un rompecabezas: preso por acciones terroristas contra el gobierno; amores ilícitos con Marcia; profesor de filosofía; aprendió a hacer bombas con Orta y luego enseñó a otros. Narra varios hechos terroristas. Al colocar la última pieza, se ha completado la vida de Ernesto Carrillo.

Perera en *Plantado* deja correr el tiempo en sentido recto. A veces precisa fechas. Valladares precisa fechas continuamente. El preso tiene obsesión con las fechas y no olvida ninguna. Quiere retener el tiempo que se le escapa. Dice José Raúl: «El 22 de octubre por la mañana... es curioso: uno de los efectos del presidio es que, no importa cuánto tiempo pase, recuerda uno exactamente cada día, cada hora... el tiempo de la soledad y el insomnio tiene horario y minutero distintos. Camina con pies más lentos; cala más hondo. Se lleva como un tatuaje indeleble» (P, 33).

Se permite la autora alguna vez, ciertas reminiscencias y visiones retrospectivas sólo para aclarar, justificar o completar lo vivido detrás de las rejas.

El lenguaje de Perera es rico en giros acertadísimos como: la incertidumbre trazaba pesadillas sobre mi espera; dos rectángulos de luz de atardecer; en el sueño espeso conservaba mi mundo intacto; cancelé la marea de pensamientos confusos y fijé rumbos; en la quebradiza pantalla del poco sueño, abrazaba a mis hijos y a mi mujer. También maneja los adjetivos con gran destreza y los encaja a maravilla: mis ojos prófugos; mi pensamiento taquigráfico; un sudor cobarde. Pero no pierde nunca de vista el ambiente cubano: aquello no lo brincaba un chivo (era muy difícil); se cansaron de repartir leña (de golpearles); métele el sopapo (pégale).[8]

Armenteros es el preso rebelde, como Carrillo, como Valladares.

Son plantados que se niegan a someterse al Plan de Rehabilitación. José Raúl no aceptará nunca el plan ni el uniforme azul. Como los otros, se quedará en calzoncillos; se verá privado de correspondencia, paquetes, visitas. Su madre y su mujer le rogarán que salga a cualquier precio; no verá morir a su padre; no verá crecer a sus hijos.

«Todo preso, por su sola condición de hombre, tiene derecho siquiera a ejercer limitadamente este libre albedrío» (P, 174-75) contesta al fiscal cuando ha cumplido su condena y le llevan de nuevo a juicio por su rebeldía, por haberse mantenido doce años en «estado de peligrosidad».

Carrillo dirá: «Nada me queda. La palabra 'no' solamente. De hombre sólo tengo 'no'».[9] Cuando Quijano, vencida su resistencia le confía que aceptará el plan porque: «lo peor es quedarse a vivir esta vida absurda a cambio de mantener una postura digna», Carrillo le responde: «... lo absurdo sería renunciar a toda una perspectiva de la existencia por la ilusión ridícula de 'ser libre'. Aquí la única prueba que tengo yo de ser libre, honradamente libre, es renunciar a serlo».[10]

Como dijo el poeta Richard Lovelace:

> Stone walls do not a prision make
> not iron bars a cage
> (muros de piedra no hacen una prisión
> ni barrotes de hierro una jaula).[11]

Aunque Montaner no menciona por nombre los lugares de arresto, juicio y encierro de Carrillo, se producen de la misma manera que los de Armenteros y Valladares. Arrestados en su casa, llevados al G-2 (la Policía Política) y de allí a La Cabaña donde son juzgados y encerrados.

Las memorias de Armando Valladares comienzan con su arresto y terminan con su libertad después de cumplir su condena. El libro incluye los nombres y destinos de infinidad de otros presos políticos que conoció en veintidós años de encierro y un peregrinar por todas las cárceles de Cuba. También habla de hechos políticos ocurridos durante estos años en Cuba o relacionados con ésta.

Describe detalladamente el funcionamiento del sistema carcelario: cuándo había visitas y en qué condiciones, cuándo no; qué se permitía en los paquetes y qué se entraba subrepticiamente y cómo; qué comida recibían; las condiciones ínfimas en que vivían; los castigos atroces; los fusilamientos; su fuga del penal de Isla de Pinos, captura y meses en el Pabellón de castigo.

*Plantado* logra una posición intermedia entre los dos extremos.

El esqueleto de la novela es la vida del presidio presentada en su realidad descarnada y sin adornos: una etapa cruel y dolorosa que afecta y altera, no sólo la vida de José Raúl Armenteros, sino la de su familia.

El mundo interior de Armenteros, a quien Perera conoce muy bien, es intuido por la sensibilidad de la novelista, pues como él mismo afirma en una ocasión: «A nadie lo dije, como a nadie digo nunca mis cosas íntimas» (P, 167).

En una breve introducción la autora aclara haber basado su novela en hechos reales narrados por ex-presos políticos o los familiares de presos. Aunque algunos han sido mencionados por nombre como el poeta Jorge Valls y el propio Armando Valladares, aún presos al publicarse la novela, Armenteros no es la personificación de varios presos políticos. Bajo el duro carapacho del plantado late el corazón de un hombre rebelde y soberbio: «disfruté de mi soberbia... toda mi vida se me figuraba hechura de mi solo albedrío» (P, 12) ...«llevé a lomo troncos de pino, como un burro arisco, sin humildad mi mansedumbre» (P, 52) ...«sentí ese impulso de rebeldía que me lleva a cancelar toda conveniencia práctica» (P, 59) ...«cuando algo me hiere, clavo las palabras con saña, como garfios» (P, 74).

Es un hombre de una sola pieza y de una voluntad y tozudez extremas con las que se enfrenta a la adversidad.

Oye... sácame para el patio... —¿Quieres salir al patio? ¡Camina! —¡No puedo! —¡Camina, coño! Di un paso. —¡Otro! Hice un esfuerzo sobrehumano. Afirmé el pie, moví las muletas. —¡Otro! (P, 168).

A José Raúl lo habían ido a buscar a su casa en una noche de mayo de 1962. «Me subieron a una perseguidora (coche de la policía) ... Desembocamos en la Quinta Avenida... Era el G-2: una casona hospitalaria y próspera ahora convertida en mundo hostil de encierro e interrogatorios» (P, 10-11). A Valladares también lo arrestaron de noche. «Salimos a la calle. Eran las cuatro de la madrugada... Llegamos a la 5ta Avenida y Calle 14... Varias residencias producto del despojo formaban el complejo del G-2» (V, 17).

Armenteros fue acusado de esbirro (servidor del régimen de Batista), de agente de la CIA y de conspirar contra los Poderes del Estado. «Me mantuvieron aislado más de dos semanas. La guanina que se le da a los puercos en Guanahacabibes era mi único alimento» (P, 11). Valladares fue igualmente interrogado y acusado de agente de la CIA. «Es cierto que no tenemos ninguna prueba concreta contra usted pero tenemos la convicción de que es un enemigo potencial de la revolución» (V, 18).

Terminados los interrogatorios, cuenta Armenteros la salida para la fortaleza de La Cabaña. «Habían tapado las ventanas del microbús y no podía mirar hacia afuera, pero el camino, bien conocido por mí, me dictaba el itinerario: la Quinta Avenida, Calzada, el Malecón y el mar, el túnel sordo, los puentes sobre los fosos... Dos guardias con metralletas me escoltaron hasta el gran portón... En la semi-oscuridad, leí el letrero: Prisión Militar La Cabaña. Miré la noche: otro portón negro, también cerrado» (P, 19).

Valladares dice: «El aire levantaba grandes olas que saltaban por encima del muro del Malecón... El auto corría a gran velocidad. Pasó el túnel de la bahía y entró en la fortaleza de La Cabaña. Se detuvo frente a la alta verja que da entrada al rastrillo de la prisión» (V, 19).

Valladares fue a dar a la galera 12, Armenteros a la 14. «Una galera es algo así como una cloaca gigante de unos treinta metros de largo por seis de ancho y otros tantos de puntal, abierta de lado a lado en la muralla. No hay en ellas más puerta ni ventilación que la reja del frente, que da al patio, y una doble reja de dos metros anchos por unos cuatro de alto que da al fondo. En esa área de menos de doscientos metros cuadrados, con sólo dos letrinas, había más de doscientos hombres» (P, 20-21).

Valladares las describe así: «Las galeras eran como túneles ovalados, abiertos en sus extremos y daban al foso que circundaba la fortaleza. Estaban cerradas con dos rejas de gruesos barrotes, separadas a la distancia de un metro. En las dos garitas del techo escoltas con ametralladoras apuntaban siempre al patio, a los prisioneros, a las rejas de las galeras» (V, 22).

La primera impresión de Montaner al llegar a la galera está expresada en términos más literarios: «El guardia se detuvo mecánicamente. Extrajo una llave grande de argolla de la cintura. La llave enorme gira sin dificultades. La reja se queja de sus achaques. Entra, con las manos liberadas, en la galera tubular... todos duermen... Una espesa nata de hombres cubre la superficie visible. Los tres pisos de literas están sembrados de ronquidos»[12].

A los pocos días de estar en La Cabaña, Armenteros ya empezaba a planear una fuga... «En eso, todos los presos somos quimeristas» (P, 25). Valladores en la Isla comenta: «...tratar de escapar. Esta idea, esta ilusión, yace en el fondo de todo preso...» (V, 106). Montaner cuenta cómo a Vilar se le ocurrió «la peregrina estupidez» de fugarse el día de la visita disfrazado de niño. «Nada pierdo con intentarlo —le dice a Carrillo. —No, tal vez pierdas la vida. —¿Qué harías tú en mi lugar? —Intentarlo, claro»[13].

Cuando abrieron las rejas y José Raúl salió al patio la primera mañana, reconoció a un compañero de bachillerato quien le aleccionó como a novato, sobre la rutina diaria:

—¿Cómo es la fiesta ésta? —Primero, viene el recuento. Luego, sigues en la fila y te dan un pan. Cómete una mitad y guarda la otra; si no, por la noche se te suman el hambre y el insomnio y no pegas un ojo. Aquí dormir es la única libertad posible. En la otra fila te dan un poco de agua chirle que llaman café. Con eso desayunaste. —¡Contra! ¿Y la comida? —Le decimos 'la boba', así que calcula por ahí. El almuerzo... a las once... la comida a las cinco. Hay dos temas: macarrón sancochado... o harina de maíz también sancochada y sin sal. De Pascuas a Ramos dan un huevo duro o un rastrojo de pescado. Subsistimos gracias a la jaba. —Tradúceme eso. —Lo que manda la familia. Avisa que te consignan leche en polvo, gofio y chocolate (P, 22).

Le sugiere que entre en una cooperativa, o sea en un grupo donde se reparten los alimentos y el agua y se ayudan en todo. En presidio todo es de todos.

Dos consejos, además, le da. Que cuando ordenen requisa, corra y salga al patio como esté, aunque sea desnudo. «Te almacenan contra una pared como un fardo, entra la guarnición a las galeras, destruyen todo lo que encuentran, tiran la leche, le echan agua al gofio; pero tú, tranquilo... métete la lengua donde no le dé el sol» (P, 22).

Del Presidio de Isla de Pinos cuenta Valladares: «—Llegó 'la boba' ... preparando. —Este aviso significa que todos los presos debían formar fila en sus pisos respectivos, provistos del plato y un jarro» (V, 62).

José Raúl tiene padre que, abogado como él, fue quien le defendiera valerosamente arguyendo que el crimen del hijo era no aceptar el comunismo. En aquel entonces aún era respetado aquel viejo, conocido del fiscal, de los jueces y abogados. Le dejaron ir en paz pero el hijo quedó condenado a doce años que cumpliría a pesar de Irene, la mujer. «Irene estaba hecha de otros nervios. ...Del árbol quiere sólo la sombra» (P, 9). José Raúl le ha pedido que se divorcie porque cumplirá su condena. Más tarde lo hará por decisión propia.

Tiene también José Raúl, tres hijos, madre y hermana.

El traslado a la Isla se hizo como todos, sin aviso. «Este personal que recoja con todas sus pertenencias». Y luego, la lista de los trasladados. «Ibamos en el suelo, hacinados como sardinas en lata, mirando hacia la cola del avión y rodeados de guardias con metralletas. Cada cual iría pensando sabe Dios qué, o a dónde o

hasta cuándo. Yo, en aferrarme a mí mismo y sobrevivir» (P, 47).
Valladares comenta del traslado: «El avión de transporte, que estuvieron usando para trasladar ganado, no tenía asientos... —¡Todo el mundo al suelo... sentándose!» (V, 48).

La prisión de Isla de Pinos —dice Armenteros— me hizo el efecto de cinco vallas de gallo rodeadas por una cerca de malla de acero: cuatro edificios circulares de unos cincuenta metros de diámetro; y otro, quizá menor, al centro... Cada circular constaba de cinco pisos con noventa y tres celdas; el sexto era corrido, sin divisiones. En medio, quedaba el comedor —que por cierto, no usamos nunca (como comedor, quiere decir, pues sí recibían visita en él, ya que a los familiares no se les permitía la entrada a la circular)... Al frente dos edificios rectangulares albergaban a los presos políticos que aceptaban el plan de rehabilitación; de ahí que se les llamara cuadrados. Al fondo... a la izquierda el hospital y, a la derecha, los pabellones de castigo (P, 49).

Valladares no se detiene tanto en la apariencia externa del conjunto aunque lo describe igual, pero sí detalla el interior de la circular: un patio circular en la planta baja de unos 70 metros de circunferencia. En el centro una torre de concreto hasta la altura del cuarto piso: la torre de los guardias, que tiene acceso desde el exterior sin que tengan que penetrar en el patio de los presos. «Pegadas a la pared de la circular, como un enorme panal de abejas, las celdas, alineadas una junto a otra. Había 93 en cada piso... Aquello parecía un circo romano» (V, 57).

Tanto en *Plantado* como en *Contra toda esperanza* el lector encuentra dos hombres plantados que atravesarán por huelgas de hambre, intentos de fuga, palizas, castigos, el mismo régimen de vida carcelaria, lo que atestigua que pasaron ambos por las mismas prisiones: Valladares y el personaje de la novela de Hilda Perera.

Ambos narran, más o menos de la misma forma, cómo fue que el gobierno decidió sacar a todos los rebeldes de la Isla. Dice Armenteros: «Esa noche quemamos la ropa de trabajo que habían dejado (por el Plan Camilo estaban obligándolos a salir a trabajar en el campo). Al día siguiente, de mil doscientos hombres, cien salieron vestidos. Los demás fuimos al recuento en calzoncillos, descalzos y con una toalla al cuello (P, 79). Esta, siendo la señal de rebeldía, indicaba 'preso plantado'. El 7 de diciembre de 1966, en un acuerdo tácito, al ordenárseles bajar al patio con todas las pertenencias: «cada cual cogió una toalla, un calzoncillo, la cuchara y el cepillo de dientes... se dieron cuenta de que estábamos locos.

Cuando un hombre se rebela, se hace invulnerable. Lucha por instinto: en la unidad se sobrepasa a sí mismo» (P, 79-80).

...presidio unido de hombres sin miedo a la muerte es invencible. La rebeldía de los plantados había echado raíces... La solución fue dispersarnos (P, 85).

El horror de la Prisión de La Cabaña y del Presidio de Isla de Pinos no tuvo comparación con lo que esperaba a José Raúl Armenteros en la Prisión de Boniato, en Oriente, cerca de Santiago de Cuba.

Cuando llegamos... las celdas estaban tapiadas. Las ventanas, cubiertas con una celosía de concreto. En vez de puerta, había una tola; es decir una plancha de hierro. Cada celda medía un metro y medio por dos metros. Dentro, había una especie de cajón de un pie cúbico, con un tubo. Se suponía que era la ducha. Entramos. Cerraron aquello. Enterrados vivos... En la tapiada amanece de nueve y media a diez de la mañana. A las tres de la tarde, ya es de noche. No teníamos ni luz, ni asistencia médica; ni sol; ni otra cercanía que la del compañero de celda, en una convivencia forzada de veinticuatro horas al día. O la de los propios pensamientos. En la tapiada ¡ay del que no piense o no tenga recuerdos! La comida era sopa blanda y sopa dura. Sopa blanda macarrones aguados; sopa dura»: el macarrón que queda. De desayuno: guachipupa (agua de almidón) y dos panes. Uno para el desayuno; otro para el almuerzo. El del desayuno, con la guachipupa; el del almuerzo para el hambre de la madrugada (P, 140).

Pero hay que sobrevivir y para ello se camina de pared a pared, sin cesar. Se trata de ir rompiendo la celosía de concreto con lo que se pueda para sacar una mano; para hablar por señas con el pabellón de enfrente. Se repasa mentalmente todo lo que se ha aprendido de memoria en el bachillerato; se recuerdan los autores que se han leído. Desde alguna celda alguien canta a voz en cuello 'Júrame', 'Un viejo amor' o un tango. Estebita narra a todo grito y con lujo de detalles una película o un juego famoso de pelota, inning por inning, porque «la voluntad de vivir es lo último que se pierde» (P, 140).

Valladares conoció también a Estebita en Boniato: «Estebita nos hacía las noches más agradables contándonos películas que recordaba con asombrosa fidelidad... tenía una voz fuerte... El local, cerrado, con las puertas metálicas, tenía una buena acústica» (V, 333).

Inválido y depauperado fue devuelto José Raúl Armenteros a La Cabaña. Cumplió su condena plantado y, por fin:

> Llegué al rastrillo. Vino el llave y abrió la reja sonriendo. Me volví hacia el patio. Los hombres miraban mi libertad, anhelando la suya. Cogí mi toalla y me la puse al cuello... Iba a salir cuando oí cientos de voces... El himno. Esa es la despedida cuando se sale por la puerta grande... y un tronar de aplausos y el ¡Viva Cuba libre! al que se atreve algún valiente... José Raúl Armenteros, o lo que había quedado de mí, no pudo contener las lágrimas. (P, 177)

En *Perromundo*, Quijano, quien no llegó a salir de la prisión vivo, le había confiado a Carrillo que su deseo de rehabilitarse y salir de allí era para escribir una novela y contar «literalmente, lo que aquí ha ocurrido... Si de todo este horror; si de todo este fango quedara un libro ¡sólo un libro! tal vez se redimieran los hombres que le dieron vida».[14]

Quijano nunca escribió su novela, pero otros lo hicieron por él. Tres libros dan fe de lo que allí ocurrió, entre ellos, el de una mujer, *Plantado*, recia novela de innegable mérito artístico.

Raquel Romeu
Le Moyne College

---

1. Hilda Perera, *Cuentos de Apolo* (Miami, 1975), p. 11.
2. Ibíd., p. 61.
3. Jorge Mañach, *Martí, el apóstol* (Madrid: Espasa-Calpe, 1968), p. 43.
4. Hilda Perera, *Plantado: en las prisiones de Castro* (Barcelona: Editorial Planeta, 1981). Todas las citas son de esta edición e irán incluidas en el texto con la sigla P.
5. Carlos Alberto Montaner, *Perromundo* (Barcelona: Plaza y Janés, 1974).
6. Armando Valladares, *Contra toda esperanza* (Barcelona: Plaza y Janés, 1987). Todas las citas son de esta edición e irán incluidas en el texto con la sigla V. La primera edición es de marzo de 1985; la segunda de 1986. Esta obra ya ha sido traducida al inglés y ha aparecido condensada en *Reader's Digest*.
7. Montaner, pp. 237-38.
8. Para un estudio del lenguaje poético de Hilda Perera, ver: Alicia Aldaya, *La narrativa de Hilda Perera* (Madrid: Playor, s.a., 1978).
9. Montaner, p. 228.
10. Ibíd., pp. 168-169.
11. Richard Lovelace (1618-1658), «To Althea; from prison», en John Bartlett, *Familiar quotations* (Boston-Toronto: Little, Brown and Co., 1981), p. 296.
12. Montaner, p. 21.
13. Ibíd., p. 21.
14. Ibíd., pp. 171-172.

# CARMEN DE BURGOS-SEGUI (COLOMBINE), ESCRITORA ESPAÑOLA DIGNA DE SER RECORDADA

Este trabajo se propone llamar la atención sobre la labor intelectual de Carmen de Burgos-Seguí, mejor conocida en su tiempo bajo el pseudónimo de «Colombine».[1] Intentaré dar un breve resumen sobre sus inquietudes sociales y artísticas, revisar lo poco que la crítica literaria ha dicho sobre ella, y explorar su papel como escritora y biógrafa.

Carmen de Burgos nació en Almería (Rodalquilar) en 1867 (Starcevic 39). Casada a los 17 años, tuvo una hija y enviudó pronto. En 1902, llegó a Madrid, y en la tarde del 2 de noviembre, según sus propias palabras, iba «sola y enlutada al cementerio de San Nicolás en busca de la tumba del Maestro», o sea, de Mariano José de Larra («*Fígaro*», 279-80).

Instalada en Madrid, mantuvo una gran actividad intelectual. Frecuentó las tertulias en que se discutía de literatura, de política o de cualquier tema que pudiera contribuir a la renovación cultural de España (Romá, «Villa» 17).[2] Conoció a Ramón Gómez de la Serna en 1908, y a partir de 1909, posiblemente movida por una atracción semejante a la que le hace admirar y compadecer a Larra,[3] o sea, una admiración hacia el artista genial, a la vez hombre/niño dedicado por entero a su arte, establece con él una relación que transformada por los años en una amistad serena y resignada, perdura hasta el día de su muerte en 1932. Su casa fue centro de reunión para muchas figuras literarias de su tiempo tales como Felipe Trigo, Pedro González Blanco, Blasco Ibáñez y Cansino Assens, quien en una ocasión alude a ella como «la que se parece a Jorge (sic) Sand» (Granjel 43).

A partir de 1900 o antes, su actividad intelectual y docente crece copiosamente. Fue profesora de escuela normal en Guadalajara, Toledo y Madrid (Cejador 290; Romá, «Hombre», 17). Dictó conferencias en Europa y América. Escribió un gran número de artículos en periódicos, revistas, y otras publicaciones que muestran su carácter polifacético. Tradujo muchísimo, y fundó *La revista crítica* en apoyo de los judíos en España y el resto del mundo (Cejador 290, 293; Galerstein 52). Muy entregada a la causa del feminismo, gran parte de su obra refleja este interés. Fue Presidenta general de la Liga internacional de mujeres ibéricas e hispanoamericanas (Burgos, *Mujer* 3). Dedicó biografías a George Sand y a Eugenia de Montijo. Escribió ensayos sobre Doña María de Zayas y Gertrudis Gómez de Avellaneda (Nora 49). También creó muchas novelas cortas y grandes en las cuales unida a una conciencia artística, se plantean problemas de tipo social en que la vena feminista aparece con frecuencia.[4]

Por esta labor de múltiples intereses fue muy conocida y estimada durante su vida. Sin embargo, su vigencia se ha desvanecido con el tiempo.[5] Su nombre revive por los años sesenta, a raíz del fallecimiento de Ramón, principalmente acompañado de las circunstancias personales que la vinculan a él.

En general, con respecto a su actividad literaria, aparte de breves llamadas para que se estudie más su obra (Julio Gómez de la Serna 21), sus admiradores no ayudan a dar una idea justa de su creación y a veces emplean una galantería que le resta valor a su intelectualidad.[6] Lo más reciente son los prefacios de Rosa Romá a las reediciones en 1980 de las novelas cortas «El hombre negro» y «Villa María», una «Nota de lectura» escrita por Eugenio Suárez-Galbán Guerra a raíz de la publicación de las obras mencionadas.

En su «Autobiografía» Carmen confiesa que el arte es su dios, no siente más amor que por los artistas y es devota al culto a lo bello y los efectos nobles. Dedicada a esos efectos nobles traduce a «todos los hombres cuya inteligencia puede influir» sobre su pueblo «de un modo benéfico», y «movida por la piedad», hace trabajos «en favor del divorcio, contra la pena de muerte», y «contra el fanatismo», a pesar de que le han valido «el anatema de los imbéciles» (ctd. en Cejador 193). Se declara «naturalista romántica», manifiesta su repugnancia a la mentira, los convencionalismos, y expresa desdén por la crítica aduladora y las escuelas literarias.

En «*Fígaro*», su biografía sobre Larra, ella identifica a los escritores rebeldes de principios de este siglo, incluida ella, como los que reivindican y reviven el alma libre devota al anhelo de belleza y perfección de Larra. También documenta cómo Larra estaba dedicado a la misión renovadora de divulgar ideas nuevas en aras del mejoramiento de su país. Cómo planeaba un «periódico ideal» «dedicado a la sociedad más culta, escrito en gran parte para el bello sexo, y que no por eso» fuera «indigno de andar en las manos del grave prócer o del sinuoso diplomático» («*Fígaro*»

106-07).[7] Es de notar, que si Larra en dicho proyecto dedica unas líneas acerca de lo que es la moda y hasta dónde se puede extender el concepto de la palabra, Carmen de Burgos también aborda el tema y lo estudia a fondo en más de una ocasión desde múltiples puntos de vista (Burgos *Arte* 27-101; *Mujer* 248-263). Si se piensa que su maestro fue Larra, ella lo llama el «amado escritor», el «Maestro» y el «Muerto (sic) amado» («*Fígaro*» 7, 279), estas coincidencias entre Larra y Carmen pueden interpretarse como un deseo de su parte por emular al maestro para cumplir con sus propósitos truncados por la muerte. De ser esta sospecha válida, para una justa apreciación de su actividad creadora que pretenda ubicarla dentro del contexto literario de los intelectuales de espíritu rebelde de su época, es imperante hacer un examen que tome en cuenta sus posibles influencias literarias. Sobre todo, es necesario determinar cuál es su papel como escritora inspirada en el programa de Larra, y si su actividad literaria llena en algo el vacío dejado por él.

En cuanto a los juicios valorativos dirigidos a su narrativa, las pocas referencias existentes concuerdan en señalar su preocupación por los problemas sociales y la causa del feminismo. Aparte de ello, Marañón (10) y Sainz de Robles opinan que Carmen posee una gran habilidad para manejar la narración. Sainz de Robles la considera «maestra de la técnica novelesca» y a la par de Emilia Pardo Bazán, Blanca de los Ríos, Sofía Casanova y Concha Espina, como una de las cinco escritoras más apreciadas entre 1875 y 1939 (*Novela corta* 22-24; *Novela española* 110, 124, 132, 173).

Por otra parte, Nora no la considera una verdadera novelista. Para él sus narraciones son más bien ensayos novelescos y no novelas consumadas, porque Carmen subordina los personajes, los problemas de la vida y el relato, al servicio de una ideología previa, con una misión admonitoria y pedagógica frente al lector (53). Suárez-Galbán y Nora coinciden en señalar una tendencia hacia el esquematismo narrativo,[8] y éste último observa que en «El hombre negro» la narración carece de objetividad, los personajes resultan «esterotipos del bien y del mal, pero sin que dicho tratamiento llegue a tener una función de valor representativo» y ni en «El hombre negro» ni en «Villa María» puede hablarse de conclusión convincente (7).

Ante estos puntos de vista contradictorios, es preciso notar que la narrativa breve de Ramón Gómez de la Serna también ha sido juzgada de manera semejante. Si se tiene en cuenta que Carmen, como Ramón, se declara rebelde, anticonvencional y antiacadémica; que ella pertenece a la promoción de *El cuento semanal*, formada de autores heterogéneos e independientes, dados a la experimentación narrativa, y que ella se mueve en una época en que el concepto de lo que debe ser una «novela» se aparta del de la novela realista del siglo XIX,[9] parece aconsejable evitar leer sus narraciones sometiéndolas a criterios convencionales preestablecidos. Estos no han sido tomados en cuenta por ella y en consecuencia, resultan inoperantes. En su lugar, es preferible determinar qué hace ella en términos narrativos, qué efectos busca o para qué lo hace, y cómo logra dichos fines. De esta manera, quizá se podrá explicar el desafío, el encanto y la «inconfundible sensación de 'descubrimiento'» que según Suárez-Galbán (7), sus narraciones dejan en el lector, a pesar de su esquematismo, sus personajes estereotipados, sus finales poco convincentes y hasta sus a veces chocantes y desconcertantes pasajes. Tal procedimiento, aplicado a la narrativa breve de Ramón, ha resultado en la elaboración de una fórmula que por coincidir con un patrón común a la *novelle* moderna, ha permitido explicar las características mencionadas como partes integrantes de un modo deliberado de narrar que implica fines estéticos y narrativos bien definidos (Saitz 40-53).

Si se procede a hacer un breve examen que tome en cuenta libros representativos de la variedad de tópicos cubiertos por Carmen de Burgos, específicamente, sus libros *«Fígaro». (Revelaciones, «Ella» descubierta, Epistolario inédito*), (1919); *El arte de ser mujer (Belleza y perfección)* (1922?), *La mujer moderna y sus derechos*, (1927) y *Hablando con los descendientes* (1929), se observa lo siguiente:

Su prosa es directa y precisa. Por ejemplo, léase su definición de humorismo, que permite captar, en pocas líneas, el concepto como manifestación artística en literatura, tal como lo lleva a la práctica Ramón Gómez de la Serna, pero que éste en su ensayo «Humorismo» (1931), no define abiertamente:

> El humorismo es algo semejante a una melancolía que engendra su lucidez en los seres superiores; pero esa melancolía no va acompañada de la amargura morbosa que lleva al pesimismo, sino de una comprensión superior que acepta la especie de fatalidad que nos niega la perfección ansiada. Lo anima una gran bondad para mostrar los defectos y las bellezas mezcladas en un suave claro-oscuro, sin acritud ni aires de dómine o de moralizador. El humorismo no ríe de las cosas, sonríe con benevolencia. (*Mujer*, 39).

Sus trabajos están bien documentados, demuestran ser producto de la reflexión, disciplina intelectual, y el haber pensado a fondo lo que la ocupa a pesar de que Cejador y Frauca insinúa lo contrario (Cejador, 290-91).[10] Por ejemplo, en *«Fígaro»* su biografía sobre Larra, Carmen examina con detenimiento lo ya dicho sobre él por otros y luego, documentada con las obras de él, la partida de nacimiento, de matrimonio, artículos de periódicos y cartas inéditas, aclara o desmiente falsos perpetuados sobre su edad (17), la fecha en que salió su primer periódico (55), su relación con la familia y sus hijos (228), las conjeturas y las circunstancias que lo llevan al suicidio, la mujer por la cual se suicidó, que no fue la reina (241, 254-62), y evaluaciones de Molins y otros sobre su vida y obra (47, 89, 110, 160-62, 228, 249).

Tomando un libro poco profundo desde el punto de vista académico, «*El arte de ser mujer*» (1922?), el tema de la moda, bajo la habilidad expositiva de Carmen se convierte en un punto de partida para reflexionar acerca del tiempo, a más de que nos permite la oportunidad de apreciar su conciencia lingüística.

Ella subraya cómo la moda es testigo que hace gráfico el tiempo cuando escribe:

> La mujer a la moda nos regala el presente, y como éste es tan efímero, ha de encarnarlo en algo efímero. La corta historia del traje es lo que hace gráfico el tiempo; y sin él sería una idea confusa, cierta, exacta, pero no tan visible.
> Tal vez la moda nos hace más humanas, porque tiene la crueldad de señalarnos el paso de tiempo (55).

Observa que el estilo de lo que es «pura frivolidad» (10), o sea, el vocabulario de la moda femenina, es una fuente de renovación lingüística. Es, nos dice, «pintoresco y suntuoso como a veces no lo es el literario» (10), ya que para obedecer a las exigencias de novedad intrínseca a la moda, no se estanca nunca y recurre a «todos los sistemas de expresión, a toda la materialidad y la idealidad de lo creado» incorporando dentro de sí el galicismo y las palabras exóticas. Entonces muestra sus entrecruzamientos, sus combinaciones léxicas, sus expresiones pictóricas y táctiles extraordinarias, y advierte: «bueno sería que muchos literatos se dieran una vuelta por las revistas de modas» (11-12).

Además, en todos los libros estudiados se observa una atención especial hacia el detalle íntimo aparentemente frívolo y la anécdota. Tanto en «*Fígaro*» (1919/20) como en *Hablando con los descendientes* (1929) esta tendencia parece derivada de una técnica literaria aplicable a la biografía, mediante la cual el detalle íntimo y la anécdota se aprecian como recursos narrativos que exaltan lo humano e inmortalizan al ser humano al ubicarlo en una perspectiva que toma en cuenta sus limitaciones vitales. En lo que atañe al detalle, Carmen concuerda con Víctor Hugo en lo siguiente:

los pequeños detalles de la historia y de la vida doméstica deben ser escrupulosamente estudiados y reproducidos por el poeta, pero únicamente como medio de acrecer la realidad del conjunto y de hacer penetrar en los rincones más obscuros de la obra esa vida general y potente, medio en el cual los personajes son más verdaderos y las catástrofes, por consecuencia, más interesantes... (*Arte*, 105).

con un único fin: «el hombre el primer plano; el resto el fondo» (*Arte*, 105). En relación con la anécdota afirma que «lo anecdótico... hace que un texto de recuerdos del pasado tenga siempre palpitante inmortalidad» (*Hablando* 5), ya que el recuerdo de un ser por los que les amaron mucho y los trataron en lo íntimo, provee «la única manera de hacerles vivir, de que no caigan en ese olvido ingrato que es la verdadera muerte» (*Hablando* 15; *Arte* 200).[11] Entonces, al escribir sobre hombres famosos dignos de su admiración, a la vez que trata de resaltar su calidad humana, afianza su opinión sobre el valor del detalle y la anécdota como recursos literarios.

Explica que recoge el aspecto íntimo; «las anécdotas» (65), las «cosas pintorescas» (59), las «pequeñeces» (68), en fin, todas las «minucias» posibles, porque ellas «completan una figura» (64) cuya «vida pública y su gloriosa carrera» todos conocen (89). En efecto, para conservar el aspecto íntimo de los biografiados, que es la clave para perdurar, se apresura a hablar con los descendientes y evoca la figura de los personajes viéndolos como los descendientes los recuerdan en la intimidad del hogar: sus aficiones, sus gustos caseros, su modo de sobrellevar alegrías, triunfos, decepciones; la relación que sostuvieron con sus padres, sus amadas, sus esposas, sus hijos y sus amigos. Sus horas favoritas para el trabajo. Las razones que los llevaron a la profesión que les dio fama. Sus dolencias físicas, cómo murieron y el recuerdo que de ellos guardan sus descendientes.

En «*Fígaro*», la incorporación de detalles aparentemente frívolos pero significativos dan como resultado un estudio que integra la vida de Larra con un vívido recuento de la época en que nace, vive y muere. Carmen presenta junto a los momentos históricos dignos de la pluma de un historiador, las pequeñeces que contribuyen e influyen en esos aconteceres y en la vida de Larra, teniendo presente «todos los objetos de tocador que hacían las delicias de las elegantes», y los usos de la moda. Así le parece que entre ellos evoca a la amada de «Fígaro» quien era una de las elegantes de aquel tiempo (225-226).[12] Con esta técnica logra un balance entre Larra el hombre público, y los detalles íntimos, las pasiones y anécdotas que lo presentan como «humano, muy humano» (50). Explícitamente, dice: ...Han hecho sobre «*Fígaro*» muchos libros de erudición, muchos artículos encomiásticos, bastantes en los que lo maltratan, pero, ¿Quién se ocupó de su espíritu, de su alma? ¿Dónde está su figura humana, su pasión: el hombre? (7).

Esta teoría coincide con la Teoría de la anécdota elaborada por Ramón Gómez de la Serna en los prólogos «John Ruskin» (1913), «El suicida Gerardo de Nerval», (1919), e «Isidore Ducasse (Conde de Lautréamont)», (1920),[13] de los cuales los dos primeros acompañan las traducciones de Carmen de Burgos a *Las piedras de Venecia* y *Las hijas del fuego* (Saitz 49-53).

Además de la elaboración de una teoría de la anécdota por parte de Ramón a partir de dos traducciones de «Colombine» y la existencia de una teoría y técnica bajo las mismas pautas en «Colombine», hay otras coincidencias entre ella y Ramón que animan a explorar más a fondo la interdependencia literaria entre ambos. En el campo de la narrativa, se observa lo siguiente: Ramón en «La capa de don Dámaso» (1924), afirma que todo hombre o capa, etc., sólo «es inmortal mientras vive» y siempre y cuando haya quien valore sus «dobleces y actitudes de bronce perdurable» dentro de la existencia y el recuerdo (Saitz 111), algo a tono con el valor con que ambos dotan a la anécdota.

En 1909 Carmen escribe «Los huesos del abuelo» (*Mejores* 135-160), que centra la atención en el derrumbe de una tumba de un hombre ilustre y explota la idea de la confusión de los huesos del abuelo con los de otros muertos para ilustrar la intranscendencia humana. En «*Fígaro*» (1919/20), alude al traslado de los restos de Larra del cementerio de San Nicolás al Panteón de hombres ilustres en el de San Justo, a causa de «las necesidades de los vivos, de la vida que avanza, de la ciudad que crece y se engrandece» («*Fígaro*» 284). En 1913, Ramón alude a la intrascendencia humana con imagen semejante a la de «Los huesos del abuelo» en «El Ruso» (274). Y en 1927, escribe «El defensor del Cementerio» en que refiriéndose a circunstancias similares a las de «Los huesos del abuelo», y con las razones que causan el traslado de los restos de Larra mencionadas por Carmen, ilustra el mismo tema de la intrascendencia humana (Saitz 242, 245, 248, 249). En 1917 Carmen publica «Una bomba» y en 1922 «La princesa Rusa», en que hay evocaciones y detalles laterales que ayudan a comprender «María Yarsilovna» (1923), la *novella* más concentrada de Ramón Gómez de la Serna (Saitz 224, 227, 299). En 1922, Carmen plantea las opiniones contrarias acerca de si la mujer vestida con pantalones pierde su feminidad o gana su libertad (*Arte* 89), y en 1927 alude específicamente al fenómeno de la mujer vestida de hombre (Mujer 262-263). En 1927 sale a la luz «La Mujer vestida de hombre» de Ramón, en que una mujer busca reafirmar la supremacía femenina vistiéndose de hombre (Saitz 227). En *El arte de ser mujer* (1922-??), Carmen le presta atención al efecto de las luces como factor capaz de crear «un conjunto de armonía entre el ambiente y las figuras a las cuales sirve de marco y encuadramiento» (179) y trata el tema de lo cursi (180-92). En 1937 Ramón escribe «Ella + Ella —El +El» en que el efecto ambiental creado por luces difusas armoniza con la manera de comportarse de los personajes en una situación dudosa (Saitz, 255, 300), y en 1943, escribe *Lo cursi y otros ensayos.*

De la información previamente resumida referente a Carmen de Burgos, de la lista de sus obras dispersa en las portadas de sus publicaciones, de un vistazo a algunos de sus libros, y de las observaciones referente a su interdependencia artística e intelectual con Ramón, se deduce que es importante estudiar con más detenimiento su labor literaria. Es necesario examinar su obra como periodista para ver hasta qué punto dicha labor cumple con el programa de Larra, y revisar sus traducciones, sus ficciones, sus ensayos y sus biografías para precisar sus logros en estos campos en el terreno teórico y en el práctico.

Herlinda Charpentier Saitz<br>University of Lowell

---

1. El seudónimo «Colombine» le fue dado a Carmen por Augusto Figueroa, un amigo periodista (Starcevic, 50). En un prefacio que aparece en *Mis mejores cuentos* (Burgos, V-VII), firmado por Pierrot, el seudónimo aplicado a Carmen adquiere el significado de vidente soñadora y sensata ante los pesares que impone la sinrazón de la vida. Es «la artista que sabe de sufrir y de soñar y de los disfraternos horizontes», que «ha puesto palabras a la pantomima de la vida» (V, VI).

2. Había una tertulia, la del Gato Negro, donde se reunían las mujeres. (Romá, «Villa», 18.)

3. Varios pasajes de *Fígaro* (24, 53, 94, 110, 161), con demostraciones de admiración y compasión en los términos expuestos, permiten pensar que Carmen de Burgos ve en Ramón un alma hermana a la de Larra. Simpatía por el artista enamorado de sí mismo y del amor también se nota en el personaje Manuel de «El hombre negro».

4. Carmen escribió *El divorcio en España* (1904), una colección de cartas sobre el divorcio escrita por varios escritores, políticos y sacerdotes a razón de la primera encuesta en España sobre dicho aspecto abierta por ella en *El diario universal* (*Mujer*, 173). También escribió *La mujer moderna y sus derechos* (1927), un tratado sobre la condición de la mujer en el mundo, que precede al estudio de De Beauvoir, *El segundo sexo* (1942) (Galerstein, 52). Algunos títulos de su narrativa son: «La que se casó muy niña» (1923), «La malcasada» (1923), «La divorciada» (¿1916?) y «El artículo 438», (1921). Esta última sobre la injusticia legal hacia la mujer ante el código civil español referente al adulterio.

5. En cuanto a estudios sobre literatura social inspirados por la corriente feminista vigente, sólo se le encuentra en la bibliografía sobre escritoras españolas de Carolyn Galerstein (52-54). No se le encuentra en la reciente *Historia social de la literatura española* de Castalia (Suárez-Galbán, 7). Gracias a Janet Gold, de la Universidad de Massachussetts (Amherst), añadimos la biografía *Carmen de Burgos, defensora de la mujer,* escrita por Elizabeth Starcevic.

6. Por ejemplo, Andrés González-Blanco, al incluir dentro de la galería de escritores heterogéneos e independientes pertenecientes a la promoción de *El cuento semanal*, dice: «Refocilaos con la cultísima y *charmante* noveladora doña Carmen de Burgos» (872).

7. Para la identificación de ella y los de su tiempo con los ideales de Larra, véase: *Fígaro*, 33, 74-75; 81-83; 95-97; 101; 106-108; 110, 131; especialmente, 161-163; 278-85.

8. Nora lo detecta en «El hombre negro» (1916) (27), Suárez-Galbán, en su última etapa narrativa, determinada por él entre 1923 y 1931 (7).

9. El concepto de novela «se ha hecho más laxo y vago. Cada escritor ha de inventar su forma y su método propios» (Brenen, 427).

10. Entre la gestación y la publicación de algunos libros suyos ocurren períodos que van de 7 a 18 años. Sobre la razón de ser de la moda, ella misma declara haber estudiado el tema por muchos años para tratarlo en el periódico y en sus libros (*Mujer*, 249). Dada la fecha de publicación entre *El arte de ser mujer* (1922 ¿?) y *La mujer moderna y sus derechos* (1927), dos libros que abordan el tema, se puede estimar que pensó en él por lo menos siete años. Su libro *Hablando con los descendientes* (1929), se basa en entrevistas con los descendientes de hombres ilustres que salen en el *Heraldo de Madrid* hacia 1918 o 1919 (*Fígaro*, 8), lo cual indica por lo menos constancia en lo que se propone. Con respecto a *Fígaro* (1919/1920), ya en 1902, cuando visita la tumba de Larra por primera vez, Carmen llevaba algún tiempo leyendo y admirando a Larra en los aconteceres de su vida íntima, y la biografía se termina de imprimir en 1920 (*Fígaro*, 7, 8, 278-279; 384). En *La mujer moderna y sus derechos*, su documentación abarca la antropología, la historia, el arte, la literatura, la psicología, la sociopolítica, la religión, la filosofía, la jurisprudencia militar, etc.

11. Carmen de Burgos llega hasta afirmar que gracias a «las anécdotas bien exprimidas, bien cernidas» se pueden lograr «unos adarmes de esencia del ideal femenino» (*Arte*, 18).

12. También dice: «Al ver sus objetos, al leer sus cartas, al ojear sus cuentas», al examinar sus papeles íntimos e inéditos, sus reliquias, y «al penetrar en su vida íntima» a través de ellos, «su figura se humaniza», su «leyenda y su figura real» se plasman, dando como resultado una visión del hombre y su corazón, «del hombre que ama y nada más»; porque «no es literato el que siente el dolor», sino «es el hombre el que se suicida arrollando al literato» (*Fígaro*, 7-11; 262). Y en todo esto se ve como resultado que la figura del hombre como complemento a la figura pública engrandece a a Larra.

13. Ramón dice que la anécdota, por tratar de lo pequeño, lo esencial humano, compensa al individuo al ubicarlo en su perspectiva vital, al hacerlo perdurable dentro de esas limitaciones. Salva más la figura mortal del pensador porque es «emoliente e igualatoria» y, por lo tanto, perpetúa al individuo al hacerlo «verdaderamente verdadero» («Ruskin», LXXIX). (Véanse: Hoddie, «Sentido», 309-312; «Programa», 134-135; Saitz, 49-53).

# BIBLIOGRAFIA

Burgos-Seguí, (Colombine), Carmen de. *El arte de ser mujer. Belleza y perfección.* Madrid: Sociedad Española de Librería, (sf) (1922?).
―――. *«Fígaro» (Revelaciones, «Ella» Descubierta, Epistolario Inédito).* Madrid: Imp. Alrededor del mundo, 1919.
―――. *Hablando con los descendientes.* Madrid: Ca. Iberoamericana de Publicaciones, S. A. (1929).
―――. *La mujer moderna y sus derechos.* Valencia: Sempere, 1927.
Brenan, Gerald. *Historia de la literatura española.* Argentina: Losada, 1958.
Cejador y Frauca, Julio. *Historia de la Lengua y Literatura Castellana.* Vol. XI, Madrid: Tip. de Archivos y Museos, 1919-1922.
Galerstein, Carolyn L. Ed. *Women Writers of Spain. An Annotated Bio-Biographical Guide.* New York: Greenwood Press, 1986.
Gómez de la Serna, Julio. «Prólogo». José Camón Aznar. *Ramón Gómez de la Serna en sus obras».* Madrid: Espasa Calpe, 1972.
Gómez de la Serna, Ramón. *Lo cursi y otros ensayos.* Buenos Aires: Ed. Sudamericana, octubre, 1943.
―――. «Humorismo». *Ismos.* Madrid: Biblioteca Nueva, 1931, 197-233.
―――. «El Ruso. El libro popular», 10, 11 marzo, 1913.
González Blanco, Andrés. *Historia de la novela en España. Desde el Romanticismo hasta nuestros días.* Madrid: Sáenz de Zubrera Hermanos, 1909.
Granjel, Luis S. *Retrato de Ramón.* Madrid: Ed. Guadarrama, 1963.
Hoddie, James H. «El programa solipsista de 'Ramón Gómez de la Serna'». *Revista de literatura,* XLII, 82, julio-diciembre, 1979, 131-48.
―――. «Sentido y forma de la primera biografía de Ramón de Gómez de la Serna». *Cuadernos hispanoamericanos,* 341, noviembre, 1978, 297-334.
Marañón, Gregorio. «Prólogo». *«Quiero vivir mi vida».* Por Carmen de Burgos-Seguí (Colombine). Madrid: Biblioteca Nueva, 1931.
Nora, Eugenio de. *La novela española contemporánea* (1927-1939). 2 ed. Vol. II. Madrid: Gredos, 1968, 94-154.
Romá, Rosa. «Prefacio». «El hombre negro». Por Carmen de Burgos-Seguí (Colombine). *Serie la novela Corta,* 39. Madrid: Emiliano Escolar Editor, 1980, 13-28.

Sáinz de Robles, Federico Carlos. *La novela española en el siglo XX*. Madrid: Pegaso, 1957.
———. *La novela corta española*. Madrid: Aguilar, 1959.
Saitz, Herlinda Charpentier. «La *Novelle* de Ramón Gómez de la Serna». Diss. Boston University, 1987. Ann Arbor: UMI, 87-9648, 1987.
Suárez-Galbán Guerra, Eugenio. *Insulta*. «Nota de lectura. Sobre dos novelas cortas recuperadas de Carmen de Burgos». Septiembre 37 (430): 7.
Starcevic, Elizabeth. *Carmen de Burgos. Defensora de la mujer*. Almería: Cajal, 1976.

## ESPAÑA Y LOS ESPAÑOLES EN LA ENSAYISTICA DE MARIA ZAMBRANO

Acababa de leer algunos ensayos de María Zambrano con el fin de acumular material literario para mi Diccionario crítico de escritoras españolas, cuando llegó a mis manos esta invitación para disertar sobre «La escritora hispánica» y sentí como si cayera sobre mí la obligación de presentar en el trazado de estas páginas un claro marco temático que girara alrededor de España y los españoles como una categoría núcleo en el enfoque de la ensayística de María Zambrano.

Quisiera empezar por informar, para quien no sepa, que María Zambrano es quizá la mejor ensayista española de nuestros tiempos; andaluza de nacimiento, alcanza ya la merecida edad de ochenta años. La guerra civil española la sorprendió en Chile ejerciendo su función y vocación intelectual y regresó a España en 1937, para sentir de nuevo la evidencia de un exilio forzoso, del que no regresaría hasta 1984, fue entonces cuando pronunció aquella memorable frase: «Yo nunca me he quedado sin patria, porque mi patria era el idioma, el idioma español».[1] Autora de libros como *Pensamiento y poesía en la vida española*, escrito durante la guerra civil; *El hombre y lo divino; El sueño creador; Filosofía y poesía; España sueño y verdad, Claros del bosque*, y *Los intelectuales en el drama de España*, por citar algunos títulos, así como de un sinnúmero de artículos que vieron la luz en la revista *Hora de España* de la que fue activa redactora, Zambrano se nos presenta con una personalidad vibrante y estremecida por una íntima vocación de frecuentar, como también lo hizo Ortega y Gasset, el campo abierto del filósofo literario.

En efecto, la filosofía de María Zambrano se incluye en ese espacio del pensamiento europeo que ella misma denomina «la rebelión de la vida» contra «la soberbia de la razón». Desde que Platón expulsó de su República a los poetas —nos dice Blas Matamoro—

la razón ha separado lo que debía marchar unido, de tal modo que la filosofía de María Zambrano propone un capítulo operativo construido sobre las categorías paralelas de filosofía y poesía:

> En la poesía encontramos al hombre concreto en su individualidad. En la filosofía, al hombre en su historia universal, en su querer ser. La poesía es encuentro, don, hallazgo por la gracia, respuesta, aunque a veces se nos presenta como una pregunta. La filosofía es búsqueda, requerimiento guiado por un método, aunque ofrezca y aunque ella misma sea una respuesta (Matamoro, 69).

Nada tiene, por tanto, de extraño que Zambrano optara enseguida por trasladar al campo de su hacer filosófico lo poético. Y al vertebrar así su universo textual, rompe la escritora con una filosofía académica y se erige como figura de importancia histórica en el pensamiento español de la posguerra. De tal manera que si María Zambrano no existiera o existiera de otra manera esta generación de pensadores se vería mutilada de una de sus vertientes esenciales.

Lo que diferencia a esta escritora de los otros grandes pensadores es su franco deseo de conducir su obra a la claridad de la razón por medio de una interpretación poética de los asuntos más controvertidos. Así observa López Castro que obras de Zambrano tales como *Filosofía y poesía* y *Pensamiento y poesía en la vida española* fueron inspiradas por un mismo deseo de hacer habitable el pensamiento poético:

> un pueblo crea sus mitos porque los necesita, y así aparece don Quijote en su inocente locura, con su muerte a cuestas «Que yo Sancho, nací para vivir muriendo», sacrificio necesario para que su sueño de libertad se cumpla (76).

Por eso, por lo que el pensamiento de María Zambrano tiene de pensar poético y por la presencia viva de España y de los españoles en su obra, españoles a quienes Zambrano llama «criaturas ariscas, desgarradoras y estoicas» he creído necesidad vital alumbrar nuestras ideas sobre el ser de España a la luz que se desprende de la filosofía de María Zambrano.

A través de una lectura, por rápida que ésta sea, de la obra de Zambrano salta a la vista la actitud poético-filosófica de la escritora frente a la realidad española; actitud ésta que forzosamente nos mueve a abordar los diferentes impulsos o instintos que hicieron de María Zambrano una pensadora. Ahora bien, ¿tiene el escritor una responsabilidad? Ciertamente escribir ya no es una labor puramente artística, sino una responsabilidad dentro de la sociedad.

A este respecto, se podría decir que existe en Zambrano un primer impulso que la lleva a enjuiciar la realidad de España. Cuando la palabra *España* se ha convertido en sinónimo obligado de múltiples usos, Zambrano en textos como *El español y su tradición* empieza por recordarnos lo que España significa para los extranjeros dotados de una objetividad difícil de alcanzar por el español «que ha vivido navegando en laberintos de fantasmas históricos».

> Y así nos hicieron un pasado de pesadilla, (...). La historia de España se nos había convertido en una encerrona y era preciso derribar muchos tabiques para salir de ella (*Los intelectuales*, 96).

Aunque sólo sea a título anecdótico, cabe aquí citar el artículo de Marcelo Cohen «El amor a las raíces y los racismos» en el cual se discute el riesgo de caer en el chauvinismo al juzgar aquello que nos es propio. A este respecto comenta el crítico hablando del aniversario del descubrimiento de América que se avecina que si bien ahora se dice *España*, con motivo del descubrimiento se va a decir mucho *Latinoamérica* y hasta *Mediterráneo* y nadie podría oponerse a la voluntad de rescatar el pasado de una cultura; sin embargo, existe una condición el asegurar que ese rescate no se convierta en elogio de los valores tradicionales, y acentúa que el Mediterráneo si bien fue la cuna del *logos*, lo fue también del mito del progreso y de las tiranías ilustradas.

Y precisamente de esa angustia de habitar en una realidad que se desintegra en mito, nace la rebeldía del español ante la historia y ante la tradición. Y surge, nos dice Zambrano, la criatura implacable contra el ayer, y se confunde el fantasma histórico con la historia misma y se llega a creer que los españoles podrían vivir sin ella.[2]

¿Qué es España?, Zambrano se lo pregunta, y responde ella misma:

> No le va al español levantar castillos de abstracciones, pero su angustia por el ser de España, en la que ve envuelta la angustia por el propio ser de cada uno, es inmensa (*Los intelectuales*, 98).

Por eso su obra es al mismo tiempo el instante eterno y estético del mito y una continua interrogación, es decir, una constante indagación que se alimenta de contradicciones que se concilian y se rechazan. Este carácter estático-dinámico se advierte en cada uno de sus libros, en su obra en conjunto y en cualquier fragmento de su ensayística.

Existe también un segundo impulso más difícil de explicar que se centra en la necesidad mágica de dilucidar aquello que nos preocupa. Así en otro ensayo *La reforma del entendimiento español*, publicado en *Hora de España* en septiembre de 1937, María Zambrano acercándose mucho a la *España invertebrada* de Ortega, parte de la evidencia de que la guerra civil española, «lucha terrible» por ella denominada, al conmover al pueblo español, puso de manifiesto todo su pasado.

Pasa nuestro pasado por nuestra cabeza como si lo soñásemos. Con ser ahora cada español protagonista de tragedia, diríase que, sin embargo, deliramos y es nuestro delirio el ayer que siglo a siglo y gota a gota sucede atravesando todas las conciencias (*La reforma*, 100).

Y es que Zambrano está persuadida de que ese pasado presiona la vida española con más angustia que a ninguna otra nación, porque, según ella, el español ha vivido con muy pocas ideas, ha sido un pueblo «ateórico»; pero en razón inversa le ha sostenido un tesón inmenso. Tan seria es esta característica de la vida española que Zambrano se pregunta si es que el español, tan rico en materia humana, en generosidad, en heroísmo, en sentido fraternal, ha quedado desposeído de esa maravillosa capacidad de saber, de esa capacidad de formular ideas claras, de esa capacidad transmutadora de oscuras angustias (*La reforma*, 101).

Naturalmente, la ensayista cree que el pensamiento es función necesaria de la vida, es una íntima necesidad del hombre. Mas, a pesar de ello y para ella, no sería tan grave la cuestión si el español continuara creyendo, como lo había hecho por muchos siglos, que el saber teórico era un lujo, era algo así como la satisfacción de un deseo ennoblecedor, pero que en última instancia se podría prescindir de él. Lo que acontece es que España después de su guerra civil ya no lo creía así, al contrario, los españoles se persuadieron de que el pensamiento era una función necesaria en la vida, que el pensamiento se producía por una íntima necesidad que tiene el hombre de *ver*, de comprender esa vida que nos ha sido dada y que como dijo un pensador español, no puede ser quemada como un castillo de fuegos artificiales.

Siendo cierto lo que acabo de exponer surge la gran pregunta, qué cosa hubiera sido España si en vez de haber vivido solo de mitos, hubiera vivido llevando a su vida la riqueza del pensamiento. Y la misma María Zambrano responde a la pregunta al decir: «O ¿es que acaso los españoles hemos tenido alguna forma de conocimiento peculiar (...) con respecto a las grandes formas clásicas del saber?» ¿Es que acaso, nos podemos preguntar nosotros, mientras Europa creaba los grandes sistemas filosóficos desde Descartes a Hegel, mientras Europa descubría los grandes principios desde Galileo y Newton a la Física de la relatividad, el español se nutría en misteriosos manantiales de saber que nada tenían que ver con toda esa ciencia europea ni con todo el esplendor del moderno capitalismo? Y María Zambrano, al unísono con otros pensadores nos dice que así era.

> El que fuera así le ha valido a España el desdén de la Europa próspera, Europa nos consideraba como un país atrasado, oscurantista, en medio de las *luces*, pintoresca antesala de Africa. Meca del orientalismo romántico cuanto más (*La reforma*, 102).

Y para la escritora esa es la explicación del extranjerismo afrancesado del XIX y el germanismo de los primeros decenios del XX, ese afán de nutrir a un pueblo —España— al que Europa consideraba desnutrido. Sin embargo, observa la escritora la inexistencia de la tan trillada desnutrición de España y llena de suficiencia antieuropeizante después de aclarar que era Europa la que olvidaba que España tiene resortes maravillosos de capacidades morales en grado tal que es muy difícil que ningún otro pueblo pueda superarlo, exclama: «No parece ciertamente merecer Europa lo que por ella hace el pueblo español, y ni París ni Londres se merecen Madrid; pero si no lo merecen, lo necesitan. Lo necesitan todos, y quizá hasta algunos se lo merecen, y aunque nadie lo mereciese, lo merecería el Hombre» (*La reforma*, 103).[3]

La cita anterior se viene a justificar al considerar como ni España ni los españoles han sido ajenos a lo esencial de la cultura de Occidente; por el contrario, España está ligada a esa cultura quizá de un modo privilegiado, a pesar de no haber tenido —como tanto se repite— ni Renacimiento, ni Reforma, ni Romanticismo, y a pesar también de haber pasado por el tiempo sin ninguno de esos grandes acontecimientos de la Historia europea.

Esta última aseveración lleva a Zambrano sin recurrir a otros instrumentos conceptuales que los propiamente filosóficos, a presentar con una intelección radical la defensa de España. Y así discute cómo España se separó de la vida europea a medida que crecía su decadencia política. Y aunque fuera España el país de mayor prestigio, más tarde invadida por ese no sé qué que se traduce en mortal desgana, pierde el pulso y le sobrevienen toda suerte de desastres. Y con ese mismo carácter intelectivo interviene de nuevo la escritora para manifestar que desafortunadamente en esas circunstancias el español «no pudo ni quiso mirar hacia atrás, para ver si se había equivocado» (*La reforma*, 107).

Creo que nada de cuanto se va desvelando puede sorprender a quien conozca la obra de María Zambrano ya que cualesquiera páginas que seleccionáramos vendrían a encontrar de forma coherente con el resto de lo creado por ella. Así pues, Zambrano se erige en una pensadora que se siente atraída por otra realidad que no es la circundante, sino una realidad que late dentro de ella misma y que va elaborando su cosmos ensayístico de tal manera que cada fragmento de su obra supone tanto una desconfianza del cientificismo europeo como una profundización en el ser de España y de los españoles. María Zambrano entiende al ser humano y desdeñando cualquier premisa general parece decirnos que mientras Hamlet se debatía entre «ser y no ser», don Quijote, desde su ambigüedad, exclamaba: «Yo sé quién soy».[4] Con ello no quiero simplemente decir que Cervantes era superior a Shakespeare ni que la figura de don Quijote ensombrece a Hamlet, lo que quiero destacar es el raciocinio de la pensadora al hacer de don Quijote el ejemplo de la voluntad pura de Kant antes de que nadie pudiera pensarla. He aquí, pues, esbozado un tercer impulso, su preocupación humanística. En efecto, la ensayística de Zambrano es una ensayística que se sostiene sobre todo en una generosa humanidad, una ensayística fervorosamente entregada a su circunstancia y en la que su autora no ejerce ningún papel explícito, excepto en la medida en que no puede dejar de asumir la óptica del ensayo.

Por eso, María Zambrano analiza con perspicacia femenina la desesperanza y la angustia del pueblo español de su época, desesperanza y angustia que parecen traducir un retorno contemporáneo al estoicismo senequista. Como dice Marie Laffranque el mito de Numancia y don Quijote que pobló la imaginación de tantos españoles exiliados después de 1939, simboliza precisamente una fase nueva, una actitud del espíritu diferente después de la guerra civil, derrota vivida y confirmada para unos, frente al triunfo de los otros. En definitiva, parece que Zambrano quiere poner de relieve cómo el español resume una de las formas más fundamentales de «ser hombre» en esa manera de aceptar la vida y la muerte, en ese vivir de la ambigüedad y de la contradicción.

De todo lo expuesto fácilmente se adivina cómo Zambrano quiere combatir el subjetivismo extremado sobre el que se fundamenta la estética de nuestro tiempo. En una época en la que la experiencia literaria viene caracterizándose por una creciente crispación, por un tono marcadamente egocéntrico y torturado, resulta reconfortante la lectura de la obra de María Zambrano. Si admitimos que hay dos tipos de obra 1) aquélla que se circunscribe explícitamente al contexto cultural de toda una época de la cual absorbe tonos, temas y circunstancias; y 2) aquella otra que parece prescindir de este contexto y surge directamente de las posibilidades intrínsecas de la lengua para aprisionar la filosofía, se podría concluir, sin temor a equivocarnos, que Zambrano pertenece a la primera porque ha sabido asimilar los interrogantes y las propuestas filosóficas de su época sin cerrarse nunca ante el pensamiento hispánico.

Finalmente, quisiera manifestar que en esta hora de apertura española es cuando el pensamiento de María Zambrano podrá ser calibrado debidamente. Si filosofar es en parte releer desde un determinado momento histórico y levantar nuevos interrogantes, Zambrano está destinada a perdurar en una relectura y reinterpretación crítica e interrogativa de su obra.

L. Teresa Valdivieso<br>Arizona State University

---

1. Se cita de memoria.
2. Como ejemplo paradigmático, cita la ensayista la sangrienta historia española del siglo XIX, «ímpetu ciego casi siempre sin voz y sin figura», y cree que en medio de aquellas luchas, el español, perdido en el desierto, se refugia en sí mismo, mejor dicho, en su valor para afrontar la muerte, corriendo hacia ella para comprobar su condición humana (*Los intelectuales*, 97).
3. Se encarece al lector interesado en este aspecto de la filosofía de Zambrano que profundice en el capítulo «Los españoles y la tradición» de su libro *Los intelectuales en el drama de España*.
4. Se cita de memoria.

## BIBLIOGRAFIA

Cohen, Marcelo. «El amor a las raíces y los racismos». *La vanguardia*, 20 diciembre 1983: 43.

Lafranque, Marie. «De la guerra al exilio: María Zambrano y el senequismo de los años 40». *Cuadernos hispanoamericanos*, 413 (1984): 103-120.

López Castro, Armando. «El pensar poético de María Zambrano». *Cuadernos hispanoamericanos*, 413 (1984): 75-79.

Matamoro, Blas. «El arrabal de los santos». *Cuadernos hispanoamericanos*, 413 (1984): 66-71.

Ortega yGasset, José. *España invertebrada*. Madrid: Espasa-Calpe, Colección Austral, 1966.

Zambrano, María. *Los intelectuales en el drama de España*. Madrid: Editorial Hispamérica, 1977.

——. «El español y su tradición». *Los intelectuales en el drama de España*. Madrid: Editorial Hispamérica, 1977, 94-99.

——. «La reforma del entendimiento». *Los intelectuales en el drama de España*. Madrid: Hispamérica, 1977, 87-93.

# EL MARIANISMO Y EL MACHISMO EN *EL ETERNO FEMENINO* DE ROSARIO CASTELLANOS

> El Machismo es la máscara tras la que se esconde Tonatzin para actuar impunemente.
>
> Rosario Castellanos.

El marianismo y el machismo son dos fenómenos culturales que se corresponden en una doble relación de causa y efecto. Estas dos actitudes culturales adoptadas por hombres y mujeres es un mecanismo simbólico que permea la interrelación entre los sexos. La polarización entre lo femenino y lo masculino proyecta en un nivel latente conflictos de poder; y en un nivel patente crea espacios separados, que se reflejan no sólo en las relaciones interpersonales sino también en el arte y en todas las manifestaciones sociales, políticas e ideológicas. Así, sus efectos se encuentran en la división sexual del trabajo, donde mujeres y hombres desempeñan determinados roles y oficios arbitrariamente considerados femeninos o masculinos. Esta división ha sido explotada por la Iglesia, por el Estado, por los medios masivos de comunicación que han creado respectivamente esferas femeninas y masculinas.

Son varios los autores que se han dedicado al estudio del tema [1] y entre ellos retomaré a Octavio Paz, quien analiza el fenómeno en forma lingüística. Al definir las acepciones semánticas del verbo 'chingar', lo inscribe en su doble relación de cerrado y abierto, es decir; masculino-femenino.

> Lo chingado es lo pasivo, lo inerte y abierto, por oposición a lo que chinga, que es lo activo, agresivo y cerrado. El chingón es el macho, el que abre. La chingada, la hembra, la pasividad pura, inerme ante el exterior. La relación entre ambos es violenta, determinada por el poder cínico del primero y la

impotencia de la otra. La idea de violación rige oscuramente todos los significados. La dialéctica de lo 'cerrado' y lo 'abierto' se cumple así con una precisión casi feroz.[2]

El tono y la inflexión de la voz son los que determinan el sentido. La plurivalencia semántica del término, como lo señala Octavio Paz, indica siempre una agresión; el espacio masculino, cerrado, penetrador, agresor y fuerte se enfrenta al espacio femenino, abierto, penetrable y débil. Estas dos actitudes extremadas crean un patrón de comportamientos y normas que se pueden definir como machismo y marianismo. El 'marianismo' lo define Evelyn Stevens, como un «'culto' a la superioridad femenina, que enseña que las mujeres son semidivinas, superiores moralmente y más fuertes espiritualmente que los hombres».[3] La fuerza física no equivale a la fuerza espiritual. Estas imágenes ideológicas basadas en falacias son apoyadas culturalmente y han determinado la conducta de hombres y mujeres en la América Latina. Penélope Rodríguez, afirma que estas actitudes son «dos esquemas psicoafectivos e ideológicos sobre los que hombres y mujeres consolidamos gran parte de nuestra identidad».[4]

El marianismo no es un fenómeno religioso, aunque su nombre se deriva de la Virgen María. Este término se refiere a las actitudes estereotipadas consideradas culturalmente como femeninas. El culto mariano fue iniciado en la Iglesia para combatir el misoginismo rampante que veía en la mujer la imagen de Eva. El término se expande semánticamente para referirse a elementos culturales y antropológicos que ven en la mujer una imagen de la tierra, de la fecundidad, de la reproducción y a la posición de la mujer en la sociedad como una figura central que reúne varios roles: madre, esposa, hermana, hija, compañera, criada. Funciones que le han permitido a la mujer aceptar sumisamente su papel pasivo en la sociedad. Con la falacia de la superioridad espiritual se le ha sometido y se le ha obligado a desempeñar roles y actitudes, muchas veces, no deseados. La mujer ha sido educada para complacer a los hombres de su familia (padre, hermanos, esposo, hijos e inclusive amigos), y ha sido reducida a la estrecha y segura área del hogar.

El machismo es el otro polo del binomio que permea también el sistema de valores de la sociedad latinoamericana. Es el culto a la fortaleza física, a la virilidad y a la superioridad intelectual del hombre. Mujeres y hombres sucumben ante este fenómeno, pues ha sido transmitido generacionalmente a través de fórmulas culturales. Este rol transmisor es llevado a cabo por las mismas mujeres (madres, tías, abuelas, hermanas, maestras) quienes se encargan de perpetuar el mito (Rodríguez, 6). El hombre macho se escinde entre la agresión y el paternalismo. Es agresivo sexualmente con las mujeres y con los hombres entabla, generalmente, relaciones de competencia. Es protector y paternalista con las mujeres de su familia, quienes deben ser 'decentes', es decir, pasivas sexualmente. Las 'no decentes' o sexualmente activas son consideradas malas. Anverso y reverso de una misma actitud. Esta ambivalencia de valores entre los seres humanos perpetúa el machismo y el marianismo. La conducta del hombre hacia la mujer varía de acuerdo a la conducta sexual femenina, y será entonces, protector o agresor. El 'no rajarse' como sinónimo de masculinidad es una forma plástica de expresar la integridad y la virilidad. Estas premisas acerca de lo viril como íntegro y cerrado están fuertemente arraigadas en nuestra ideología. Permean los procesos de socialización y de educación de los niños y niñas latinoamericanos.

En *El Eterno Femenino*, de Rosario Castellanos, se proyectan las actitudes ideológicas determinadas por el marianismo y el machismo. Una lectura radial (como la que propone Sarduy) [5] permite descodificar los diferentes significantes que apuntan a un mismo significado: el eterno femenino. Rosario Castellanos, recrea entonces, estereotipos de la mujer mariana y del hombre machista en los protagonistas de la obra. La pieza como un gran collage representa los mitos de la sociedad latinoamericana y los hace irrisorios al recrearlos satíricamente en una comedia, cuyo escenario es un salón de belleza, y al reencarnarlos en personajes que no corresponden. Vemos entonces, mujeres que invaden la esfera de acción masculina y a hombres que actuan de acuerdo a patrones considerados femeninos. La obra está constituida por cuadros breves relacionados por el tema. Los protagonistas de estos episodios son una vasta gama de seres que abarcan no sólo personajes históricos como: la Malinche y Cortés, Sor Juana Inés de la Cruz, Josefa Ortiz de Domínguez, Maximiliano y Carlota, Rosario de la Peña y Manuel Acuña, Adelita; personajes míticos como: Adán y Eva; sino también, personajes de ficción que representan diferentes oficios: ama de casa, secretaria, criada, peinadora, maestra, enfermera, prostituta, reportera, monja, soldadera, lavandera. Se refiere también a los diversos estados civiles: celibato, matrimonio, vida religiosa, viudez, amancebamiento. La autora intenta un análisis de la situación de la mujer mejicana en diferentes momentos históricos: la conquista, la colonia, durante la revolución, en el presente; en diferentes etapas de la vida: juventud, madurez, vejez; en diferentes situaciones económicas y sociales, en diferentes niveles educativos y políticos.

A través de la sátira, de la pantomima, de la farsa, de escenas de teatro en el teatro, la autora, representa las contradicciones y conflictos que afectan a la mujer. Con el humor obtiene el distanciamiento necesario que permite ver la realidad. Es una deformación de la deformación para volver a lo real. La autora ha recreado teatralmente y con elementos estilizados el efecto deformador que tienen el marianismo y el machismo, para plantear que éstos no son estados naturales, sino conductas socialmente aprendidas. Con signos grotescos —que permiten el distanciamiento y revelan la incoherencia de los actos humanos— se dramatizan los problemas que la mujer no ha logrado aún resolver.

En el primer acto se dramatizan diferentes escenas de la vida conyugal de un matrimonio de clase media: Lupita y Juan. Con esta pareja, la autora, desacraliza los mitos de la virginidad, la pureza, la dedicación maternal, la fidelidad, la resignación. A pesar de su nombre de virgen, Lupita, está lejos de ser la mujer ideal o mariana. Y Juan, por su parte, es una caricatura del macho.

> En un sofá, cubierta con un velo y vestida con el más convencional y pomposo traje de novia —al fin y al cabo es para una sola vez en la vida— está Lupita. En la cola del traje hay una mancha de sangre que no resultaría muy visible si ella no arreglara cuidadosamente los pliegues de modo que la mancha resalte a la vista. Mientras ella se ocupa de este menester, con una virtuosa minuciosidad, Juan, el marido se pasea como una fiera enjaulada... Gesticula, como si hiciera cuentas con los dedos y, por fin, se decide consultar una especie de enorme código abierto sobre un facistol. Con una pluma de ganso va poniendo una palomita en aquello que ya ha sido consumado [6].

Vemos en este cuadro como la autora rompe con la lógica argumental, con la reproducción verista de la realidad, con el lenguaje teatral convencional. Los personajes están representando, patrones de conducta. No son héroes movidos por sus propias convicciones sino seres reducidos por las convenciones, las normas y las represiones sociales. La pluma de ganso y el facistol señalan el anacronismo y la irrelevancia de la escena, que es reforzada por la actitud de la pareja. Ella ostenta orgullosa la mancha que prueba su pureza, y él consulta las normas del código del honor, antes de decidir si todo está en orden. La farsa se hace cada vez más irreverente y grotesca, lo que hace irrelevante los mitos acerca de la virginidad.

> Juan: Sí veo, pero no soy muy experto. Parece salsa Catsup.
> Lupita: ¡Salsa Catsup! Es plasma. De la mejor calidad. Compré un cuarto litro en el Banco de Sangre.

Juan: Muy bien contestado. (Va al libro y dibuja una palomita...) (34).

Cada uno asume el papel que le corresponde representar socialmente, pierden su particularidad para convertirse en un esterotipo. Las reacciones espontáneas son frenadas por las fórmulas que son reforzadas por la madre, por el marido, por las amigas. La madre de Lupita le explica claramente que una mujer decente no disfruta de las relaciones sexuales. Y si las disfruta, al menos debe disimularlo. Es decir, que la mujer debe demostrar su honestidad, su espiritualidad e inclusive su educación, a través de una conducta sexual pasiva. La actividad sexual la igualaría a los seres sin espíritu, que se dejan dominar por sus instintos, como las bestias.

Mamá: ...Hay que tener en cuenta que su inocencia ha sido mancillada, su pudor violado. Ave de sacrificio, ella acaba de inmolarse para satisfacer los brutales apetitos de la bestia.
Lupita: ¿Cuál bestia?
Mamá: El marido, claro. Y no, no me vayas a salir con que te gustó porque voy a pensar que todos mis esfuerzos por educarte fueron vanos. ¡Yo, cosiendo ajeno para pagar las escuelas más caras, los internados más exclusivos! (39).

El episodio de la noche de bodas se representa desde diversas perspectivas y se desnudan los conflictos generados culturalmente. Es un enfrentamiento entre el ser y el parecer. Es el mundo de las apariencias contra el mundo real. Hombres y mujeres esconden su individualidad para copiar la fórmula. La multiplicidad del ser queda reducida a la fórmula socialmente aceptada. En el imaginario se recupera un espacio que libera los deseos y que permite expresar las emociones reales. La protagonista, entonces, recrea metafóricamente su noche de bodas y la convierte en una faena taurina. Los símbolos son condensados, invertidos, desplazados y proyectan otro ángulo de la realidad. Aquí, Lupita es el toro, la bestia que sufre y disfruta la faena, y Juan es un torero que muestra su destreza en el día de su alternativa. Esta metáfora muestra los sentimientos de la joven, quien invierte los símbolos culturalmente aprendidos y expresa su sexualidad. El marido y la madre aparecen en la escena como los agentes que ejercen la represión y limitan la libertad de la joven, obligándola a comportarse como corresponde a su status. Al final del cuadro aparece Lupita convertida en una anciana que también logró dominar los ímpetus y rebeldías de su hija; hecho que la llena de satisfacción: «La potranca me salió medio carrera, pero no pudo conmigo» (64). La víctima se convierte en verdugo, y así, el fenómeno encuentra su camino al futuro.

Lupita: Porque no vas a ser distinta de lo que fui yo. Como yo no fui distinta de mi madre. Ni mi madre distinta de mi abuela (61).

La autora desmistifica las actitudes y comportamientos transmitidos de generación en generación sin cuestionamientos. Patrones que someten a hombres y mujeres y les impiden ser realmente libres. Las escenas representadas recogen episodios de una vida matrimonial minada por el cansancio y la rutina. El hombre dedicado a sus negocios, con su secretaria-amante; la mujer encerrada en el hogar, hastiada de la vida doméstica; refleja su cansancio en el descuido de los hijos.

Para hacerse la ilusión de que descansa se pone a leer una revista para mujeres y come chocolates que no van a contribuir a mejorar su aspecto personal (46).

Algunas escenas de la vida conyugal son representadas en forma de farsa que desnudan 'la cruda realidad', como la autora, la designa. La venganza de Lupita se estructura sobre el famoso corrido de Rosita Elvirez. Hecho que convierte en parodia la muerte violenta de Juan y su amante, y contamina la escena con el humor negro y el grotesco del corrido original. El jarabe que baila Lupita sobre la tumba de su esposo, termina el proceso de desmistificación de la vida familiar y proyecta la viudez como el estado ideal. Estos golpes de teatro rompen la estructura argumental y permiten el distanciamiento propio del teatro épico. En el escenario se recrean los problemas domésticos y las peripecias del diario vivir que deben hallar una respuesta en el auditorio. Con sus protagonistas, Rosario Castellanos, desenmascara las actitudes hipócritas y las falsas virtudes preconizadas por el status quo.

En el segundo acto, con escenas del teatro en el teatro, se representan anécdotas de mujeres mejicanas famosas, y que fueron también víctimas de la represión y convenciones de las fórmulas sociales. La autora las revive para dar una nueva versión de los hechos. En estas escenas se invierten los roles que la sociedad ha atribuido a hombres y mujeres. Las protagonistas muestran en la obra su capacidad intelectual y su sagacidad, tienen intereses políticos y sociales, son activas y su esfera trasciende lo doméstico; sus compañeros, manipulados por ellas, no les reconocen ningún atributo intelectual. Cortés, ante las prudentes sugerencias de la Malinche, y sin captar el alcance de las mismas exclama: «¡Ah, mujeres, mujeres! ¿Por qué la Divina Providencia las habrá dotado del don superfluo de la palabra?» (90). La Malinche, es la estratega que ayuda a Cortés en la conquista del imperio azteca. Convence al conquistador para que use su armadura, que lo asemeja a un dios e intimida a los indios. Con la Malinche, Cortés, tuvo acceso a la cosmovisión indígena, y pudo así, contemplarse en otro espejo, que reflejaba un mundo desconocido y fascinante. El Corregidor, por su parte, afirma: «La señora corregidora, como todas las señoras, no cuenta» (116). Era inconcebible para él, que su esposa tomara parte de la insurrección que dirigía el padre Hidalgo, y que se oponía a los intereses de su mundo; pues la mujer, generalmente, ha adoptado las ideas, las costumbres, la religión, la política del marido.

Con Rosario de la Peña, se invierte el mito de la pasividad sexual femenina. La protagonista asume una actitud activa al atreverse a visitar a Manuel Acuña. Esto desconcierta al romántico joven quien no esperaba ninguna respuesta a sus delirios amorosos. Su amor por Rosario era ideal e inalcanzable y al hacerse accesible perdió todo su valor y transcendencia. La escena se hace tragicómica con la aparición de Petra, la lavandera, que como ella misma dice: «Yo qué voy a ser inocente, señorita. Si dice Manolo que yo soy la que le hace casa al niño y niño a la casa» (97). La autora recrea en esta farsa el conflicto del hombre escindido entre el amor ideal y el amor carnal. Sus producciones intelectuales y su vida espiritual están dedicados a la mujer refinada, culta y de una clase social superior; y por otro lado, su sexualidad y necesidades materiales son colmados por la humilde lavandera. Manuel actúa con las mujeres de acuerdo a su status social; y esta actitud marca su vida afectiva de tal forma, que el único escape que le queda es el suicidio. Su muerte pierde efectividad dramática ante la exclamación de Petra: «¡Dios Mío! ¡Ha salpicado de sangre toda la ropa limpia! Ahora tengo que lavarla otra vez» (98-99).

En la escena de Sor Juana Inés, la autora comete una de las mayores desacrilizaciones de la pieza, al insinuar que la 'décima musa' entró al convento por su 'repugnancia al matrimonio' y por su inclinación al sexo femenino. Disfruta disfrazándose de hombre y cortándose su cabello, símbolo por antonomasia de la femineidad... «Cuando ha terminado la operación se contempla de nuevo: tiene un aspecto equívoco de efebo, en el cual se complace» (101). La aureola de misterio del amor imposible, del sacrificio, del abandono del mundo que ha acompañado la historia de Sor Juana, desaparece de la escena con la glotonería, la pereza y la vanidad de la monja. Su espiritualidad queda contaminada por sus inclinaciones materiales. Esta versión de la historia, presenta a un ser más humano, más cerca de lo real que del mundo perfecto y estereotipado de los héroes.

Con la historia de Maximiliano y Carlota, también se invierten las características del marianismo y el machismo. Carlota es la mujer ambiciosa, con voluntad de reinar. Para ella, asegurar el trono era más importante que su destino personal, como esposa o como madre. El emperador, por el contrario, prefiere la vida privada, anhela un hijo y desea regresar a Europa. El es un hombre débil que sucumbe ante la voluntad de su mujer. La emperatriz rompe con el estereotipo de la mujer mariana, pues ella no es sumisa, ni obediente, ni desea tener hijos y su único interés es la vida pública. Al invertir los estereotipos en la pareja real, la autora, los hace irrisorios y los desacraliza. En este tipo de inversiones vemos a la mujer como un ser valiente, rebelde, activo, temerario. Características que han pertenecido culturalmente a la esfera masculina. Vemos, entonces, en la escena de los corregidores, que él es sedentario y ella es la que planea revoluciones. Adelita, por su parte, se enfrenta a los Generales 1 y 2, y les recuerda su deber, les recrimina su conducta, y finalmente con una metáfora, termina explicándoles el sentido de la Revolución. En esta escena, la inversión es total, pues vemos a la mujer con poder sobre los militares e invadiendo un terreno esencialmente masculino: la guerra, la violencia y las armas.

En la escena del paraíso aparece una Eva, activa, temeraria e irreverente. Desea labrar la tierra, trabajar, romper con el ocio, aceptar el dolor y la muerte; es decir, conquistar la categoría humana.

Adán (Incrédulo): ¿Quieres decir que piensas trabajar?
Eva: ¿Qué hay de malo en eso?
Adán: Se cansa uno. Y suda.
Eva: Yo no me cansaré porque estoy bien alimentada (83).

En Eva, vemos a la mujer como sujeto y agente de la historia, como ella misma lo afirma en la obra. Con su acción desobediente se inicia la vida de los seres humanos y con ella ha de continuar. Pues está dispuesta a poblar la tierra y a trabajar para producir el sustento necesario.

En el tercer acto aparece la mujer soltera, infeliz con su suerte, sintiéndose incompleta; pues ha sido educada para formar un hogar. «La soltera se afana en quehacer de ceniza, en labores sin mérito y sin fruto» (142). Las diferentes profesiones con las que se gana la vida no logran llenar su vacío existencial. La soledad y falta del otro se reflejan en el aula vacía de la maestra, en la hoja en blanco de la secretaria, en la cama sin paciente de la enfermera. El desequilibrio entre la esfera privada y la profesional se refleja en la vida de casadas y solteras. El ama de casa profesional trabaja más que solteras y casadas, pues en el hogar siguen existiendo roles femeninos y masculinos. Por su parte, el éxito profesional no realiza a la soltera, quien abandonaría su carrera, en el momento conveniente para seguir los pasos de sus antecesoras.

> Entra Lupita, vestida con sobriedad y elegancia. Se le nota que posee un grado académico pero ello la ha hecho más consciente de su feminidad, más cuidadosa de su apariencia. Por ejemplo: es miope. No es una desgracia; es una oportunidad de usar anteojos diseñados de modo que parezca misteriosa, no inteligente, atractiva, no capaz. Se mueve con seguridad y eficacia pero, en cada movimiento seguro y eficaz, deja entender que está dispuesta a abdicar de su independencia en la primera ocasión conveniente. Y abdicar quiere decir seguir el ejemplo de su madre o de su suegra (179-180).

Los éxitos profesionales, los logros económicos, la igualdad que muchas mujeres han conquistado en la educación, en la vida política y social no están al mismo nivel de su desarrollo emocional. En esta esfera sigue siendo un ser dependiente, como claramente lo muestra la autora en este tercer acto. El ama de casa teme que su mundo se derrumbe y es una ardiente defensora del status quo. La querida termina abandonada y repudiada socialmente. La prostituta es explotada por el hombre que 'la protege'. Cada caso dramatizado por Lupita nos va mostrando las diversas formas de la sumisión femenina, de la explotación y mutua manipulación que hombres y mujeres han aprendido a ejercer. Las relaciones de explotación y dependencia entre hombres y mujeres han marcado su vida familiar y social. En el epílogo de la pieza, y a modo de coro griego, diversas mujeres expresan sus opiniones acerca del problema del eterno femenino. Analizan el fenómeno desde diferentes ángulos políticos y sociales; para concluir:

> La tercera vía (la latinoamericana y tercermundista) tiene que llegar hasta el fondo del problema. No basta adaptarnos a una sociedad que cambia en la superficie y permanece idéntica en la raíz. No basta imitar los modelos que se nos proponen y que son la respuesta a otras circunstancias que las nuestras. No basta siquiera descubrir lo que somos. Hay que inventarnos (194).

La obra nos invita a ser creativas y originales, a buscar soluciones propias que posibiliten una vida más acorde con la realidad y con el deseo. La liberación no es ni femenina, ni masculina porque la exclusión del otro nos llevaría de nuevo a la polarización y al desequilibrio.

María Mercedes de Velasco<br>
Fitchburg State College

---

1. Véase la recopilación de ensayos de Ann Pescatello, *Hembra y Macho en Latinoamérica*, México: Editorial Diana, 1977. Elsa Chaney, *Supermadre: La mujer dentro de la política en América Latina*, México: Fondo de Cultura Económica, 1983. Elena Urrutia, *Imagen y realidad de la Mujer*, México: Editorial Diana, 1979.

2. Octavio Paz, *El laberinto de la soledad*, México: Fondo de Cultura Económica (1975): 65.

3. Evelyn Stevens, «Marianismo, la otra cara del machismo en Latinoamérica», en Ann Pescatello (1977): 122.

4. Penélope Rodríguez Sehk, «Machismo y Marianismo en Latinoamérica», en el magazín dominical de *El Espectador*, Bogotá, 211-214 (1987): 6. Todas las citas son de esta edición, posteriormente se citará la página y apellido del autor.

5. Severo Sarduy, «El Barroco y el Neobarroco», en *América Latina en su Literatura*, México: Siglo XXI (1980): 172.

6. Rosario Castellanos, *El Eterno Femenino*, México: Fondo de Cultura Económica (1975): 32-33. Todas las citas son de esta edición, posteriormente se citará la página.

## ¿EN QUE TRAMPAS CAYO SOR JUANA?

El ensayo de Octavio Paz *Sor Juana Inés de la Cruz o Las trampas de la fe*[1] ha dado un nuevo enfoque al estudio de la obra de Sor Juana restituyéndola al momento histórico en que se produce y, a la vez, abre nuevas perspectivas a la crítica sorjuanina. Para Octavio Paz las trampas que había que esquivar eran más de carácter social, y llega a la conclusión de que «entre Sor Juana y su mundo había una contradicción vital insalvable» que él resume en tres puntos: 1.° su vocación a las letras; 2.° su sexo; y 3.° el conocimiento a que ella aspiraba no era el saber que podía darle la religión, pues es fácil comprender que no hace falta saber química para razonar sobre los efectos de la gracia divina.[2]

Paz, sin embargo, no puntualiza en qué trampas realmente cayó Sor Juana. La existencia de las trampas no implican necesariamente la caída, y, además, el crítico nos aclara que la monja tenía conciencia y agudez suficientes para navegar entre tantos escollos, o, como dice él mismo: «Sor Juana tiene conciencia del *hasta aquí*».[3] (El subrayado es del propio Paz).

Es por eso que, acertadamente, Amy Katz Kaminski, en una reseña que le hace al libro de Octavio Paz expresa que éste logra mostrar «como, siendo mujer, Sor Juana tuvo que diseñar una estrategia para poder ejercitar su intelecto, y que fue precisamente un fallo en esa estrategia lo que causó la caída de la escritora mejicana».[4]

En *Las trampas de la fe* Paz nos presenta la sociedad virreinal de México como pluralista y jerarquizada, dos aspectos que fácilmente engendran choques, tanto entre los componentes sociales que forman la pluralidad, como entre distintos rangos jerárquicos de cada uno de dichos componentes; de modo que podemos encontrar choques tanto entre los intereses de la Iglesia y los del poder civil, como entre obispo, clero y cofradías; y también divergencias de facciones entre los «conquistadores». Recuérdese que bien podemos decir que la primera guerra civil de Latino América fue entre pizarristas y almagristas; y que, por esa misma época, década de 1530, Motolinía y los misioneros franciscanos escondieron a más de treinta caciques aztecas que tenían que rendir ciertas cuentas a las autoridades civiles que aún no tenían la categoría de virreinales.[5]

En cuanto a la jerarquización, era ésta más estricta dentro de la Iglesia que en el nivel civil, y, por lo tanto, resultaba más difícil para una monja expresar ideas avanzadas que para su contemporáneo Sigüenza y Góngora criticar la escolástica desde su cátedra de la Universidad de México o comentar la decadencia española en *Los infortunios de Alonso Ramírez*. En efecto, durante muchos años pudo la religiosa navegar entre los escollos de aquella sociedad de corte y clero gracias a la estrategia que ella misma se trazó. Así escribió poemas de amor más sensuales que los de *El Cantar de los Cantares* sin ofender a la jerarquía eclesiástica y obras de teatro que agradaran a la corte sin hacer ningún ruido que alertara a la Santa Hermandad.

Sor Juana, en su *Respuesta a Sor Filotea*, expresa que la dedicación a la literatura no es intrínsicamente mala, sino que lo que la vicia es precisamente el mal uso: —cito— «el mal uso no es culpa del arte, sino del profesor que los vicia».[6] Ella, pues, como religiosa, ha de usar la literatura como vehículo doctrinal y moralizador, Henryk Markiewicz en su estudio sobre las distintas maneras de parodiar expone que una de dichas maneras puede ser «el cambio de una obra seria a otra obra también seria aunque de diferente contenido, v. g. el cambio de una obra laica a religiosa».[7] Sor Juana pone en práctica este tipo de parodia en dos obras teatrales: *Los empeños de una casa* y *El Divino Narciso*.[8] Esta es la que llamamos *parodia a lo divino*.

En la primera de estas obras la parodia se realiza a base de un significante (/casa/ por /acaso/) en el título y por medio de la estructura temática. La causa primera de la que se deriva la acción de la comedia calderoniana es un /acaso/: el encuentro imprevisto de don Félix con Hernando, criado de don /Juan, frente a la casa de Leonor. De este /acaso/ se deriva un /empeño/: don Juan se ve forzado a retar a don Félix, quien lo ha ofendido al maltratar a Hernando. Al primer /acaso/ le suceden nuevos accidentes *casuales* de los que se desprenden nuevos empeños/, y así la reacción /acasos-empeños/ da a la comedia calderoniana su estructura temática que es característica de este autor y que está regida por el código del honor de la época que, como es sabido, muy poco o nada tiene que ver con la moral.[9]

La causa primera de la comedia de Sor Juana, por el contrario, son los /empeños/ de don Pedro y de su hermana doña Ana, es decir, de una misma /casa/: don Pedro está empeñado en conquistar a Leonor, aunque sabe que ésta no lo ama a él sino a don Carlos; doña Ana quiere conquistar a don Carlos a pesar de estar ella comprometida con don Juan. Los enredos de la trama vienen de los /empeños/ de ambos hermanos, y el código del honor queda relegado a un segundo plano; en efecto, los empeños de Pedro y de Ana resultan vanos porque, en definitiva, el amor puro, honesto, es el que impone su ley, aunque se cumple la justicia poética como elemento moralizador, y como resultado doña Leonor se casa con don Carlos, su prometido y a quien ella ama; doña Ana desiste de su empeño y exclama: «D. Ana. Acabe este desengaño/ con mi pertinaz intento/ y pues el ser de don Juan/ es ya preciso, yo esfuerzo/ cuanto puedo, que lo estimo/ que en efecto es ya mi dueño/».[10] Don Pedro, siendo el más culpable, queda en ridículo: «D. Pedro. Tan corrido ¡vive el cielo!/ de lo que ha sucedido/ estoy, que ni a hablar acierto/».[11]

Además de este doble contraste con la comedia de capa y espada calderoniana *sor* Juana aprovecha las ocasiones para moralizar y para criticar la volubilidad de los hombres que fácilmente olvidan a la mujer que aman «si ven/ que otra ocasión los convida»[12] y condena el machismo que desprecia a la mujer de tal manera «que en mirándolas corteses/ luego las juzgan livianas/» y que «si no las ven desatentas/, no las tienen por honradas/»[13], versos que recuerdan aquellas redondillas de «Hombres necios»: «si no os admite, es ingrata/ y si os admite, es liviana/».

En *El Divino Narciso* el discurso paródico directo y sobre todo la connotación son los que trasladan la comedia mitológica palaciega al código religioso y realizan la función de *la parodia a lo divino*. Al aplicar Sor Juana un nuevo código, los significantes adquieren nuevos significados: en primer lugar, el embrague de laico o mitológico a religioso se efectúa desde el título con el significante /divino/. No se trata de Eco y Narciso a secas sino de un Narciso /divino/; más aún, no se trata de una comedia de Eco y Narciso, sino del auto de un /Divino Narciso/ solamente. El tema es pues /divino/ y se ha de ajustar a connotaciones de un código /divino/, a lo cual sor Juana añadirá además la intención doctrinal evangelizadora: /Narciso/ va a transformarse en /Jesucristo/, Dios hecho hombre; /Eco/ va a connotar la /naturaleza angélica réproba/, Luzbel, convertido en el tentador Satanás.

De acuerdo con el mito pagano, Narciso, siguiendo la voz de la tentación, llega a la /fuente/ donde halla la muerte/. El /Divino Narciso/ no ve en la /fuente/ su propia imagen sino el reflejo de su /naturaleza humana/ que bajo la alegórica Naturaleza Humana del auto ha sido guiada hacia el lugar por la Gracia, quien le advierte: «Procura que tu rostro/ se represente en las aguas/, porque llegando él a verlas/ mire en tí Su Semejanza/; porque de tí se enamore/».[14] El Divino Narciso no muere enamorado de sí mismo, sino que acepta la /muerte/ para lograr la unión con la amada, lo cual consigue mediante la Redención. Octavio Paz hace notar que en el mito pagano «el conocimiento equivale a la /muerte/. En el autor de sor Juana el conocimiento no mata: /resucita/.[15]

El climax del discurso paródico se realiza con el parlamento de la declaración de amor de Eco a Narciso que sor Juana convierte en la tentación de Cristo en el desierto. El embrague a lo divino se consigue principalmente por medio de la adjetivación. (Véanse las citas en el apéndice).

En el auto de sor Juana los /amenos valles/ se transforman en /humanos valles/; el simple «/monte/ en que naciste» es ahora «el /monte de tus glorias/». El Narciso mitológico trae /asperezas/ en su conducta; el /Divino/ trae /celsitudes/ que son inherentes a su naturaleza divina. Metonímicamente la metáfora barroca las /esmeraldas pacen/ connota, en el auto sacramental, el verde de la /esperanza/, en un Redentor que Naturaleza Humana /alimenta/ en su corazón, mientras que en la comedia de Calderón no es más que una pincelada bucólica que Eco quiere dar a su declaración amorosa. Aún en el caso de la coincidencia exacta de los significantes, como ocurre en los versos «Eco soy, la más rica/ pastora de estos valles/; bella decir pudieran/ mis infelicidades»/ el significado es categóricamente diferente debido a los distintos códigos que se aplican en cada una de las obras. La Eco de la comedia es infeliz por el desprecio amoroso de Narciso de la misma manera que son infelices muchas mujeres que, siendo bellas, son despreciadas por el galán a quien aman; la infelicidad de la Eco del auto sacramental es claramente debido a su condición de ángel caído y arrojado del cielo. En el texto calderoniano Eco ofrece su belleza y sus riquezas a cambio de la honesta entrega conyugal; la declaración de Eco en el auto es parodia del *omnia tibi dabo* de la tentación de Cristo en el desierto. Según la acotación de sor Juana Narciso aparece hambriento en lo alto de un monte desde donde se pueden ver /ganados/, /siembras de trigo/, montañas preñadas de/ oro y diamantes/ y los/ reinos/ del mundo y Eco le propone: «y todo será tuyo/, si Tú con pecho afable/ depones lo severo/ y llegas a adorarme/» (16). El rechazo de Narciso es fulminante: «Aborrecida ninfa/, ... Vete de Mi presencia/» (17).

A partir de este momento el desarrollo del auto sigue una estructura paralelamente equivalente a la vida pública de Cristo, culminando en la oración en el huerto de Getsemaní y la crucifixión del Viernes Santo. La Gracia, al igual que el ángel a las mujeres, le anuncia a Naturaleza Humana que Narciso está vivo, resucitado, y él mismo viene a confirmarle que ha dejado el Memorial de la Eucaristía para que lo repita en conmemoración suya. El auto termina con una traducción muy personal que hace sor Juana de tres estrofas del «Pange, lingua», el himno litúrgico por excelencia dedicado a la Eucaristía y cuyas dos últimas estrofas, el «Tantum ergo», aún se cantan en las iglesias católicas al final de la exposición del Santísimo Sacramento.

Además del discurso paródico que he señalado, Sor Juana aprovecha la ocasión para extender su intención doctrinal de modo que incluye otros temas bíblicos como la caída de Adán y Eva en la desobediencia y la subsiguiente expulsión del Paraíso; o bien temas de Patrística como el de la rebelión de la tercera parte de los ángeles en el cielo y el odio que Satanás tiene al hombre por haber sido creado para ocupar el lugar que les correspondía en el cielo a los ángeles rebeldes. El diluvio universal es presentado como esfuerzo diabólico para destruir al hombre a quien Dios salva en el arca de Noe. La intención moralista está presente en la alusión a la construcción de la torre de Babel y la confusión de las lenguas así como en los castigos que recibe el pueblo judío por sus idolatrías y en el buen ejemplo que representan las invocaciones de los justos y de los profetas.

Estas características que he señalado han dado lugar a la gran diferencia de opiniones de biógrafos tan opuestos como el jesuita P. Diego Calleja, quien escribe a principios del siglo XVIII y quien considera a sor Juana como una santa; y Ludwig Pfandl que en nuestro siglo la ve como una neurótica. Considero más acertada la opinión de Octavio Paz que la considera como «una católica sincera»[18], pero disiento de su manera de pensar en cuanto a que «Carecía de temperamento religioso»[19]; yo, por el contrario, diría que sor Juana era una *monja sincera*. Sabía muy bien que, como religiosa, tenía deberes divinos que cumplir y, aunque se le prohibía el púlpito, tenía que predicar o adoctrinar en la forma que Dios había puesto a su alcance con el don literario. A sor Juana la mueve el espíritu misionero y evangélico, por eso, para empezar el proceso de *divización* de Narciso, utiliza, en la loa de introducción a su auto, el rito azteca de Huitzilopochtli, el Gran Dios de las Semillas, como símbolo eucarístico. Octavio Paz hace notar que algunos Padres de la Iglesia aceptan la posibilidad de que haya habido revelaciones parciales pre-cristianas, lo cual permitía una revalorización, o, «redención» de las antiguas religiones nacionales.[20] Sor Juana, conocedora de la patrística, aprovecha la oportunidad para darle a la pieza un toque americanista acercándola a la circunstancia colonial mexicana.

Bien sabido es cuán asombrados y perplejos quedaron los propios misioneros llegados a América ante la similaridad de algunos de los ritos o mitos, tanto aztecas como incaicos, con las creencias o dogmas católicos. Tal vez el más notable de esos ritos precolombinos lo es precisamente el de Huitzilopchtli, en el que los aztecas comían una mezcla que hacían de harina y sangre que se sacaban pinchándose la lengua o las orejas.

En la loa para el auto *El cetro de José* también se refiere Sor Juana a las antiguas religiones indígenas al expresar su personaje alegórico la Fe, el regocijo que le causa «la nueva conversión/ de las Indias conquistadas/, donde tú por tantos siglos/ de mí estuviste privada»[21], y la ley de la Gracia se esfuerza en «quitar del altar/ las sacrílegas estatuas/ de sus falsos dioses».[22]

¿Eran efectivas las prédicas de la atrevida monja? Para ella misma fueron causa de un verdadero martirio que la llevó hasta el renunciamiento total a su inclinación a la literatura y al estudio, puesto que la jerarquía eclesiástica no le podía perdonar su osadía, pero, según Ezequiel A. Chávez, el mensaje era bien comprendido: «Sentíanse aun mal asimilados a la religión cristiana los indios,... la ley de la Gracia, por tanto, que en la loa del auto sacramental de *El cetro de José* clamaba por que se derivasen los altares de los dioses indígenas... tiene que haber sido un personaje real y positivo para cuantos se preocupaban entonces en México por la suerte de los mexicanos».[23]

Volviendo pues la premisa inicial, considero muy acertado el ensayo de Octavio Paz como propósito de «restitución de Sor Juana a su mundo y a su época», pero, al mismo tiempo hay que reconocer que si sor Juana se hubiera /conformado/ con ser una mujer de su época, hoy no nos interesaría tanto su obra. La parodia a lo divino le brindó la oportunidad para ajustarse tanto al gusto de la sociedad virreinal como a su condición religiosa; así como la demencia fue lo que encontró Cervantes para esquivar las iras de la Santa Hermandad. Si navegó con tanto acierto ¿en qué trampas realmente cayó sor Juana y cuál fue el gran escollo que la obligó a la abjuración? Esto lo tenemos que buscar, entre líneas, en su *Respuesta a sor Filotea;* ella misma nos lo advierte cuando alerta al lector: «que se entienda lo que el silencio diga».[24] Ya Paz hace notar cómo sor Filotea *deplora* que sor Juana no haya escogido mejor el asunto de sus estudios y escritos, y cómo la reprende por no consagrarse a «asuntos sagrados».[25] Esta amonestación era, por una parte, contradictoria, y por otra, carecía de fundamento. Como he señalado, sor Juana eligió la «parodia a lo divino» como medio de /divinizar/ temas tan frívolos, desde el punto de vista moral o ascético, como son los ardides femeninos en asuntos de amor y el simple divertimiento con un tema mitológico; además, bien tenía que saber el Monseñor que sor Juana también había escrito ejercicios espirituales, devociones y villancicos para sus hermanas de claustro. El tema de la *Carta atenagórica* era, sin embargo, un asunto sagrado más profundo y reservado a los teólogos, campo vedado a las mujeres, y es por eso que, tomándole la palabra, le advierte el Obispo a la monjita que tenga cuidado, no sea que esa *fineza negativa* a la que ella se refiere, se convierta para ella misma en negación eterna en el infierno. Quiere esto decir que una de las grandes trampas, para sor Juana, fue el discutir y escribir sobre un Asunto que era reservado a la «inteligencia» masculina, aunque ella refuta la recriminación protestando que hay hombres a quienes se les debe prohibir el derecho a enseñar y discutir sobre problemas divinos por carecer de los conocimientos requeridos. (¿Le servía el sayo a algún contemporáneo?). Sor Juana protesta que «a las mujeres se les tenga por tan ineptas y a los hombres, con solo serlos, piensen que son sabios».[26] Por eso mi renglón preferido de la *Respuesta* como fuerte alegato feminista es el que dice: «Llevar una opinión contraria de Vieyra fue en mi atrevimiento ¿y no lo fue en su paternidad llevarla contra los tres Santos Padres de la Iglesia?»[27]

Quería decir: de modo que yo, por ser mujer, no puedo disentir de su reverenda paternidad Antonio de Vieyra, S.J., pero él sí puede ir contra las enseñanzas de los Doctores de la Iglesia san Agustín, santo Tomás de Aquino y san Juan Crisóstomo. Para defenderse sor Juana trae a colación que la Iglesia ha permitido que otras mujeres, aunque no hayan sido declaradas santas, escribieran, y cita a «una Gertrudis, una Teresa, una Brígida, la monja Agreda y otras muchas».[28]

Finalmente, por la insistencia con que protesta que: «yo nunca he escrito sino violentada y forzada y sólo por dar gusto a otros; no sólo sin complacencia, sino con positiva repugnancia»[29] que luego repite: «El escribir nunca ha sido dictamen propio sino fuerza ajena», y, ya casi al final vuelve a insistir: «si conociera, como debo, esto mismo no escribiera. Y protesto que solo lo hago por obedeceros», por esta insistente protesta de que escribe por obedecer, inferimos que esa fue positivamente, la *gran trampa* en que cayó sor Juana: escribir y, peor aún, escribir sobre «asuntos» que no le correspondían fue el gran fallo de su vida, la «contradicción insalvable» que causó su caída.

La *Carta atenagórica* tiene la advertencia de que la escribe sólo para su interlocutor, que era la propia sor Filotea, y es ésta la que publica y costea la publicación. La *Carta*, aunque publicada contra el deseo de su autora, y la *Respuesta*, que tal vez sor Filotea no esperaba, al menos no en esos términos, fueron los escritos que hicieron rebosar la copa de las envidias y resentimientos de sus agazapados y poderosos adversarios y fueron la causa directa de la orden de abjuración. La *Respuesta* está llena de ironías y de osadías; hasta contiene una nota de «agradecimiento» a sor Filotea por publicar sus «borrones», pero se ve a las claras que sor Juana abjura sin arrepentimiento, protestando que ella no ha faltado al decoro y repitiendo una y otra vez que sólo ha obedecido.

Luis Villaverde<br>
Fordham University

## APENDICE

*EL DIVINO NARCISO*

    Cuadro Segundo
    Escena V
    Descúbrese un monte, y en lo alto el Divino Narciso, de Pastor Galán, y algunos animales;..........
    Narciso.
    En aquesta montaña, que eminente
    el Cielo besa con altiva frente,
    sintiendo ajenos, como propios males,
    me acompañan los simples animales,
    ...........................
    No recibo alimento
    de material sustento,
    porque está desquitando Mi abstinencia
    de algún libre bocado la licencia,
  (Acaba de subir Eco, y dice en tono recitativo:)
    Eco.
    Bellísimo Narciso.
    que en estos humanos valles,
    del Monte de Tus glorias
    las celitudes traes:
    mis pesares escucha;
    ............................
    Eco soy, la más rica

Pastora de estos valles,
bella decir pudieran
mis infelicidades.
 Mas desde que severo
mi beldad despreciaste,
las que canté hermosuras
ya las lloro fealdades.
..............................
 Y así, vengo a decirte
..............................
mires interesable
mis riquezas, atento
a tus comodidades.
 Pagarte intento, pues
no será disonante
el que venga a ofrecerte
la que viene a rogarte.
..............................
 tiende la vista a cuanto
alcanza a divisarse
desde este monte excelso
que es injuria de Atlante.
 Mira aquestos ganados
que, inundando los valles
de los prados fecundos
las esmeraldas pacen.
 Mira en cándidos copos
la leche, que al cuajarse,
afrenta los jazmines
de la Aurora que nace.
 Mira, de espigas rojas,
en los montes formarse
pajizos chamelotes
a las olas del aire.
 Mira, de esas montañas
los ricos minerales,
cuya preñez es oro,
rubíes y diamantes
..............................
 Todo, bello Narciso,
sujeto a mi dictamen,
son posesiones mías,
son mis bienes dotales.
 Y todo será tuyo,

207

si Tú con pecho afable
   depones lo severo
   y llegas a adorarme.

   Narciso.
   Aborrecida Ninfa,
   ................................
   Vete de mi presencia
   ................................
ECO Y NARCISO
Sale Eco, (Canta).
   Bellisimo Narciso,
   que a estos amenos valles
   del monte en que naciste,
   las asperezas traes,
   mis pesares escucha,
   pues deben obligarte,
   cuanto no por ser míos,
   sólo por ser pesares.
   Amor sabe con cuanta
   vergüenza llega a hablarte,
   y no dudo ni temo
   que tú también lo sabes,
   si atiendes los colores
   que en el rostro me salen,
   la púrpura y la nieve
   variada por instantes;
   porque en cada suspiro,
   que en efecto son aire,
   camaleón de amor
   se muda mi semblante.
   ................................
   Eco soy, la más rica
   pastora de estos valles;
   bellas decir pudieran
   mis infelicidades;
   que de amor en el templo,
   por culto a sus altares,
   de felices bellezas
   pocas lámparas arden.
   Todo aquese oceano
   de vellones, que hace
   con las ondas de la lana
   crecientes y menguantes,

desde aquella alta roca
hasta este verde margen,
esmeraldas paciendo
y bebiendo cristales,
todo es mío;............

............................
Todo a tus pies lo ofrezco,
y no porque a rogarte
lleguen hoy mis ternezas,
imagenes que nacen
en la constancia mía
de usadas liviandades,
supuesto, bello joven,
que no puede obligarme,
sino es de ser tu esposa,
a que mi amor declare,
porque tengas en mí
siempre firme y constante
un alma que te adore,

**PANGE, LINGUA**
Pange, lingua, gloriosi
Sanguinisque pretiosi,
quem in mundi pretium
fructus ventris generosi
Rex effudit gentium.
Tantum ergo sacramentum
veneremur cernui,
et anticuum documentum
novo cedat ritui;
praestet fides supplementum
sensuum defectui.
Genitori Genitoque
laus et jubilatio,
salus, honor, virtus quoque
sit et beneditio;
procedenti ab utroque
compar sit lauditio.
AMÉN.

Traducción de sor Juana en *EL DIVINO NARCISO*

¡Canta, lengua, del Cuerpo glorioso
el alto Misterio, que por precio digno
del Mundo Se nos dio, siendo Fruto

Real, generoso, del Vientre más limpio!
Veneremos tan gran Sacramento,
y al Nuevo Misterio cedan los Antiguos,
supliendo de la Fe los afectos
todos los defectos que hay en los sentidos.
¡Gloria, honra, bendición y alabanza,
grandeza y virtud, al Padre y al Hijo
se de; y al Amor, que de ambos procede,
igual alabanza Le demos rendidos!

---

1. Octavio Paz, *Sor Juana Inés de la Cruz o Las trampas de la fe*, Barcelona: Seix Barral, 1983, Barcelona, p. 615.
De esta época son también las siguientes obras:
Montross, Constance M., *Virtue or Vice? Sor Juana's Use of Thomistic Thought*, University Press of America, Washington, DC: 1981.
Perelmeter Pérez, Rosa, *La noche intelectual: la oscuridad idiomática en el «Primero Sueño»*, México: UNAM, 1982.
Sayer, Peden, Margaret, *A Woman of Genius*, Salisbury, COUN: Lime Rock Press, Inc., 1982. Publicación bilingüe de la *Respuesta a Sor Filotea*.
*Dayton Review*, # 2, Spring, 1983. Este número recoge las ponencias del simposio celebrado en SUNY, Stony Brook, bajo el subtítulo de: «Sor Juana Inés de la Cruz: A Bilingual Symposium.»
2. Paz, *op. cit.*, pp. 615-617.
3. Ib., p. 625.
4. Kaminsky, Amy Katz, «Reseña», *Hispamérica*, # 3, p. 128.
5. Nueva España fue elevada al rango de virreinato en 1535, siendo su primer virrey don Antonio de Mendoza, Conde de Tendilla, desde 1535 hasta 1550.
6. Sor Juana Inés de la Cruz, *Poesía Teatro Prosa*, México: Editorial Porrúa, 6.ª edición, 1973, p. 292.
7. Markiewicz, Henryk, «On the definition of literary parody», in *To Honor Roman Jakobson*, The Hague-Mouton, 1967, vol. II, p. 1265.
8. Para *Los empeños de una casa* he utilizado la edición de Porrúa, *Poesía, Teatro y Prosa*, 6.ª edición, México, 1973. Para *El Divino Narciso*, he utilizado la edición de Alfonso Méndez Placarte, *Obras completas*, vol. III, Fondo de Cultura Económica, México, 1955.
9. Véase nuestro análisis temático-estructural de *No siempre lo peor es cierto*, Introducción y notas de Luis G. Villaverde y Lucila Farinas, Ediciones HISPAM, Barcelona, 1977.
10. *Los empeños*, p. 242.
11. Ib., p. 246.
12. Ib., p. 115.
13. Ib., pp. 139 y 140.
14. *El Divino Narciso*, p. 55.
15. *Trampas*, p. 463.
16. *El Divino Narciso*, p. 47.
17. Ib., p. 149.
18. *Trampas*, p. 49.
19. Ib., p. 285.
20. Ib., pp. 460 y 461.
21. Sor Juana Inés de la Cruz, *Obras*, vol. III, p. 186.
22. Ib., p. 188.

23. Chávez, Ezequiel A., *Sor Juana Inés de la Cruz. Ensayo de Psicología*, Ed. Porrua, México, 1970, p. 253.
24. Sor Juana, *Poesía, Teatro y Prosa*, p. 253.
25. *Trampas*, pp. 519 y 520.
26. Sor Juana, *Poesía, Teatro y Prosa*, p. 281.
27. Ib., p. 289.
28. Ib., p. 288.
29. Ib., p. 256.
30. Ib., p. 257.
31. Ib., p. 283.

## ROSALÍA DE CASTRO

Before examining a few poems in more detail, I would like to begin with some introductory remarks. This year marks the 150th anniversary of the birth of the Spanish writer, Rosalía de Castro (1837-1885), born in Santiago de Compostela, in the northwestern region of Spain known as Galicia. During her lifetime Rosalía published five prose works and five collections of poems. Today her novels are of interest mainly to specialists but on the basis of her mature poetry she is considered one of the outstanding figures of 19th century Spanish literature, and in the words of the critic, John Frederick Nims, «some think [her] the greatest woman poet of modern times».[1]

Though Rosalía had achieved some degree of recognition by the time of her death, it was not until the turn of the century that she was rediscovered by the Generation of '98. Her poetry is now thought to be of equal importance as that of Gustavo Adolfo Bécquer who had previously been regarded as the only Spanish post-romantic poet of merit.

As I. L. McClelland has shown in his comparison of these two poets,[2] it is futile for critics to argue about who is indebted to whom. Instead, he proposes that a mutual influence is responsible for such shared general characteristics as a lyric, personal, intimate and suggestive poetry filled with melancholy and yearning.

Rosalía's sensitive explorations of human emotions in a simple yet eloquent manner lend her poetry a timeless quality which continues to appeal to contemporary audiences. Among her recurrent motifs are love (both maternal and erotic), yearning, sorrow, suffering, religion, and death. In the tradition of post-romantic poetry, most of her poems are suffused with nature imagery. At times nature, with which she identifies almost pantheistically, reflects her state of being; other times it serves as a contrast to her mood, yet it is always present as a lovingly and minutely observed backdrop for her emotions.

Although one critic has argued that her first collection of six poems, *La Flor*, written at the age of nineteen, and *A mi madre*, a series of elegiac poems inspired by her mother's death, observe more critical attention,[3] it is commonly agreed that Rosalia's best work can be found among the approximately 300 poems contained in *Cantares gallegos, Follas novas*, and *En las orillas del Sar*.

A definite thematic evolution is discernible in these books. As the years pass, Rosalía endures numerous hardships, illness, and losses. Not surprisingly, the youthful innocence and gaiety of her early poetry yields to increasing anguish and disillusionment. The sense of longing and vague yearning which has always been present in her poetry becomes more accentuated, reflecting in large part her own melancholic temperament, but also echoing the Galician psyche.

It is impossible to speak about Rosalía without mentioning her native region because Galicia greatly influenced her poetic evolution and she, in turn, has become its poetic voice. Galicia («land of the celts») is an impoverished, hilly, humid, and verdant region which borders on Portugal and once formed part of that country. Galicia's language, «o galego», which closely resembles Portuguese, has an illustrious history that goes back to the Middle Ages. Some medieval lyrics of the 13th century, among them those of Alfonso el Sabio, were written in Galician-Portuguese which experts regard as the earliest literary language of the Iberian Penninsula. By the 15th century, however, Castilian had become the dominant literary language and Galician was relegated to every-day usage, surviving primarily in its oral form.

The appearance in 1863 of Rosalía's collection of poems written in Galician, *Cantares galegos*, was the first important publication in that language in several centuries. It greatly advanced the cause of the so-called Galician «Rexurdimiento» (Restoration), an attempt by Rosalía's husband, Manuel Murguía, and a group of Galician writers to reinstate their regional language for literary purposes and restore it to its former splendor. It must be remembered that Rosalía had no written guidelines and therefore her Galician poems show certain grammatical inconsistencies and orthographic idiosyncracies. It is generally agreed, however, that these short-coming are insignificant in comparison to her unique contribution to Galician identity and culture.

*Cantares* reflects Rosalía's interest in Galician customs and mores. In these poems, which integrate popular and folkloric motifs, Rosalía expresses her love for her native region and for its people, while also making a spirited defense of their rights.

As the noted Spanish scholar Gerald Brenan has pointed out,

Rosalía modeled some of her poems on her native folksongs, such as the «muñeiras», direct descendants of the medieval «cantigas de amigo» (Galician-Portuguese love songs in which the speaker is a woman) or «cantares de pandeiro», which receive their name because they are sung to the accompaniment of a timbrel.[4]

Rosalía's use of folkloric motifs in *Cantares* is exemplified by «Adiós ríos, adiós fontes», one of the earliest poems she wrote in Galician. In her gloss on this popular refrain, Rosalía assumes the persona of a young man who, before having to leave his familiar surroundings, enumerates everything that he will miss. At the time of writing this poem, Rosalía, herself, was far from Galicia, living in dry central Spain, and the poem's recurrent water imagery (rivers, fountains, brooks) may have kindled her rememberance of the misty beauties of Galicia where water is omnipresent. Quite clearly Rosalía indentifies her own sense of nostalgia with that felt by an emigrant who is forced to leave his «patria chica»:

>    *Adiós, ríos: adiós fontes:*
> *adiós, regatos pequenos;*
> *adiós, vista dos meus ollos;*
> *non sei cándo nos veremos.*
>    *Miña terra, miña terra,*
> *terra donde me eu criéi,*
> *hortiña que quero tanto,*
> *figueiriñas que prantéi,*
>    *prados, ríos, arboredas,*
> *pinares que move o vento,*
> *paxariños piadores,*
> *casiña do meu contento,*
>    *muíño dos castañares,*
> *noites craras de luar,*
> *campaniñas trimbadoras*
> *de igrexiña do lugar,*
>    *amoriñas das silveiras*
> *que eu lle daba ó meu amor,*
> *caminiños antre o millo,*
> *¡adiós para siempre, adiós!*
>    *¡Adiós, groria! ¡Adiós, contento!*
> *¡Deixo a casa onde nacín,*
> *deixo a aldea que conoço*
> *por un mundo que non vin!*
>    *Deixo amigos por estraños,*
> *deixo a veiga polo mar,*
> *deixo, en fin, canto ben quero...*
> *¡Quén pudera no o deixar...!*
> ........................................

Mais son probe e, mal pecado,
a miña terra no é miña,
que hastra lle dan de prestado
a beira por que camiña
ó que nacéu desdichado.
 Téñovos, pois, que deixar,
hortiña que tanto améi.
fogueiriña do meu lar,
arboriños que prantéi,
fontiña do cabañar.
 Adiós, adiós, que me vou,
herbiñas do camposanto,
donde meu pai se esterróu,
herbiñas que biquéi tanto,
terriña que nos crióu.
 Adiós, Virxe da Asunción,
branca como un serafin:
lóvovos no coraçón;
pedídelle a Dios por min,
miña Virxe da Asunción.
 Xa se oien lonxe, moi lonxe,
as campanas do pomar;
para min, ¡ai!, coitadiño,
nunca máis han de tocar.
 Xe se oien lonxe, máis lonxe...
Cada balada é un dolor;
voume soio, sin arrimo...
Miña terra, ¡adiós!, ¡adiós!
 ¡Adiós tamén, queridiña...!
¡Adiós, por sempre quizáis...!
Digoche este adiós chorando
dende a beiriña do mar.
 Non me olvides, queridiña,
si morro de soidás...
Tantas légoas mar adentro...
¡Miña casiña!, ¡meu lar! [5]
 Good-bye rivers, good-bye fountains,
good-bye little brooks,
 good-bye lovely view—
I don't know when I will see you again.
 My land, my land,
land where I was raised,
orchard I love so dearly,
little fig trees planted by me,
 meadows, rivers, groves,
pines swaying in the wind,
chirping birds,
cottage of my happiness,
 rustling chestnut trees,

216

 clear, moon-lit nights,
chiming bells
from the little village church,
 bushes of blackberries
I used to give to my love,
cornfield paths,
good-bye, forever good-bye!
 Good-bye glory! good-bye happiness!
I leave the house where I was born,
I leave the village I know
for a world I have not seen!
 I leave friends for strangers,
I leave the valley for the sea,
in short, I leave all that I love...
I wish I didn't have to leave...!
......................................
 But I am poor and ill-fated,
my land is not my own,
to those born unlucky
even the path they walk on
is only given on loan.
 I must leave you then,
orchards I loved so dearly,
hearth of my home,
trees I planted,
little fountains of my village.
 Good-bye, good-bye, I am leaving,
churchyard grass,
where my father is buried,
grassblades I kissed so often,
land where we were raised.
 Good-bye, Virgin of Asunción,
white like an angel:
I carry you with me in my heart—
pray to God for me,
my Virgin of Asunción.
 From far, far away, comes the sound
of the orchard bells—
for me, poor thing,
they will never ring again.
 Far, still farther away...
Every peal a sorrow—
I am leaving alone, without comfort...
My land, good-bye, good-bye!
 Good-bye also, my beloved...!
Perhaps for ever good-bye...!
I say these good-byes with tears
from the shores of the sea.
 Don't forget me, my beloved,

*if I die of loneliness...*
*So many miles far at sea...*
*My cottage! my home!* [6]

A brief analysis of this poem shows that, although it clearly belongs to the style of *Cantares gallegos*, it shares some traits with Rosalía's later poetry as well. Let us first examine its technical aspects. One of the first things to notice is that this poem has no title. Perhaps as an indigation of the private nature, most of Rosalía's poems are untitled and referred to by their first line, as in the case of the poetry of Emily Dickinson, a poet to whom Rosalía has been compared on the basis of this and other similarities.[7]

Typically Rosalía has chosen «coplas» (verses of four lines with eight syllables), one of the most accessible and preferred metric forms in popular Spanish poetry. Nevertheless, in keeping with her tendency to experiment with established forms, the poet adds an unorthodox fifth line to the usual quatrain in stanzas 8 through 11.

In this poem, as in many others, Rosalía makes frequent use of diminutives, following a common linguistic habit in Spanish which is even more pronounced in Galician. As Amado Alonso has remarked, «el diminutivo es una de las más decisivas características de nuestro pueblo»[8] and Rosalía uses this characteristic with charming results. The numerous examples («casiña», «hortiña», «figueiriña», etc.) are impossible to translate and can only be signalled by adding the adjective «little» which does not convey the affective quality inherent in the original.

Rosalía's preference for enumeration of nouns and adjectives, often in incomplete phrases, is apparent in stanzas 3 and 4 which do not include a verb. Her predilection for anaphora, that is, the repetition of an identical word group of words in successive words, is noticeable in stanzas 6 and 7 («deixo»), in 12 and 13 («lonxe, mais lonxe»), and with the recurrence of «adiós» throughout the poem.

As for the religious sentiment (a prayer to the Virgin), it is fairly conventional and this is rather typical for much of Rosalía's poetry with the important exception of some late poems where, tormented like Unamuno, she would like to believe but can no longer do so.

In the last stanza, the speaker asks not to be forgotten if he should die of «soidàs», loneliness. This feeling, along with the emotionally and linguistically related one of «saudade», the bittersweet sentiment composed of soulfulness, yearning, longing, and nostalgia for something or someone, permeates most of Rosalía's work.

In *Follas novas* Rosalía's sense of loneliness and «saudade» deepens and it is in this collection that we find some of her most introspective, intimate, and lyrical poems. Yet, paradoxically perhaps, this book also contains her most socially committed poetry. In *Follas* the poet identifies with the plight of the poor (beggars, orphans, widows, immigrants) and protests against Galicia's unfair socioeconomic conditions with respect to the rest of Spain. In the words of Gerald Brenan, this bitter reaction to poverty reintroduces a «note that had not been heard in Spanish poetry since the time of the Archipriest of Hita».[9]

Since the Galicia depicted here is not only the quaint one with charming folk customs, but the more realistic one, full of hardship and poverty, the public reaction to *Follas* was less enthusiastic than that accorded her earlier book, *Cantares*, which had brought its author immediate regional fame. It is symptomatic of the general opinion of the time that her compatriot and contemporary, Emilia Pardo Bazán, preferred *Cantares* rather than *Follas*, praising it for skillfully capturing the essence of the Galician spirit and representing «lo más sincero de nuestra poesía lo que mejor refleja la fisonomía tradicional, pintoresca de nuestro país».[10]

In her preface to *Follas*, «Duas palabras da autora», Rosalía explains the reason for the notable difference between the present work and *Cantares gallegos* written seventeen years earlier. She calls *Cantares* a youthful work which exuded a sense of freshness, innocence, and hope, whereas the present collection contains «'probes enxendros da miña tristura'» and «fillos cativos das horas de enfermedades e de ausencias». She also apologizes for the fact that many of the poems in this book «refrexan, quisáis con demasiada sinceridade, o estado do meu espirito unhas veces; outras, a miña natural disposición (que no en balde son muller) a sentir como propias as penas alleas» (270).

In particular, Rosalía identified with the Galician women who were either widowed or who had to stay behind alone after their menfolk wherther husband, son, or father had emigrated. It is to these women, «As viudas dos vivos e as viudas dos mortos», that a section by that name is dedicated in *Follas*. The following mournful dirge, which is a lament for the women, as well as for Galicia itself, is taken from that series of short poems:

> Este vaise i aquel vaise,
> e todos, todos se van:
> Galicia, sin homes quedas
> que te poidan traballar.
> Tes, en cambio, orfos i orfas

> e campos de soledad;
> e nais que non teñen fillos
> e fillos que non tén pais.
> Etes corazón que sufren
> longas ausencias mortás.
> Viudas de vivos e mortos
> que ninguén consolará.
>             (478)
> One after another leaves,
> and all of them are gone—
> Galicia, you are left without men
> who can plow your soil.
> Instead you have orphaned children
> and solitary fields—
> and mothers without sons
> and sons without fathers
> And you have hearts
> that suffer long deadly absences.
> Widows of the living and the dead
> that no one can console.

Mingled with this feeling of solidarity with her compatriots are themes of Rosalía's own solitude and spiritual anxiety. As in her last book, *En las orillas del Sar*, published a year before her premature death, in *Follas novas* the poet reiterates the themes of: unrequited or betrayed love; of a bitter-sweet longing for some vague, past happiness; and a sense of inescapable pain and suffering. It seems that, especially in her later years, Rosalía realized that, for her, «dolor» (grief, suffering, anguish, pain, anxiety) is inevitable and a major part of her destiny. In several poems Rosalía tries to define the nature of this affliction which she variously compares to an illness or a black shadow (her famous «negra sombra»), but most often she refers to it as «something».

The following short poem is a good illustration of this recurrent theme:

> ¿Qué pasa ó redor de min?
> ¿Qué me pasa que eu non sei?
> Teño medo dunha cousa
> que vive e que non se ve.
> Teño medo á desgracia traidora
> que ven, e que nunca se sabe ónde ven.
>                     (282)
> What is this confusion around me?
> What is this confusion within me?
> I am afraid of something
> that I cannot see.

*I am afraid of treacherous misfortune
coming from no one knows where.*

Finally, I would like to close with one of Rosalía's most interesting and unusual poems which, in its fierce tone and content, differs somewhat from her other works:

### A XUSTICIA POLA MAN

*Aqués que ten fama de honrados na vila
roubáronme tanta brancura que eu tiña,
botáronme estrume nas galas dun día,
a roupa de cote puxéronma en tiras.
Nin pedra deixaron en onde eu vivira;
sin lar, sin abrigo, moréi nas curtiñas,
ó raso cas lebres dormin nas campías;
meus fillos..., ¡meus anxos!..., que tanto eu quería,
¡morreron, morreron, ca fame que tiñan!
Quedéi deshonrada, mucháronme a vida,
fiéronme un leito de toxos e silvas:
i en tanto, os raposos de sangre maldita,
tranquilos nun leito de rosas dormían.
—«¡Salvádeme, ou, xueces!», berréi... ¡Tolería!
De min se mofaron, vendéume a xusticia.
—«Bon Dios, axudáime», berréi, berréi inda...
Tan alto que estaba, bon Dios non me oíra.
Estonces, cal loba doente ou ferida,
dun salto con rabia pilléi a fouciña,
rondéi paseniño... ¡Ni as herbas sentían!
I a lúa escondíase, i a fera dormía
cos seus compañeiros en cama mullida.
Miréinos con calma, i as mans estendidas,
dun golpe, ¡dun soio!, dexéinos sin vida,
i ó lado, contenta, sentéime das vítimas,
tranquila, esperando pola alba do día.
I estonces..., estonces cumpréuse a xusticia,
eu, neles; i as leises, na man que os ferira.*
                                    (366)

### JUSTICE BY MY OWN HAND

*Those considered honest in the village
robbed me of my purity,
stained my best clothes with rubbish,
and tore my everyday clothes to shreds.
They did not leave a single stone of my house—
homeless, without shelter, I lived in the meadows,
like the hares, I slept in the open fields—
my children—, my angels!... that I loved so much,*

>  *you died from the hunger you suffered.*
> *They dishonored me, blightened my life,*
> *and made me a bed of gorse and brambles:*
> *while they the cursed beasts,*
> *slept peacefully in their bed of roses.*
> *«Save me, oh judges!» I shouted... What madness!*
> *They mocked me, and justice betrayed me.*
> *«Dear God, help me», I shouted again and again...*
> *but God in His heights did no hear me.*
> *Then, like a sich wounded she-wolf,*
> *with a furious jump I grabbed a sickle,*
> *and prowled carefully... Not even the grass blades felt it!*
> *And the moon hid herself, and the beast slept*
> *with its own kind in a soft bed.*
> *I looked at them calmly and with outstretched hands,*
> *and then with a single blow I took their lives—*
> *satisfied, I sat down by my victims,*
> *peacefully awaiting the break of dawn.*
> *And then, only then was justice fulfilled,*
> *I, in them, and the law in the hand that killed them.*

In this shout of protest and rebellion, the speaker compares herself to a wounded and enraged she-wolf that kills those who have offended her with their slander. As in some of her other poems, the reference to shame and dishonor, and her feeling of being a social outcast, are autobiographical. One of Rosalía's traumatic obsessions was her illegitimate birth and the discovery that her father, whom she did not know personally, was a priest. In another poem with similar autobiographical overtones and which also uses animal imagery, «Ladraban contra min, que camiñaba», Rosalía compares the vicious gossipmongers to a pack of dogs who bark at her.

It is interesting that in contrast to most of her poetry where nature is seen as a friend, here it is depicted as inhospitable: the open fields with their gorse and brambles are juxtaposed unfavorably to the shelter and comfort of a home.

On a more general level, the poet indicts justice, both human (the judges mock her) and divine (God does not hear her). Atypically, this poem is titled and the title underlines the basic message: one must take justice in one's own hands. The novelty of this shocking conclusion is emphasized by one of Rosalía's critics, Xesús Alonso Montero, who points out that, «hasta entonces nadie había escrito un poema tan implacable y menos un poema sobre la inevitabilidad de la violencia como respuesta».[11]

The poem is written in quatrains (except for the last two lines) with alexandrines which all rhyme assonantly with the letter «a». If one looks at Rosalía's own Spanish translation of this poem (and incidentally this is one of the very few Galician poems which she translated into Castilian), it becomes apparent that she felt that the harsh and aggressive sound of the end-rhyme was essential to the poem because she preferred to make minor changes in the content in order to be able to preserve the rhyme scheme.

I hope that with this small sample of four rather different poems, I have been able to introduce Rosalía to those of you who are unfamiliar with her, and to rekindle the interest in her of the many who already know her.

Anna-Marie Aldaz
Northern Arizona University

---

1. John Frederick Nims, «Poetry: Lost in Translation?» *Delos: A Journal on and of Translation*, V (1970), 108-126.
2. I. L. McClelland, «Bécquer, Rubén Darío y Rosalía de Castro», *Bulletin of Spanish Studies*, XVI (1939), 63-83.
3. Gonzalo Corona Mazol, «Una lectura de Rosalía», *Revista de Literatura*, 37 (Jan-June, 1982), 25-62.
4. Gerald Brenan, *The Literature of the Spanish People* (Cambridge: Cambridge University Press, 1970), 351.
5. Rosalía de Castro, *Obras completas*, ed. Arturo del Hoyo, 7th ed. (Madrid: Aguilar, 1982), 132-134. All subsequent references are to this edition.
6. All translations are mine.
7. Martha la Follete Miller, «Parallels in Rosalía de Castro and Emily Dickinson», *Comparatist* (May 5, 1983), 3-9.
8. Amado Alonso, «Nación, acción y fantasía en los diminutivos», *Estudios lingüísticos* (Madrid: Gredos, 1951), 37.
9. Brenan, 357.
10. Emilia Pardo Bazán, «De mi tierra», *Obras selectas*, 11 vols. (Madrid: Aguilar, 1974), 9: 349.
11. Xesús Alonso Montero, *Realismo y conciencia crítica en la literatura gallega* (Madrid: Conciencia Nueva, 1968), 79.

# BIBLIOGRAPHY

Alonso, Amado. «Noción, acción y fantasía en los diminutivos», *Estudios lingüísticos*. Madrid: Gredos, 1951.
Alonso Montero, Xesús. *Realismo y conciencia crítica en la literatura gallega*. Madrid: Conciencia Nueva, 1968.
──────. *Rosalía de Castro*. Madrid: Júcar, 1972.
Albert Robatto, Matilde. *Rosalía de Castro y la condición femenina*. Madrid: Partenon, 1981.
Azorín. *Obras selectas*. Madrid: Biblioteca Nueva, 1962.
Balbontín, José Antonio. *Three Spanish Poets* (Machado, Lorca, Rosalía). London: A. Redman, 1961.
Bouza Brey, Fermín. «El tema rosaliano de 'negra sombra' en la poesía compostelana del siglo XIX», *Cuadernos Estudios Gallegos*, 25 (1953), 226-78.
Brenan, Gerald. *The Literature of the Spanish People*. Cambridge: Cambridge University Press, 1970.
Carré Aldao, Eugenio. «Estudio bio-biográfico crítico acerca de Rosalía de Castro», *Boletín de la Academia Gallega*, 193 (1927).
Castro, Rosalía de. *Obras completas*. 7th edition. Madrid: Aguilar, 1982.
Corona Mazol, Gonzalo. «Una Lectura de Rosalía», *Revista de Literatura*, 37, N.º 44 (Jan-June, 1982), 25-62.
Costa Clavell, J. *Rosalía de Castro*. Barcelona: Plaza & Janés, 1967.
Davies, Catherine. «Rosalía de Castro: Criticism 1950-1980. The Need for a New Approach», *Bulletin of Hispanic Studies*, 60, N.º 3 (July, 1983), 211-220.
Díaz, Nidia. *La protesta social en la obra de Rosalía de Castro*. Vigo: Ed. Galaxia, 1976.
Harvard, Robert G. «Image and Persona in Rosalia de Castro's 'En las orillas del Sar'», *Hispanic Review*, 42 (1974), 393-411.
Kulp, Kathleen K. *Manner and Mood in Rosalía de Castro: A Study of Themes and Styles*. Madrid: Ediciones José Porrúa, 1968.

Kulp-Hill, Kathleen. *Rosalía de Castro*. (TWAS, 466). Boston: Twayne, 1977.

Lapesa, Rafael. «Bécquer, Rosalía y Machado», *Insula*, IX, 100-101 (1954), 6.

Machado da Rosa, Alberto. «Rosalía de Castro, poeta incomprendido», *Revista Hispánica Moderna*, XX (1954), 181-223.

———. «Subsidios para la cronología de la obra poética rosaliana», *Cuadernos de Estudios Gallegos*, XII, N.° 37 (1957), 92-106.

———. «Heine in Spain (1956-67). Relations with Rosalía de Castro», *Monathsheft*, 49 (1957), 65-82.

Madariaga, Salvador de. «Rosalía de Castro», in *Mujeres españolas*. 2nd. ed. Madrid: Espasa-Calpe, 1975.

Mayoral, Marina. *La poesía de Rosalía de Castro*. Madrid: Gredos, 1974.

———. *Rosalía de Castro y sus sombras*. Madrid: Colección Conferencia, N.° 46, 1976.

Martín Gaite, Carmen y Andrés Ruiz Tarazona, eds. *Ocho siglos de poesía gallega*. Madrid: Alianza Editorial, 1972.

Martín, Elvira. *Tres mujeres gallegas del siglo XIX*. Barcelona: Aedos, 1962.

McClelland, I. L. «Bécquer, Rubén Darío y Rosalía de Castro», *Bulletin of Spanish Studies*, XVI (1939), 63-83.

Miller, Martha LaFollette. «Parallels in Rosalía de Castro and Emily Dickinson», *Comparatist* (May 5, 1983), 3-9.

Montero, Lázaro. «La poesía de Rosalía de Castro», *Cuadernos de Estudios Gallegos*, VIII (1947), 655-707.

Murguía, Manuel. *Los precursores*. Coruña: Biblioteca Gallega, 1885.

Nims, John Frederick. «Poethy: Lost in Translation?» *Delos: A Journal on and of Translation*, V (1970), 108-126.

Nogales de Muntz, M. A. *Irradiación de Rosalía de Castro*. Barcelona: Gráficas Angel Estrada, 1966.

Odriozola, Antonio. *Rosalía de Castro: Guía bibliográfica*. Pontevedra: Universidad de Menéndez y Pelayo, 1981.

Pardo Bazán, Emilia. «De mi tierra», in *Obras selectas*. Vol. IX. Madrid: Aguilar, 1947.

Poullain, Claude Henri. *Rosalía de Castro de Murguía y su obra literaria* (1836-1885). Madrid: Ed. Nacional, 1974.

Suárez Rivero, Eliana, «Machado y Rosalía: dos almas gemelas», *Hispania*, XLIX (1966), 748-54.

Vázquez-Iglesias, X.A.B. «A imaxe-simbolo de sombra, factor de unidade no obra de Rosalía», *Revista Galega de Cultura*, 56 (1977), 154-64.

# THE POETRY OF MEIRA DELMAR: PORTRAIT OF THE WOMAN

Through the ages, critics have analyzed and discussed literary works from different perspectives —some so abstruse that at times one wonders if their sole purpose is to serve as a *raison d'être* for their respective proponents. Among the flurry of critical approaches two basic facts appear to have been overlooked: 1) that in its most essential form literature is a reflection of life, more specifically of the life of the people and period from which it springs; 2) that the author, consciously or unconsciously, reveals himself through his work, irrespective of its genre. This is especially true in the case of the Colombian poet Meira Delmar. Born to a family of Lebanese origin in Barranquilla, Meira Delmar is, in comparison to European and Latin American authors, not too well known to Hispanic scholars in this country. Recognized as one of the outstanding women poets in Latin America, she has been favorably compared to such poetic lights as Delmira Agustini, and Gabriela Mistral. A comparative reading of the poetry of Delmar and Mistral suggests striking similarities and contrasts between the work of the Colombian woman and the Chilean Nobel laureate. Neither poet ever married. Both knew love, but in diferent fashions. Both utilize several poetic themes in common— nature, love and an affection for children. In spite of these similarities, Meira Delmar has established her own independent artistic identity.

The Cuban review *Vanidades* published the early efforts of Delmar. These first poems, as those that followed, appeared under the author's pseudonym rather than her given name. Though individual poems appeared in journals and anthologies both in Latin America and Europe, until 1971 the principal poetic opus of Meira Delmar had been gathered in four volumes, beginning with *Alba de olvido* in 1942, and continuing with *Sitio del amor, Verdad del sueño*, and *Secreta isla*. Much like Bécquer's *Rimas*, these four volumes had to be read in chronological order to comprehend and appreciate the artistic evolution of the writer. The Colombian critic, Javier Arango Ferrer, echoed this thought when he said that the four volumes are, «...like the four seasons in which a great poet matures» (*Huésped sin sombra*, 13). *Huésped sin sombra* which appeared in 1971, and *Poesía* and *Reencuentro*, published in 1981, complete not only the list of published collections of Delmar's poetry but also the chronicle of the evolution and maturation of an extraordinary artist.

A reading of her work suggests that love in its broadest sense is her main theme with recurring themes of nature, loneliness, and death. Though love in the traditional connotation of the male/female—moonlight/roses indeed finds expression in the Colombian's poems, the term in reference to her total work takes on a broader more philosophical dimension. Love permeates all of Meira Delmar's existence extending beyond the immediate and personal to the existencial. In her poetry love is multifaceted. She does not limit her song to her beloved, but sings of her *patria chica*, Barranquilla, of children, of the sea, of her roots... all enriched by her own vibrant humanity.

The relationship of Meira Delmar and her beloved, her *bienamado*, concerns a large part of her poetry a relationship that cannot be characterized as the vain and fickle whim of a shallow girl, but rather the consciously firm emotion of a woman who loves completely. It ranges from the intense passionate involvement of the new relationship to the more tempered view that admits the flaws in the object of her love, to the more sobering awareness that indeed one day she might find herself replaced by another, or that disillusionment or death might interrupt her idyll.

In «Soneto del vivo amor» from *Sitio del amor* she exhalts in her love.

> *Está mi corazón tan obstinado*
> *en quererte latido por latido,*
> *que el tiempo me parece un detenido*
> *presente sin futuro ni pasado.* (*Huésped* 72)

While in «Canción triste» from *Verdad del sueño* the threat of ennui has tinged this love and she writes:

> *Una tarde, una tarde tu corazón y el mío*
> *sentirán que se rompe lo que ahora los ata.*
> *Como cuando se deja la orilla azul de un puerto*
> *nos quedarán adioses temblando en la mirada.*
> *Y un día, sin quererlo, pronunciarás mi nombre*
> *con la melancolía del que en la noche canta...*

> *En medio del crepúsculo cruzado de palomas,*
> *yo, repentinamente me llenaré de lágrimas.*
> *(Huésped 97)*

Finally, in «Muerte mía» from *Secreta isla* the poetess confesses the all encompassing nature of her love in these words:

> *La muerte es ir borrando*
> *caminos de regreso*
> *y llegar con mis lágrimas*
> *a un país sin nosotros*
> *y es saber que pregunta*
> *mi corazón en vano*
> *por tu melancolía.     (Poesía 132)*

However, Meira Delmar's love is not of a single piece. It is multi-dimensional, as befits the whole person. She loves her *bienamado* and this passion enriches her life, but the poetess' feminine nature and her consciousness of reality temper the passion a bit. «Olvido» from *Alba de olvido* illustrates this aptly. In this poem she considers the temporality of life, focusing on her relationship with her beloved and wondering whether he will remember her once she has died. There is nothing maudlin or macabre here, just a direct questioning, a wondering what if. The poet begins by acknowledging the inevitability of death: «Ha de pasar la vida. / Ha de llegar la muerte», (*Poesía* 24) then she moves from the general recognition of this truth to the specific, personal relationship:

> *Ha de pasar la vida. Ha de llegar el largo*
> *dolor de estar sin verte. Acaso el grito amargo*
> *de tu angustia la tierra estremezca un momento.*
> *Más después, poco a poco callará tu lamento.*
> *(Poesía 24)*

She accepts the fact that someone else may replace her in her loved one's life when she writes, «y otro labio —no el mío: / te dirá que la vida es hermosa» (*Poesía* 24). Nonetheless, the eternal feminine figures in this poem for Delmar suggests that on some articularly melancholy day, when a sense of other-worldness pervades the atmosphere, her beloved may try to recall her without much success. She closes with these lines:

> *La mujer que quisiste una azul primavera*
> *.................................................*
> *volverá ...........................................*

> — *como un poco de bruma que deshace la brisa*
> ............................................
> *como estrella que rueda temblorosa un instante*
> *y se pierde en la noche... Y ya nunca sabrás*
> *si me hallaste en la vida o en el sueño no más:*
> (*Poesia* 26)

Though a reading of her verse underscores the significance of Delmar's love for her *bienamado*, it does not become synonymous with her life. She does not surrender completely to him, obliterating all vestiges of her own individuality. In «Mi alma», she assesses their relationship, addressing her suitor with these words:

> *Tú bien quisieras que a ella* [*su alma*]
> *nada pudiese llegar.*
> *Sólo tu voz y la eterna*
> *altivez de tu mirar:*
> *Oasis para tu rumbo*
> *para los otros erial.*
> *Tú bien quisieras. Lo pides.*
> *más no lo puedes lograr.*   (*Huésped* 35)

In this poem, Meira Delmar does not deny her love. Instead, she affirms her individuality in one of the earliest expressions in her work of the theological virtue of self-love. As an intelligent and mature person, she acknowledges her place in the order of creation and the moral responsibility implicit in this. Rather than a challenge to her suitor, the above cited verses are an insistence on her right to her own identity and a recognition that her love is not inconsistent with the obligation of self-love.

The intense passion felt for her *bienamado* becomes the warm, unquestioning, almost adoring love of a mother in her poems to children. Here there is no doubt, no criticism, but wonder and joy in the presence of the miracle of a new life. Even the words in which she couches this affection reflect the awe and love she feels. «Ovillo de plata y oro / hilando la luna está», serves as the refrain in her «Canción para dormir a un niño». As she gazes upon the sleeping child, she muses:

> *Caracolitos rosados*
> *como rosas de rosal*
> *y cuernos de tibio nácar*
> *en ronda vienen y van.*
> *¡Ovillo de plata y oro!*
> *¡Sonríe! ¿Qué soñará?*   (*Huésped* 44)

Her love takes an entirely different direction in «Elegía a Leyla Khaled», dedicated to the Palestinian guerilla jailed in London a few years ago, and set free only to disappear mysteriously. Delmar sees this Palestinian woman in human terms, as a symbol of a people stripped of its land, whose tragedy moves us. Despite the obvious political circumstances of the Khaled story, the Colombian poet presents this figure as a legend at once mysterious and perpetual, closing her poem with these words:

> *Nadie sabe, no sé cual fue tu rumbo,*
> ........................................................
> *.......... Pero te alzas ........................,*
> *de repente en la niebla del desvelo*
> *iracunda y terrible, Leyla Khaled,*
> *oveja en lobo convertida, rosa*
> *de dulce tacto en muerte transformada.*
> (*Reencuentro* 151)

In the world of Meira Delmar love is the essential to and synonymous with life. It encompasses all things with special emphasis on nature. She associates love with nature and refers to it regularly in her consideration of love. Nature is witness to and at the same time an integral part of her love. In «Canción del olvido imposible», nature serves as a reminder of her absent lover.

> *Copian los árboles altos*
> *tus ademanes inquietos*
> *cuando la brisa del norte*
> *pasa cantando por ellos.*
> *Tiene la lluvia tu risa,*
> *y tus palabras son esos*
> *azahares que en alta noche*
> *florecen los limoneros.* (*Huésped* 39)

«Confesión azul» reflects not only her love of nature, in this case of the sea, but more significantly of her identity with and need of nature.

> *Yo vivo enamorada del mar*
>
> *Por eso vengo*
> *a estar sóla con él,*
> *bajo el encaje blanco*
> *que tejen las gaviotas*
> *y que el viento, travieso,*
> *se empeña en destejer.*

> *Yo vivo enamorada del mar*
> *porque él sí sabe*
> *lo que debe decir*
> *cuando hay llanto en mis ojos,*
> *cuando hay risa en mis labios,*
> *y hasta cuando no puedo*
> *ni llorar ni reír.*         (Huésped 42)

The Colombian poet not only associates love with nature, but the colors in nature reflect her satisfaction or dissatisfaction with love. The «moon of gold», «the never quiet gold of the wheat fields», «The sapphire sea», «an angel in blue», «a golden afternoon», and similar expressions appear throughout her poetry. The use of blue and gold or variants of these colors, as do references to rose or pink, carries a positive connotation. Allusions to pure red or gray have less fortuitous meanings as in «Elegía» when she writes of «Este gris y sin nombre es la ausencia. / Tu ausencia» (*Huésped* 67).

Nature also inspires many of Meira Delmar's most startingly poetic, oft times fragile images. In «A la nieve», she describes snow as:

> *Primavera del aire. Breve cielo*
> *de cristal a la tierra descendido.*
> *Acuarela lejana de un olvido*
> *soñado por arcángeles de hielo*
>           (Huésped 87)

Note the imagery here. Snow is the springtime, the renewal of the air. It does not result from such mundane phenomena as falling temperatures and increased humidity. Rather, it is something dreamed of by archangels of ice.

In «El viaje» she captures the essence of a rainy afternoon with these words:

> *El agua, cayendo,*
> *sonando apenas,*
> *dibujará fantasmas desvaídos,*
> *y un ángel triste cerrará las nubes*
> *con manos de marfil.*   (Huésped 98)

While in «Canciones de diciembre» from *Sitio del amor*, she endows that bleak winter months with beauty and a touch of whimsy perceivable only to the eyes of a poet.

> *Diciembre barre su cielo*
> *de nubes blancas y grises*
> *con escobillas de viento.*
> *Y quedó el azul brillando*
> *como una pista de hielo.* (*Poesía* 56, 58)

The Colombian poet creates this hauntingly beautiful image using less than fifteen words —simple, everyday words, comprehensible to everyone. It is her unique perception of the world in combination with her finely honed skills that allows Meira Delmar to weave such strikingly beautiful images— at times delicate and ephemeral and at less frequent times, intense and vibrant.

«Huésped sin sombra» which closes the volume of the same name, published in 1971, as well as in her most recent volume *Reencuentro*, is a key work in understanding both the artist and the woman. In seven concise four-line stanzas, Delmar defines herself and the philosophy which guides her.

The Colombian poet assess her life in the light of the rapidly approaching inevitability of all human existence death with remarkable perception and tranquil courage. She views her life not in terms of successes or failures, but rather in terms of human ideals and values. A double awareness permeates this poem: an acknowledgement of the finality of all things here, and the realization that no one will replace her exactly— that is, the recognition of her own uniqueness. Meira Delmar sets the mood of the poem in the opening stanza:

> *Nada deja mi paso por la tierra.*
> *En el momento del callado viaje,*
> *he de llevar lo que al nacer traje:*
> *el rostro en paz y el corazón en guerra.*
> (*Huésped* 153)

The poet emphasizes her sense of both her own uniqueness and her mortality in the next three stanzas when she writes:

> *Ninguna voz repetirá la mía*
> *de nostálgico ardor y fiel asombro.*
> *La voz estremecida con que nombro*
> *el mar, la rosa, la melancolía.*
> *No volverán mis ojos, renacidos,*
> *de la noche a la vida siempre ilesa,*
> *a beber como un vino de belleza*
> *de los mágicos cielos encendidos.*
> *Esta sangre sedienta de hermosura*
> *por otras venas no será cobrada.*

233

> No habrá manos que tomen, de pasada,
> la viva antorcha que en mis manos dura.
> (*Huésped* 153)

In the fifth and sixth stanzas, in a more discouraged tone, she sums up her life-a life of the spirit dedicated to the pursuit of beauty. In uncharacteristically disillusioned terms she writes:

> Término de mi mismo, me rodeo
> con el anillo cegador del canto.
> Vana marea de pasión y llanto
> en mí naufraga cuanto miro y creo.
> (*Huésped* 153-154)

In the final stanza, she recovers her equilibrium and returns to her more measured attitude. She admits to her fear of death at the same time that she accepts the self evident truth that like birth, one experiences death alone. The insistence on her individuality and on the finality of death persists throughout the poem which closes with these words:

> A nadie doy mi soledad. Conmigo
> vuelve a la orilla del pavor, ignota.
> Mido en silencio la final derrota.
> Tiemblo del día. Pero no lo digo.
> (*Huésped* 154)

It has been said that the pen is the voice of the soul, thus underscoring the somewhat obvious fact that through his works we perceive the author —not in terms of the literary persona but the flesh and blood human being. If we acknowledge the validity of this statement, then we must ask what portrait of the woman does her poetry reveal? If we read her verse, and most particularly the first four volumes in chronological order, we discover a very perceptive and sensitive person— one responsive to the beauty in all of creation. The youthful idealism, optimism, and spontaneity of the earliest poems give way to the wonder of the first awakenings of love and the sobering reality that princes charming often have feet of clay. Nonetheless the disappointments and disillusionment that life often brings do not embitter the poet. Her poems disclose an acceptance on her part of the things which happen to her. They also suggest that she does not view life in segments, but in its totality, a totality in which nature figures eloquently.

Meira Delmar's poetry gives us a woman who has come to terms with herself. In spite of the reality of life, she never loses her poetic perception of it. She will not be cowed by it. From the earliest poems to the latest, an intuition of immortality, of a destiny beyond the immediate one pervades her verse. It is this which puts things in their perspective in the author's life, giving it a certain equanimity. It is not that the poet has become insensitive to life. Life still fascinates her. She still rails against injustice, is overcome with tenderness at the sight of an innocent child, marvels at the wonders of nature, and captures in uniquely strong and at the same time simple, classic, and often delicate verses her impressions of life. All of this is realized with a clear awareness of man's mortality on this earth and of the immortality that awaits him. The Colombian critic Javier Arango Ferrer noted the oneness of the poet and her work when he wrote, «Su vida literaria resume la unidad de una vida modelada por el ritmo en una honda melodía, jubilosa en los versos marineros con las gaviotas y las barcas pescadoras; lejana en milenios de añoranza o por el mar cercano cuando el amor madrugó en romanzas y elegías. Esta es Meira Delmar modelada en poesía...» (*Huésped* 11, 12).

Francesca Colecchia
Duquesne University

# BIBLIOGRAPHY

Delmar, Meira. *Huésped sin sombra.* Bogotá (Colombia): Ediciones de la Revista Ximenez de Quesada, 1971.
———. *Poesía.* Siena (Italy): Casa Editrice Maia, 1962.
———. *Reencuentro.* Bogotá: Carlos Valencia Editores, 1981.

## WORLDS WITHIN ARGENTINE WOMEN

Angélica Gorodischer, one of the most famous women writers in Argentina, was born in Buenos Aires in 1929, but has lived in Rosario for many years. A strongly developed sense of humor and a vivid imagination characterizes her short stories in the fantastic and science fiction genres. I have chosen «La perfecta casada» * from her collection of feminist short stories *Mala noche y parir hembra* as an example of use of humor and imagination in an apparently simple short story to make an indirect criticism of society today.

In «La perfecta casada», published in 1983, Gorodischer presents an average working class housewife for whom doors randomly open onto different places and times. The door that normally opens to the kitchen or the bathroom may open without warning and only for her to the Gobi Desert, a mysterious workshop or a bloody battlefield.

The narrator portrays the unnamed protagonist as the perfect married wife who performs uncomplainingly her duties as mother, wife, and homemaker. As mother, she cares for her adult son and daughter washing the son's clothes every weekend when he returns from his job in another city, taking her daughter to the doctor's. As wife, she makes lunch for her husband, sees him off in the morning and receives him in the evening. As homemaker, she is constantly cleaning, cooking and washing. For «diversion» she reads Radiolandia and the police blotter and watches the soaps on TV. She has no discernible religious feelings. Indeed, she seems to have no feelings of self at all. This working class housewife sometimes finds that when she opens a door to go from one room to another she instead finds herself in a different time and place. She has been everywhere from the top to the bottom of human existence, every situation different from her real humdrum life;

* Angélica Gorodischer, *Mala noche y parir hembra*. (Buenos Aires: La Campana, 1983). All quotes from this edition.

...en tres monasterios, en siete bibliotecas, en las montañas más altas del mundo, en ya no sabe cuántos teatros, en catedrales, en selvas, en frigoríficos, en sentinas y universidades y burdeles, en bosques y tiendas, en submarinos y hoteles y trincheras, en islas y fábricas, en palacios y en chozas y en torres y en el infierno. (79)

Yet she has no control over her fantastic travels since they occur «sin querer y por suerte» (79) throughout her life.

Five of the thirteen incidents are described in some detail. In the Gobi Desert, she sees no one but feels the hot wind and quickly returns, tracking in sand. In the second scene she sees a bearded man removing something from a drawer in a mysterious workshop and sticks her tongue out at him when he yells at her in a foreign language. She shuts the door on him. Behind yet another door, in the aftermath of a bloody battle she calmly removes a gold cross from a corpse. In another room she sees a sleeping man in a huge tub, takes a razor off the table, cuts off his head, and washes her hands in the tub. As she exits through one door she sees a younger woman enter through a second door. At another time she sees a large man and a woman asleep in an elaborate tent. The «mild mannered housewife» picks up a sword and beheads the man. On another evening outing she puts a revolver in the hand of a hesitant woman and waits until the other woman shoots what seems to be an unfaithful lover. The other eight situations also spark the imagination of the reader. The Argentine housewife sets fire to a theater, cuts short a rebellion by pointing to the basement trap door, laughs at chained prisoners, pushes a crying man from a balcony, destroys a 2.000 page manuscript, leaves soldiers defenseless by burying their weapons in the jungle and quietly opens the floodgates to a dike. Each encounter suggests an historical, biblical or literary scene which is never identified explicitly. For example, one scene suggests the murder of Marat in the bathtub and another the slaying of Holofernes by Judith. The reader is left trying to decipher the context of the scene the protagonist has just left.

The tone of the story is deceptively light. The mixture of the significant with the trivial is characteristic of a comic monologue. The distant places are sometimes juxtaposed with the domestic chores of the protagonist within the same long sentence so as to present them as equal and undifferentiated to the protagonist.

Otra vez, a la siesta, muchos años después, abrió la puerta de su habitación y salió a un campo de batalla y se mojó las manos en la sangre de los heridos y de los muertos y arrancó

> del cuello de un cadáver una cruz que llevó colgando mucho tiempo bajo las blusas cerradas o los vestidos sin escotes y que ahora está guardada en una caja de lata bajo los camisones, con un broche, un par de aros y un reloj pulsera descompuesto que fueron de su suegra. (79)

From the bedroom to battlefield, from tearing a cross from a corpse to wearing it under a proper blouse (not low cut) —the protagonist sees no difference between the passive and active worlds on the two sides of the door. The cross, later buried in a box with other trinkets, reveals that the extraordinary is but an extension of her everyday life, without any special meaning.

In worlds beyond the door, the «perfecta casada» is active, amoral, free to please herself. While she experiences situations historically denied women, for example, travel, war and power, she is not changed by them. Except for the Gobi Desert and the bearded foreigner scenes that occur when she is a child, all that happens beyond the door is recounted by the narrator in a random order regarding time and place. Situations accumulate, but are not woven together. They remain separate and unintegrated like the stolen cross that is eventually stored in a box along with other objects that no longer interest her.

The first world opens to her when she is only six. We assume that by that early age she is already inculcated with her societal role as a woman. She is a «good» girl, and obedient girl, because «su madre no le pegaba nunca» (77). However, on this occasion, because of having drawn on a door, she is slapped and forced to wash the door with a rag. While working she decides that all doors are stupid because they open to the same places.

> Mientras limpiaba pensó en las puertas, en todas las puertas, y decidió que eran estúpidas porque siempre se abrían a los mismos lugares. (78)

But, on opening this door, she finds herself, not in her parent's bedroom as she expected, but in the Gobi Desert. This somewhat changes her ideas about doors. Ever after she maintains a «let's see what might happen» attitude about doors.

She never seems to know where she is, nor what the situation is in which she finds herself, nor does she seem to feel any emotion about what she does in these worlds:

> No le sorprendió aunque ella no sabía que era el desierto de Gobi ni siquiera le habían enseñado todavía en la escuela dónde queda Mongolia, y nunca ni ella ni su madre ni su abuela habían oído hablar de Nan Shan ni de Khangai Nuru. (78)

As a six-year old, no one would expect her to know or care about the Gobi Desert. And as an adult, she doesn't seem to have matured any further; she seems completely unaware and ininterested in a deeper meaning to the worlds. As a passive, obedient female in a working class corner of Rosario, her education and vital experiences have been truncated by her family and society. Unlike the reader, she is unaware of any historical, literary or psychological significance in the worlds beyond her doors. Moreover, her mother and grandmother also, the narrator says, are ignorant of the history of the Gobi Desert as well as the world at large. The lack of curiosity and knowledge extends to a whole class of women who are not permitted to develop into complete human beings.

Even more important than the lack of knowledge is the lack of emotion. At the physical center of the story is the key to the protagonist's problem everything on either side of the door means the same to her.

> No lleva la cuenta ni le importa: cualquier puerta puede llevar a cualquier parte y eso tiene el mismo valor que el espesor de la masa para los ravioles, que la muerte de su madre, y que las encrucijadas de la vida que ve en televisión o lee en Radiolandia. (79)

It is a sad situation indeed if her mother's death is no more important to her than soap operas or her experiences in other worlds. The spiritually and emotionally dead «perfecta casada» represents a whole class of women who don't even realize their lack of emotion or that they function as invisible beings.

Why is it that although the worlds she enters seem exciting, exotic or violent to the reader, the protagonist never seems moved by them? The answer may lie in that although in the real world she is the perfect wife who fulfills the role demanded of her by society, in fact, she is still the good girl she never makes decisions, she has no intellectual curiosity. The other worlds show us also that she has not matured emotionally much beyond a six-year old level. When she acts in the other worlds, she does so with the same lack of concern for others that children do. She has atrophied emotionally. Sticking her tongue out at the bearded foreigner and the slamming the door in his face, pushing the crying man from the balcony just to hear the sound as he hit the ground («tuvo ganas de empujarlo para oír el golpe allá» 80) sound like a willful, selfish, cruel child.

Over the years the «perfecta casada» grows more aggressive, more violent and decisive in her actions in the worlds beyond the door, contrasting all the more with her emotionless, passive life in Rosario. Unlike the televised «soaps», her encounters behind the door never involve emotions, romance, or petty intrigue over love or money. She never rides away with a handsome stranger. The naked man in the tub neither frightens her nor «turns her on». The violence, however, to her is like «cartoon violence». Heads do roll, but no one is in pain. It is not like a dream or nightmare where emotions are very present. There is a distancing of the «perfecta casada» and her nefarious deeds beyond the door. For this reason she is literally able to close the door to the consequences of her actions, calmly slipping back to her humdrum existence of cooking and cleaning.

She only commits violence upon men, probably as a result of her repressed hostility toward men, who are dominant in her real world. All around her it is a man's world. She is working herself to the bone, getting up early, going to bed late, constantly washing and cooking for others. Since there is no mention of conflict or physical abuse, in fact it may be the wider world of men that have so conditioned her life. Given that men see women as objects, the «perfecta casada» also reacts to men as objects, and, therefore, «breaking» them as she cuts off heads or pushed them to their deaths causes her no anguish. Her «cartoon violence» toward men may in fact result more from the presence of a weapon a razor or a sword than any particular reason. While she helps women who are destined to kill men, such as the murders of Marat and Holofernes, she likewise seems to have no coherent motive and seems unaware of the possible historical importance of the actions.

When not doing violence to men, she seems intent on turning their world or at the one they usually rele upside down. By revealing the escape route, she may foil a rebellion, by burying the weapons she either «throws» a battle or prevents it from taking place. She undoes man's technology, by opening the dike without regards to the consequences. As with the murder scenes, there is an infantile, «cartoon» quality to the events.

The first sentence of the story calls the protagonist a dangerous woman. «Si usted se la encuentra por la calle, cruce rápidamente a la otra vereda y apricte el paso; es una mujer peligrosa» (77). In our real world this surely is rather ironic since she conforms completely to what is expected of her. On another level, that of the other worlds, she is dangerous because her actions are so unpredictable that the reader does not know what to expect of her. But on a final, deeper level, the violence she encounters or executes in the other worlds is much less terrible that the silent, unnoticed destruction of this woman's emotions and intellectual curiosity which leave her forever condemned to understand nothing and to feel nothing.

...se acuerda del otro lado de las puertas siempre cuidadosamente cerradas de su casa; aquel otro lado en el que las cosas que pasan son mucho menos abominables que las que se viven de este lado, como se comprenderá. (81)

Everything is, literally, just the same for her and that is the real crime.

What Gorodischer is saying is that these are worlds within women that are being wasted. Women must be allowed to develop intellectually and emotionally, must truly experience the mystery and the mundane. Doors in every sense must remain open.

Karen Eberle-McCarthy<br>Mount Saint Mary College

## TERESA DE LA PARRA:
## KEEPING THE CONTRADICTIONS ALIVE

In the history of women's letters in Spanish America there have been many women who are remembered primarily for their poetry or their fiction, but whose essays, letters, and autobiographical writings can be read both for their intrinsic merits as nonfictional prose, as well as for the privileged insights they offer us into their more imaginative writings. The list is a long and illustrious one, and goes, as does just about everything else in hispanic women's writing, to Sor Juana. It includes such nineteenth century figures as Gertrudis Gomez de Avellaneda and Mercedes Cabello de Carbonera, and in our own century Rosario Castellanos, Rosario Ferré and Margo Glantz are only a few of the women who not only practice the art of fiction, but have also contributed to expanding the frontiers of theory.

Teresa de la Parra is one example of a writer in the early decades of the twentieth century who freely crossed these genre boundaries. She has been recognized and remembered for her two fictional texts, *Ifigenia* and *Las memorias de Mamá Blanca*, but her essays, correspondence and journals, which are often reflections of or meditations on her fictional praxis, can greatly enrich our reading of this author.

Studying her entire oeuvre shows Teresa de la Parra to have been a complex and very interesting individual, both much more and much less than a «feminist», a word often used to describe her. It has been a commonplace to refer to almost any woman writer of the past as a feminist, as a precursor or as unique in her time. Observe, referring to Teresa de la Parra: «This novelist and feminist, an extraordinary phenomenon in the Venezuela of the 1920's and 1930's, integrated her art and spirit of reform in the hope that women would no longer be sacrificed to that ferocious deity of male supremacy-society-family-honor, as was the protagonist of *Ifigenia*» (Stillman 48). Or again: «*Ifigenia* es una de las primeras manifestaciones del ideario feminista de la narrativa hispanoamericana» (Aizenberg 539).

As to whether or not Teresa de la Parra was a feminist, a reading of her three lectures delivered in Bogota and Habana in 1928 is very helpful in this regard. Entitled «Influencia de las mujeres en la formación del alma americana», they are rather long, somewhat rambling in terms of what we have come to expect of a scholarly lecture, yet never boring or pedantic. She talks about a number of different women throughout the history of Latin America with the intention of giving «una especie de ojeada histórica sobre la abnegación femenina en nuestros países, o sea la influencia oculta y feliz que ejercieron las mujeres durante la Conquista, la Colonia y la Independencia» (Parra 474-5). Her sweeping and entertaining prose contrasts Delmira Agustini with Gabriela Mistral, pauses on la ñusta Isabel, la Madre Teresa, Sor Juana, Amarilis and Manuelita Saenz, «La Libertadora».

But she insists that we remember all the «primitivas fundadoras», those whose «vidas humildes llenas de sufrimiento y de amor no se relatan», (478) as well as the innumerable «místicas y soñadoras» (429) of the Colonial period and «las inspiradoras y las realizadoras» (479) of the period of Independence. She reminds us that history recalls the conflicts and the battles, the destruction and death, whereas the mediation, the counselling and the subtle influences of women go untold. «La concordia, obra casi siempre de mujeres, es anónima... no se perpetúa en los libros, sino en los hijos» (480).

She attempts to show this anonymus participation by painting a broad social/cultural picture of each era in such a way that feminine activities stand out as clearly as any other. She begins her third lecture with: «Antes de ir a buscar la influencia decisiva y medio oculta que van a tener las mujeres en la Revolución o Guerra de la Independencia, les invita a evocar la época» (509). She evokes a street scene: Caracas at twilight. A «mantuana» and her servants en route to a tertulia. On another street an intense young man carrying a contraband ideological pamphlet heads for the same tertulia. Revolutionary tracts will be read and discussed, and both of these participants will contribute in their way to the progress of Independence.

«Mi feminismo es moderado» (474) says Teresa de la Parra in her opening lecture. «Para mostrarlo y para tratar, señores, ese punto tan delicado, el de los nuevos derechos que la mujer moderna debe adquirir, no por revolución brusca y destructora, sino por evolución noble que conquista educando y aprovechando las fuerzas del pasado... había comenzado por preparar... una ojeada histórica...» (474).

What strikes me about this statement is her open self-identification as a feminist, and the immediate qualification of the term to make it more palatable to her audience. She calls herself moderate because she is not a suffragist. She shares with her foremothers Clorinda Matto de Turner and Mercedes Cabello de Carbonera, and with many of her contemporaries as well, a distaste for politics and a consequent rejection of the notion of women's right to vote.

But she does call herself a feminist, and then proceeds to reconstruct her cultural heritage a New World full of brave, willful, eccentric and influential women. What stands out is her firm belief that what is most harmful to women is inactivity. To be confined to the home, to be allowed no room for growth, to receive no socially useful education or training and thus be unable to participate in or contribute to society, is a monumental waste. It is obvious that Teresa de la Parra is criolla, aristocratic, well-travelled. The situation she mourns is not that of slaves or servants or women too poor to hire help who certainly could not complain of having too much time on their hands. But rather than fault Parra for not having a broader perspective, it may be more helpful to try to understand her world, her perceptions and the use she makes of her craft to explore and express the contradictions and possibilities of that world.

*Ifigenia*, published in 1924, Teresa de la Parra's first novel, is a fictional portrait of a contradiction. Critics have interpreted the novel in a variety of ways, from criticizing it for being a bad example to the young ladies of Caracas, to seeing it as being an autobiographical reflection of its author, to praising its language or faulting its language.[1] Edna Aizenberg has recently studied it as an example of a «Bildungsroman fracasado». But it is perhaps most instructive to read Parra's own analysis of this novel. In a letter to Eduardo Guzmán Esponda, who had written a critical study of *Ifigenia*, she explains first that his reading of the novel was unsuccessful because he wanted logical explanations for the protagonist María Eugenia Alonso's behavior:

> Usted desearía que los actos de María Eugenia Alonso se adaptasen, se encajasen todos matemáticamente, sobre sus razonamientos o palabras, cuando el *objeto único* de mi libro ha sido demostrar lo contrario, es decir, nuestra misteriosa dualidad, los terribles conflictos que surgen ante la sorpresa de lo que creíamos ser y lo que somos... (595)

She goes on to explain that the guiding principle of her self-perceived role as writer/narrator was:

...el de intervenir todo el tiempo, entre María Eugenia Alonso y el lector, dándole a entender a éste que ella *no se conoce*. Lo único que considero bien escrito en *Ifigenia* es lo que no está escrito, lo que tracé sin palabras. (595)

Teresa de la Parra has written a novel of contradictions, silences, conflicts and rebellion on every level. But what makes it so absorbing is that it is also a novel of reconciliation, acceptance and adherence to tradition. For María Eugenia Alonso is young and rebellious and full of fight; she loves to scandalize her relatives with her dress, her language, her behaviour. And when she begins to «change», to take on the old-fashioned customs, to feign ignorance, when she accepts the marriage proposal of César Leal, who represents tradition and stability and whom she doesn't love, it is with a duplicitous and ever-present irony. She makes us think she's gone over to the other side, but not given up, that the «real» María Eugenia Alonso is the bright young rebel. But the conclusion of her story finds her contradicting her «real» self as she lies in her grandmother's bed searching for contact, comfort, familiarity, safety, because, as Parra explains: «a pesar de su mentalidad ultramoderna, que la lleva a la exaltación revolucionaria, la mandan y la mandarán siempre sus muertos» (596).

María Eugenia Alonso is critical of her society but also very attached to it. She pretends she can reject tradition, but tradition has a firm grip on her. And part of this tradition is the call of motherhood. The final paragraphs of *Ifigenia* abruptly introduce motherhood and its attendant self-sacrifice as an additional element of conflict in the protagonist's already confused and tormented spirit. She can't bring herself to run away with Olmedo, who represents for her, unlike César Leal, passion and a rupture with tradition she cannot bring herself to run away with Olmedo and sever her ties to her grandmother and aunt. And she has gone beyond believing that her relationship with Leal could be called romance. So she stays and plays the role that so many women before her have played; she chooses to wear the mask of conformity. She also chooses identification with the female role model. She elects not the world of men, for she rejects Olmedo and his offer to escape into a larger world, outside Venezuela, and adheres instead to the world of her foremothers, a repressed world perhaps, but characterized by a warmth and security grounded in the roots of home and motherhood, grounded in a sense of place and a need to nurture. She wears the mask of conformity or perhaps she has truly conformed.

María Eugenia's act of writing, which is the fundamental structuring of the novel, first the letter to her friend, and then her diary, was an act of rebellion, of self-affirmation and of independence. Initially her rebellion and the words with which she describes herself coincide. As time passes and her behavior conforms more and more to what is expected of a young woman in her circumstances, the fact that she continues to express herself through writing is an indication that she is still struggling, although now in hidden and deceitful ways, to come to terms with, or at least to express, her conflicts. As long as she writes she maintains an active participation in her own contradictions. Irony is the tool she most commonly uses to bridge the gap between the ever-diminishing independent self and the increasingly conformist socially-acceptable self. When the writing stops, the novel ends, and María Eugenia has «grown up».

Edna Aizenberg calls *Ifigenia* a «Bildungsroman fracasado» because it contains all the elements of a novel of individual development except that it doesn't present a satisfying conclusion. One normally expects in a Bildungsroman a final pact between the protagonist and society, an integrity and an integration. What we find in *Ifigenia*, Aizenberg concludes, is a negation of self-integration, the silencing of part of the self rather than its incorporation into the whole. But María Eugenia has «grown up». She has established a pact with society. Unlike her author, she has stopped writing.

Teresa de la Parra seems to have understood in her own life as well as in her writing, the importance of keeping the contradictions alive. She claims to be a moderate feminist, yet she reserves her highest praise for doña Manuela Saenz, who defied tradition and left her husband in a time when divorce was unheard of. Velia Bosch calls Manuela the «anti-Ifigenia que (Parra) no pudo llegar a novelar» (66). Parra claimed in those lectures to love and respect the traditional women of the past, yet in her own life chose not to marry or have children or lead the traditional life.

In that same letter in response to Guzmán Esponda's criticism of *Ifigenia*, Parra comments very astutely on the different responses to the conclusion of *Ifigenia* that she has observed in men and women. Most men, she claims, have not liked the ending. (The novel ends, remember, when María Eugenia rejects Olmedo, accepts Leal's marriage proposal and experiences a kind of exaltation through suffering upon recognizing in herself the power of the maternal instinct. The novel ends with silence, with the end of her open rebellion). The author wonders:

¿Será que les roza en la consciencia, el temor o el remordimiento de ser *un poco* Leal? No sé. Sólo he observado que por contraste las lectoras, que conocen la frecuencia de esas losas de silencio, y presienten la fatal abundancia de Leales, ante el drama, en lugar de desagradarse se conmueven. (597)

What Teresa de la Parra picked up on in noticing this gender-based difference in reader response, is what Judith Fetterley reiterates in *The Resisting Reader* and again in her essay «Reading about Reading». «Men», she says, «define as great those texts that empower themselves» (150). Musing on why men generally don't like to read women's literature, she argues that men certainly are capable of reading women's texts, but that they *won't*. To read women's texts means that male readers will have to confront fictional male characters such as Cesar Leal. «For men, reading women's stories means confronting themselves reflected in the eyes of women they must endure the gaze of the other» (Schweikert, XIX). When «man» is at the center, «woman» serves as reflecting agent. But when «man», at the center of his reading experience, gazes outward and finds himself face to face with a man seen through the eyes of a woman, the reaction is often rejection, as in the case of Guzmán Esponda. De la Parra wondered whether this rejection of her novel might not be the result of over-identification on the part of the male reader with the fictional male character.

Elizabeth Flynn, in her essay «Gender and Reading», outlines three possible responses a reader may have to a text: The reader may dominate the text, be dominated by it, or interact with it. The experience of dominating a text will cause a reader to reject it as good or meaningful by imposing a previously established structure on it and thereby refusing to interact with it and effectively silencing the text. The reader who is dominated by a text identifies so strongly with it that empathy becomes all, and no effective distancing can take place. But to interact with a text requires both empathy and distance, allowing the text to affect one, as well as maintaining a degree of coolness necessary to judge, or give back to the text.

What Teresa de la Parra seems to be advocating and what she herself is certainly practicing in her letter to Guzmán Esponda, is dialogue with the text. For although de la Parra is the writer of *Ifigenia*, when she explains, criticizes and justifies the novel, she becomes also a reader. She explains:

Finalmente, como consecuencia o síntesis del largo relato, suspendida en la última palabra, esta pregunta eterna y torturante sometida al lector: ¿cuál es el verdadero *yo* fruto de nosotros mismos, el *yo* que razona o el que se conduce? (595)

As a reader of her own text, or as an observer of her own life, Teresa de la Parra insisted that the question remain open, because only in juggling of the duality, only in the refusal to come to a final compact with the contradictions, can we maintain a dialogue with ourselves.

Again, irony is the avenue that best serves this purpose for the author. Irony allows for the coexistence of seeming opposites. She chides poor Guzmán Esponda: «¡Pero con que admirable candor masculino fue usted creyendo palabra por palabra, todo cuanto en su charla le refería María Eugenia Alonso!» (595).

In a letter to her friend Rafael Carías she muses on the possible reason for the negative reception that *Ifigenia* received in Venezuela. She concludes that in part it was because most readers failed to grasp her irony. She explains: «La ironía, pues... la verdadera ironía... es aquella que empieza por sí mismo; la que debe tener siempre una sonrisa de bondad y un perfume de indulgencia» (609).

Irony begins at home. For Teresa de la Parra, reading *Ifigenia* was somewhat akin to interacting with herself. She treats herself neither with cool critical distance nor with complete empathy. She clearly accepted her own contradictions as well as those of her novel. She had one foot firmly planted in the past, the other somewhat dubiously in the future. To thus straddle the present requires either a blind self-indulgence or an indulgent self-irony. The self in control? Or the self controlled? «Esta pregunta eterna y torturante sometida al lector». By the author's refusal to elect one or the other alternative, the novel stays alive, as does our response to it.

Janet N. Gold<br>
Amherst

---

1. Gabrielea Mora reviews previous critical reactions to *Ifigenia* that attempt to equate the protagonist with the author in her article «La otra cara de *Ifigenia*, una revaluación del personaje de Teresa de la Parra», *Sin nombre*, vol. 7, n.º 3 (1976): 130-144. Velia Bosch also comments extensively on Parra criticism in *Esta pobre lengua viva*, Caracas: Biblioteca Ayacucho, 1982.

# BIBLIOGRAPHY

Aizenberg, Edna, «El Bildungsroman fracasado en Latino América: el caso de *Ifigenia* de Teresa de la Parra». *Revista Iberoamericana*. LI, 132-133 (July-Dec., 1985): 539-46.

Aumaitre, Louis A. *The Ideas of Teresa de la Parra on the Social Development of Women in Venezuela*. Ph. D Disertation, NYU, 1980.

Baralis, Marta de las Mercedes. *Ifigenia de Teresa de la Parra*. Buenos Aires: Universidad de Buenos Aires, 1972.

Bosch, Velia. *Esta pobre lengua viva*. Caracas: Ediciones de la Presidencia de la República, 1979.

Fetterley, Judith. *The Resisting Reader*. Bloomington: Indiana University Press, 1978.

Mora, Gabriela. «La otra cara de *Ifigenia*: una revaluación del personaje de Teresa de la Parra». *Sin nombre*, VII, 3 (1976): 130-44.

Parra, Teresa de la. *Obra*. Velia Bosch, ed. Caracas: Biblioteca Ayacucho, 1982.

Schweickart, Patrocinio and Elizabeth A. Flynn, eds. *Gender and Reading*. Baltimore: Johns Hopkins University Press, 1986.

Stillman, Ronni Gordon. «Teresa de la Parra: Venezuelan Novelist and Feminist». *Latin American Women Writers*, Yvette Miller and Charles M. Tatum, eds. Pittsburgh: Carnegie Mellon University Press. 1977, 42-48.

## METAFICTIONAL AND EROTIC GAMES: EL AMOR ES UN JUEGO SOLITARIO

Esther Tusquets' novels have attracted attention for their experimental and poetic qualities. Two major thematic strands, the illustrated Catalan upper class and women's lives and loves, weave a complex narrative tapestry, combining the specificity of her native Barcelona with a universality that has prompted acclaim in Spain and abroad. Her second novel, *El amor es un juego solitario*, received the Ciudad de Barcelona Prize in 1979.

The author's first work, *El mismo mar de todos los veranos* (1978), initiates a trilogy including *El amor es un juego solitario* and *Varada tras el último naufragio* (1980). As critics have discussed regarding her first novel, particularly Nichols and Ordóñez, Tusquets interrogates the role of females in society, focusing upon the protagonist's menopausal crisis, failed marriage and mother-daughter bonds. The androgynous alternative to traditional relationships, allowing total body contact and equality between lesbian lovers, implicity undermines phallocentric ideology, a subterfuge paralled by the narrative structure.

Only in the last novel of the trilogy does the protagonist emerge as a self-reliant individual. She accepts solitude and embraces life on its own terms rather than as half of a marriage partnership, which is moreover frequently more detrimental to women. The collection of stories, *Siete miradas en un mismo paisaje* (1981), tells of the loss of innocence, friendship or love in the life of a girl reaching adolescence, each loss implying a concomittant coming-into-knowledge or a renewed tie.

The dream-like eroticism of Tusquets' first novel or the coming-into-knowledge of other works is not entirely absent in her second novel, but it is overlayed with a parodic and nightmarish quality. In the witty, sexually explicit and playful *El amor es un juego solitario*, it is a cruel game indeed. The principal anecdote is framed by a passage from a children's adventure story which conveys the violent nature of this love: the female ape's odor in springtime sets the male apes in relentless pursuit. This citation, not merely a frame, initiates the narrative/amorous game and mirrors the paradigmatic and perverse coupling between Elia/Ella and Ricardo (or the «poeta-simio»).

The text is thus, in its very inception, overtly metatextual and intertextual, linking love-making and *literatura*. A preordained love-story plot, complete with the young girl in love (Clara), is foiled by frequent self-reflexive comments and the love trio's ironic symmetricality, disallowing reader identification. Words and literary conventions are used in part to undermine the illusion of literature and language as transparent representations of the external world. Seeing and telling is partial, fragmentary and repetitious: stories are retold and reread; vision is hindered yet titillated by «rendijas», «visillos», «persianas», «mirillas», and «puertas cerradas» or «entre abiertas». Continual mediation and barriers mark the narration, interrupting and paradoxically furthering it.

After the opening citation, significantly not typographically in quotes, readers see the following on the page: «'Mira lo que está leyendo Elia'. Y ella: 'Pero si es un libro de aventuras'» (7)[1]. Since the quotation marks are generally absent in Tusquets' novel, their presence in this instance underlines the remark. The narrator proceeds to explain that the passage from Elia's childhood adventure book was read out loud by a boy who emphatically parodies the adventure:

> está leyendo enfático y burlón, subrayando o poniendo en solfa casi todas las palabras, entre el corro de amigos, este párrafo sobre la selva y la primavera y estos machos de hecho Elia se da cuenta ahora de que en realidad no tiene mucho sentido este párrafo intercalado en el texto general de la novela, y no se sabe por qué burlesco o malicioso capricho, quizás un juego privado para escapar al aburrimiento de escribir todas las semanas o todos los meses una novela sólo aparentemente distintas pero que reproducen sin piedad el mismo esquema...
> Aunque la niña Elia, no se había dado cuenta hasta entonces y había pasado sobre estas palabras, sobre estas pocas líneas, sin prestarles una atención especial... ahora sí descubre otro significado... (8)

As Elia listens to this reading and the accompanying laughter, and watches the facial expressions of the other listeners, the fragment acquires a new significance. The text is clearly oral, visual and multiple, while the malicious or capricious intent of the author and reader is particularly stressed. Moreover, the biological and instinctual (the ape's aphrodisiacal odor and call) is immediately intermigled with the cultural as explicity noted in love myths and literary codes, and connoted in the oral and aural images surrepticiously referring to language.

This equivocal passage in Esther Tusquets' novel thus mockingly describes the very text we read: «Y esta historia aparece precisamente en un libro que está leyendo Elia» (9). The novel begins with an adventure story written by a bored «ella», in the hands of the female reader «Elia», read by an actual female reader such as myself a dizzing *mise en abyme* of a woman who watches herself watch her (Elia) watching herself-very much a theme and stratagem of this novel about reading and writing, sexuality and romance. Furthermore, Elia watches a boy who is reading, surrounded by an audience of snickering boys who are watching him read (and simultaneously glancing back at Elia suspiciously).

The reader outside the text is implicated as voyeur at the margins of the textual world, looking through the figurative peephole, like the character Clara who is inveigled into listening to and imagining the sexual encounters between Ricardo and Elia. Clara suspects that Elia and Ricardo are in danger but cannot envision her own risk as spectator and interpreter of their affair. Clara watches but she is not watching out. Likewise, unwary readers are not prepared for the outcome of this «juego solitario».

Like the bored author of the jungle story within the novel, the wealthy housewife Elia creates her own adventures. She attempts to relieve a tedious life, substituting an endless procession of lovers for her absent husband and children. Her current amusement is a brief affair with the adolescent Ricardo, who is, analagous to the distraction of the author «ella», a perversion which disrupts repetitive schemes in Elia's life. Their mutual friend Clara, a university student and classmate of Ricardo, mediates and encourages the affair but she is drawn into the escapade as it progresses.

Particularly with Ricardo and Elia, the narration links thoughts and events with the very workings of language. For Ricardo, Elia is marked by being selected (and used) since he has chosen her, «aislándola de todas las hembras no elegidas». He moves from the realm of pornographic literature to the symbolic possession of Elia thus in circular fashion, from words to more words: «se acaricia, pronunciando su nombre», eager to attain «una posesión simbólica». While Ricardo obstinately selects her, Elia lovingly selects things. She too lives in fantasy, watching, imagining, reading and writing the script upon which she and Ricardo collaborate-attempting to fill the lack of meaning and affective ties in her life. The linguistic process of selection, substitution and repetition, constructed upon the lack of the thing which the word replaces, is forever figured in the text.

This linguistic process is evident in an early stage of the solitary game: Elia imagines Ricardo imagining her while masturbating in his room. Likewise, she lies in bed in her own room, evoking an ambiguous image of a man spying on her as she caresses herself, «algún hombre» caressing her, and/or of «la figura de un hombre» being born from her body. She creates an image (a trope) of a man, repeating Ricardo's incantatory name while giving birth to him, just as Ricardo invents her, manipulates her and ultimately penetrates her. The motif of onanism, not fortuitous, exemplifies the continual making-present of the absent figure through imagination and language in identical (but different) situations, as narrative conjures up the absent through words. During masturbation, the missing figure is inserted into the imagined scenario, yet during the lovemaking scenes when both partners are physically present, the fantasy level permits their presence to be screened out or substituted by another.

Likewise, when Ricardo and Elia do initiate conversation and eventually sexual relations, it is precisely the sexual titillation and suspense of the pre-coital activity which most pleases Elia, again associating narrative's deferral of meaning and ends with sexuality. The postponement of pleasure/narrative resolutions (the equivalence between «sed» and «embriaguez» which Elia seeks) is also thematically and structurally the postponement of disappointment and of responsability the refusal to move outside the infantile confines of self-absorption. Furthermore, the «autocomplacencia» which typifies Elia's and Ricardo's thoughts points to the self-referential aspect of language: as Elia listens to Ricardo during their first meeting, «el único tema con el que la gente no la suele aburrir es precisamente el discurrir sobre sí mismos, también a menudo reiterativos y obvios y pedantes» (24). So too, language always necessarily (compulsively) speaks about itself while it speaks about the referent.

The rhythm of the narrative and formal aspects of the discourse support metafictional images and the novel's semantic content. Lengthy paragraphs which often resist division into discrete units characterize the novel. Indeed, with a wink at the reader, the novel describes its own style under the guise of describing that of the adventure story within the novel: «Se deslizan surepticiosos... tremendos párrafos reptantes y perversos» (10). A flowing quality is conterpointed by continual appositions, interruptions which connote the impossibility of straightforward statements of facts. These appositions, supposedly clarifications, are often a source of contradictory information, making the narrative still more opaque. Frequent word plays and recurring scenes of motifs, be they descriptions or the exact scene reenacted with an inversion of sexual role, generation or perspective, destroy the illusion of real events and people. Bombastic comentaries are framed into sets of three rhythmic and rhyming adjectives or phrases, undercutting the consciousness and speech of characters ostensibly being conveyed. While the use of generic terms and ironic epithets («la ninfa», «la hembra», «el poeta-simio», «un fauno», etc.) and paradigmatic treatment of characters denies the personal, it also connotes the characters' inauthenticity within the world of the novel, and the difficulty of transcending cultural, literary or psychological codes.

Perhaps the most powerful intermingling of codes depicted within the novel recalls Lacan's formulations about language and the self.[2] Specifically, self-questioning language and schematic relationships establish parallels between the process of rhetoric and the structures of the psyche, whereby the separation from and longing for the mother is indicated as a fundamental organizing category. In the absence of the mother, the child can and must enter the symbolic realm of language. In a word: Elia wants to get back to being mother, Clara wants to get back to mother, and Ricardo, in addition, wants to get back at mother. The three characters are mirror images of one another as they endlessly attempt to resolve a feeling of emptiness. Throughout the novel, Clara and Ricardo lament the inadequate nurturance provided by their respective mothers, and continually imagine and project a maternal relationship to Elia. As Ricardo relives the dilemma of his separation from his mother, the symbolic reunion with Elia/mother in coitus overshadows the meeting of bodies. For him, she is symbol, representation, word. For both Clara and Ricardo, sexual and emotional experience with Elia recreates the original maternal symbiosis, re-birth and ultimately, expulsion from the womb of paradise.

Likewise, Elia expresses maternal feelings toward both adolescents by virtue of guidance, affection and sexual initiation, figures in the narrative through maternal body images. She too views Ricardo as word or literature: as he speaks about himself, she reflects «parece una historia retórica, una sórdida pero al mismo tiempo hermosa página literaria, tan por encima, tan distante el narrador de lo que está desarrollando aunque lo exponga en primera persona» (25). Making love is a game «en el que no tiene sentido la palabra normal».

Beneath the identical mother/child paradigm, the maternal

images and situations evoked between Ricardo and Elia are quite opposed to those between Clara and Elia in several respects. Clara is relatively innocent, eager and spontaneously tells tales. In erotic encounters, dialogue and sexual equality is momentarily reached. Clara plays the role of the pliant little girl, bathed by her mother. As in Tusquets' first novel, she is associated with the body (food and sexual pleasure) more than the verbal pyrotechnics of Ricardo.

With Ricardo, in contrast, awkard timidity becomes masterful dominance and the womb is associated with the ape's den or with garish brothels. The innocent is degraded and playful games lead to violence and rape. His discourse refuses dialogue and his story is just a memorized script. The novel's initial jungle adventure scene becomes more than a mere subtext of metaphoric game, Ricardo's return to mother is an act of revenge, a game of power and aappropriation of the Word.[3] In a symbolic reenactment of the developement of language, once Ricardo is sexually initiated- an adulthe «poeta-simio» fully adopts his patriarchal role. Elia (Ella) is inscribed within the order of the symbolic: «Aquí no hay ahora otra palabra que la del propio Ricardo-reducidas las dos mujeres a parloteos vanos» (p. 135). After he rapes Clara and takes Elia from behind, Elia is without face or voice.

Elia acquiesces, remaining a reader of past myths, repeating the sentimental codes of Colette or François Sagan, only flirting with infractions of the norm with Ricardo. He too, figures as a reader of previous codes-pornographic literature, jungle stories written in Franco's Spain, Sade, etc. Neither one invents a new myth, although they play the literary game of re-counting stories admirably well. Perhaps more importantly, neither faces the dual challenge of love and independence.

Only Clara is willing to risk all for love, but she too, relies on the world of childish fantasy. Nevertheless, as Elia says, Clara, «la muchachita enamorada, el personaje bueno y positivo»... «se ha quedado con la mejor parte... ha asumido en la farsa el papel más brillante y el más grato» (148-49). Similar to the end of *El mismo mar de todos los veranos*, we see a Clara who may grow up without losing a capacity for empathy and dialogue. Nevertheless, it is both her refusal to fully recognize and protest against the vengeful behavior of Ricardo, as well as her self-deprecating and naive exaltation of the callous Elia which is foregrounded at the end of the novel.

To return to the novel's initial *mise en abyme* of readers watching and being watched, we can consider the significance within the discourse. Initially, Ricardo and Elia have a more active role within the plot, while Clara is peripheral: she is the good listener and observer, and perhaps unwittingly, the go between of their affair. By the end of the novel, she is drawn into the narrative center, happily relating stories and openly expressing her love for Elia. She also becomes the central victim of a plot that has been directed at her all along by one inventor of the game, Ricardo. In some sense a figuration of the naive reader, Clara has unconditionally put faith (and herself) in the hands of Elia, following the dictum «hágase en mí según tu palabra» (149). So too, readers can be seduced by love codes, obliterating the line between myths they read and their own lives.

Readers are also implicated insofar as the discourse must be shared. Within the novel, all three characters participate in the invention of the game. The relative passivity or initiative of any one player neither exempts himher from complicity or pain, or for that matter, from potential pleasure. Although the authority of the text may appear to rest with Elia, since the novel begins and ends with her adventure book, the authority is undercut in several respects. Ricardo and to a lesser extent, Clara actively collaborate in the creation of the story while at the end, Ricardo appropriates the word. Furthermore, while the novel's «origin» may appear to reside in its framing passage, another interior «origin» irrupts through the frame which ostensibly delimits the novel. We discover that Ricardo decided to invent this story the first time he met Elia, while she was searching for the photos of her absent family. Significantly, this meeting had occurred before Elia had any clear recall of or attraction for Ricardo. The text's beginnings, like its power, is multiple and intertextual, indeed, an anonymous «ella» and not Elia writes the jungle adventure. As characters share and invent each other and the discourse, even if they refuse to dialogue, so too, readers and writers, like Barthes' «plural reader», collaborate in the process of filling in the narrative gaps (1977, 161).

The perverse and malicious reading of the novel can be associated with a refusal of «normal» social-literary codes, for instance, heterosexual and phallocentric stereotypes of love, marriage and sexuality. The text as fragment is to be read differently, parodically, refusing the monolithic, the last word and facile romantic endings. In the «sophisticated» world of Ricardo and Elia who can not innocently act out a romantic love code, the truly obscene is the sentimental, as Barthes describes: «Historical reversal: it is no longer the sexual which is indecent, it is the sentimental-censored in the name of what is in fact only another morality» (1978, 177). The common thread underneath the ironic games is the failure of Elia and Ricardo to break beyond solitary narcissim and finally a refusal to love. Independence from mother allows entry into language but this language can incorporate the fluidity and openness of equality as opposed to hierarchy. *El amor es un juego solitario* is at once «conmovedor o tal vez grotesco» and certainly «doblemente eficaz por equívoco».

Although the novel creates a Brechtian alienation in readers, the latter can nevertheless discern the characters' voices and pain faintly delineated beneath the parodic play and hence, paradoxically identify with what we have been overtly and covertly asked to mock. While the metafictional aspects of the novel point to the literariness of literature, the text, not to be frozen into ideology, is neither not about love nor only about literature.

In Tusquets' latest novel, the female protagonist reaches a different understanding with her male counterpart. *Para no volver* portrays a married woman facing more irrevocably than before the loss of youth. The baroque accumulation of sentences and paragraphs conveys the flow of consciousness, the associatively structured riscourse recalling the psychoanalytic process which is the novel's anecdote. It is fitting that Tusquets' two most metafictional novels relate the process of self-knowledge, love and art. The protagonist Elena mockingly protests against a stultified society, her husband's self-importance and the psychoanalyst's powerful role. More significantly, in her obsessive reiteration of themes-playing out various roles in the act of telling she recognizes her deepest fears. Creating and debunking rationalizations does not merely convey but also conjures up thoughts, feelings, consciousness and ultimately discourse. The novel ends in circular fashion: Elena reunites with her perpetually straying mate, accepts death and acknowledges her own greatest failure the refusal to mate literature a vocation and passion rather than a pastime. Yet the arduous effort at self-knowledge, and the *process* of life rather than its finality, transforms «failures» into affirmations.

Elena does achieve dialogue and erotic pleasure with Arturo, a man open to the «feminine» in himself. In this novel, (maternal) connectedness is not disassociated from emotional independence. Indeed the wisdom of the body and of consciousness or self-knowledge momentarily come together. As in Rubén Darío's verses referred to in the title of the novel, «Juventud, divino tesoro, ¡ya te vas *para no volver!* Cuando quiero llorar, no lloro, y a veces lloro sin querer...», (emphasis mine) Elena does not return to old myths with the same innocence. Ironically, she does, as in Para volver- return to a heightened interest in erotic encounters and to another type of youthfullness.

Tusquets' works often focus upon carefully etched psychological portrayals in relation to literary, social and cultural codes. Perhaps most striking is her portrayal of female sexuality and psychology, as in *Para no volver*: neither is orgasm as central to sexuality as sex-manuals and contemporary culture would have it, nor are theories such as the Oedipal complex or penis envy safe from humorous barbs. The emotional, psychological and sexual subtleties of relations between females, or between males and females, are rarely so intelligently probed, above all in a discourse that allows for a dialogic confrontation of voices. In Tusquets' narrative, the poignant characters who gamble all for love and life may suffer more than others but they experience *jouissance* a joyful excess. Simultaneously, the ironic and self-reflexive discourse refuses naive and univocal interpretations, making her works original and engaging.

Marie Murphy<br>
Loyola College

1. This and all further quotes will be included parenthetically in the text. As I was finishing this article, I became aware of two articles which deal with some of the same issues which I also discuss. Refer to Servodidio and Gold.

2. Lacan points out that in the pre-linguistic stage the infant experiences no clear self-delineation, secure that every wish will be granted in the semiotic mother/child bond. When the child is initiated into the order of language, the societal rules of Father delay and confine the fulfillment of desire. Once desire must be formulated within the bounds of language, the repressive gap between the conscious and unconscious is created. «The fact that every word indicates the absence of what it stands for intensifies the frustration of this child of language, the unconscious, since the absence of satisfaction has now to be accepted. Language imposes a chain of words along which the ego must move while the unconscious remains in search of the object it has lost.» (Wright, 111.)

3. The misogynist view that Ricardo expresses toward Elia, Clara and his distant, forbidding mother recalls socialization and gender differences formulated by Chorodov and Dinnerstein. While boys and girls project rage toward the mother in the face of life's initial frustrations, girls fear (and hate) this power less since they learn that they will share maternal power. Furthermore, boys must define themselves as different from the mother in order to achieve a male image, while girls imitate their mother, seeking intimacy through maternity and other means. (Gardiner, 133-144.)

# BIBLIOGRAPHY

Barthes, Roland. *A Lover's Discourse: Fragments.* Trans. Richard Howard. New York: Hill and Wang, 1979.
——. *Roland Barthes.* Trans. Richard Howard. New York: Hill and Wang, 1978.
Gardiner, Judith Kegan. «Mind Mother: Psychoanalysis and Feminism». *Making a Difference: Feminist Literary Criticism.* Ed. Gayle Greene and Coppelia Kahn. London: Methuen, 1985, 113-45.
Gold, Janet N. «Reading the Love Myth: Tusquets with the Help of Barthes». *Hispanic Review,* 55 (1987): 337-346.
Nichols, Geraldine Cleary. «The Prison-House (and Beyond): *El mismo mar de todos los veranos*». *Romanic Review,* 75 (1984): 366-85.
Ordóñez, Elizabeth J. «A Quest for Matrilineal Roots and Mythopoesis: Esther Tusquets'. *El mismo mar de todos los veranos*». *Crítica Hispánica,* 6 (1984): 37-46.
Servodidio, Mirella. «Perverse Pairing and Corrupted Codes: *El amor es un juego solitario*». *Anales de la Literatura Española Contemporánea,* 11 (1987): 237-54.
Tusquets, Esther. *El amor es un juego solitario.* Barcelona: Lumen, 1982.
Wright, Elizabeth. *Psychoanalytic Criticism: Theory in Practice.* London: Methuen, 1984.

# FROM DIALECTIC TO DELIVERANCE: LUZ MARIA UMPIERRE'S THE MARGARITA POEMS

In one of her most influential feminist writings, «When We Dead Awaken: Writing as Re-Vision», Adrienne Rich predicts that

> for women writers in particular, there is a challenge and promise of a whole new psychic geography to be explored. But there is also a difficult and dangerous walking on the ice, as we try to find language and images for a consciousness we are just coming into, and with little in the past to support us.[1]

In her latest collection of bilingual, feminist poems, *The Margarita Poems*, Luz María Umpierre risks the censure of mainstream critics by carrying Rich's gauntlet perilously and defiantly across that «ice».

In part, *The Margarita Poems* is a revisionist treatment, from a modern, feminist, and lesbian perspective, of traditional love sonnets and quest poems inspired by beatific women. Unlike these earlier romantic poems, however, in which idealized women Beatrices and Lauras are placed by men on unreachable pedestals close to heaven, the women in Umpierre's poems are the spirit made flesh. Detranscendentalized, they become orgasmic celebrations of the female body and its potential to nurture, arouse, or torment. Empowered by primal female energies as well as strong female authorship, these women ultimately refuse to permit men to do their speaking or worshipping vicariously for them. Instead, as resisters of patriarchy, they curse «all Hopkinses»

> who fucked your head and mine
> in spring and summer
> with images of death and sin
> when all we wanted

> *was to touch the yellow leaves,*
> *the fall under our skirts.*
> («Immanence»)

Relying on women rather than on paternal men for inspiration and empowerment, Umpierre offers two female Muses in these poems, Julia and her dialectical counterpart, Margarita. Julia is the «Unrestrained, / wild woman» («Immanence»), the unrepressed alter-ego of the speaker, who will love freely in whatever way she chooses despite the verbal and physical abuses of a puritanical society. Margarita, on the other hand, is the love interest of the speaker, one who is alternately adored and criticized. Together the Muses represent a dialectical tension between elemental forces of female potential that can either bring women together or keep them apart. It is through the intervention of Julia, the magical arbiter in the speaker's quest, that Margarita will be redeemed from a materialistic society that has turned her into an exploiter («The Statue»).

In the poem that begins this collection, «Immanence», Umpierre explores a new «Psychic geography» by having her heroine psychologically incorporate the other (Julia), even if such incorporation leads to temporary insanity. By comparison, in the first poem of the collection that had preceded this one, *Y Otras Desgracias*,[2] Umpierre had taken pains to differentiate the self from the other to avoid both a destructive heritage and a painful anxiety of influence. In that earlier first poem, «In Response», the persona had rejected angelic womanhood —«My name is not María Christina»— and orphaned herself from parental and sexist authority figures by severing ties with «Dearest *marido*» and «kissing-loving papa». She had also repudiated a phallocentric lineage of «macho-men ancestors» and rapist warriors. In merging the self with the other in «Immanence», however, the speaker does not show a regressive tendency; rather, she manifests spiritual as well as psychological growth, healing, and progression. This time the speaker has chosen her own heroines, not Muses forced down her throat by the generations; and by incorporating these representational selves, the speaker is nourished rather than starved, empowered rather than disenfranchised.

While the speaker faces insanity to incorporate Julia in «Immanence», it is a liberating kind of madness, and not a debilitating schizophrenia, that Umpierre is illustrating in this poem. Here Umpierre's view of madness matches Roger Gould's idea that we must connect «with the insane in us before we can go onto an enlarged sanity».[3] Umpierre expresses the same principle poetically when she writes with baptismal ecstacy:

> *I am crossing*
> *the Mad river in Ohio*
> *leaving possessions and positions,*
> *shedding my clothes,*
> ............................................
> *to bring my Julia forth,*
> *lesbian woman,*
> *who'll masturbate and rule*
> *over my body, Earth,*
> *parting the waters of my clitoral Queendom,*
> *woman in lust*
> *who'll lose her mind*
> *and gain her Self...*

By society's standards, such lust in women is symptomatic of madness. But in «No Hatchet Job», Umpierre writes about a supposedly sane society that would like not only to control her and her artistic/sexual expression, but also domesticate and dehumanize all unruly and creative women:

> *They would like*
> *to put the tick and flea collar*
> *around her neck and*
> *take her for walks on sunny afternoons*
> *in order to say to the neighbors:*
> *«We have domesticated this unruly woman».*

Mocking and defying this kind of supposedly-sane, passive-aggressive society that would like to classify, stultify, and mummify strong, passionate women, Umpierre ends the poem with admirable bravado:

> *But headstrong she is unleashed,*
> *intractable she nourishes her mind,*
> *defiantly she refuses the limelight, the pomp and glory.*
> *Eternally she breathes*
> *one line after next,*
> *unrestrained, unshielded*
> >  *willfully*
> >  *WRITER*
> >  *WOMAN*

Unlike the «headstrong» and now «unrestrained» writer of «No Hatchet Job», Margarita succumes to the blandishments of a colonizing society. We meet the seduced and alternately seductive Margarita in the poem, «The Statue». In this poem, Umpierre uses biting word-play to chronicle how Margarita, the «flower child» of the altruistic sixties, was transformed into an American icon of greed, one that is symbolized in this poem as the recently-restored Statue of Liberty. Once the product of the socially-conscious sixties with the power to embrace all outsiders and reform the world, this flower child (and the national hope she represented) has turned with the tide of her capitalistic and colonizing country into an enslaving force, one that has transformed

> Love to Hate
> Peace to War
> 'Listen man' to 'Obey'
> Hip to Yup
> Black to White
> cornucopias to cauldrons
> Vietnam to El Salvador
> esprit *to* corps
> 1960 to 1985
> flower child.

That this flower child has also been exploited by voyeuristic greed and national exhibitionism is shown in the final line of the poem, which likens the Statue of Liberty to a «glory-hole of the nation».

To counteract the misdirected force of female potential in Margarita, the speaker summons Julia's archetypal and theurgic powers. Julia can help save Margarita because she can exchange her «cornucopia» of love for Margarita's «cauldron» of capitalistic self-interest. The female abundance that Julia has to offer is apparent from the tongue-in-cheek poem, «Only the Hand That Stirs Knows What's in the Pot». Like the Earth godesses of old, Julia has foods «for deliverance» to offer to those she chooses to invite to her «banquet» of passion and arousal. Not only does this Julia cook, but she also *is* food, a womanly body of nurturance for female sexual disciples to partake of and be whole again.

The presence of this sacramental food and the agency of Julia as a counterforce of power make communion finally possible between the speaker and Margarita in the final poem of the collection, «The Mar/Garita Poem». In this fascinating and complex poem, a ritual of physical, psychological, and linguistic communion occurs underwater through the immanence of Julia and the unconditional love of the narrator, who will go to any lengths to rescue Margarita, her «glorious daisy», from death. As in most quests, a symbolic death and rebirth occur to save the beloved.

To save the Muse, who is drowning, the speaker uses a mixture of English, Spanish, and Jeringorza in an incantation of purification. The goal of the ritual is to free Margarita literally and figuratively from the «garita» or garrison that imprisons her «Mar» or sea. Demonstrating that redemptive art is a communal act, the poet calls on women everywhere to participate in the ritual:

> *Para separar*
> *el Mar de la garita*
> *se necesitan*
> *tus vocales*
> *tu disconancia*
> *tu canto de sirena.*
> *Se necesita que regrese Casandra*
> *para escucharla esta vez;*
> *se necesitan palabras femeninas,*
> *se necesita tu lengua*
> *y tu entonación.*

Only when the natural sea is freed from the imprisoning, male fortress will the full power of unrestrained femaleness be released in all its creative current. And the words to enact this ritual («palabras femeninas») must come not from the patriarchy, but from women who have learned to consecrate the Self and their womanhood to officiate in this ceremony of immersion and rebirth, Umpierre, as poet priest, takes the word «light» from her name «Luz» and reaches synthesis with Margarita by combining «Luz» with «Mar»:

> *La isla ya está libre,*
> *regresan las golondrinas*
> *que aprendieron nuestros*
> *nombres*
> *LUZ Y MAR, sin olas.*

With this renaming, the synthesis is completed, and the collection ends appropriately with the revolutionary words, «Día de la libertad».

With unusual candor and wit, *The Margarita Poems* challenges patriarchal and heterosexist assumptions about female sexuality, power, and desire. While the collection contains many of the poetic ingredients we have come to expect from Luz María Umpierre's writing-cosmic «carrijada» and bristling frankness, bilingual wordplay and polished lyricism it is new in its celebration of lesbian identity, eroticism, and heroism. Invested with Eros rather than

Thanatos, the collection shows a radical kind of love for humanity, a love strong enough to challenge the kinds of repressive states of mind and oppressive conditions in society that would imprison humanity in garrisons of conformity and prejudice. In writing this book, Umpierre boldly responds to Rich's challenge to women writers. She has broken through the «ice» to the depths beneath; in doing this, Umpierre has admirably passed the gauntlet on to other readers of *The Margarita Poems*.

Roger S. Platizky
The Pennsylvania State University

---

1. Adrienne Rich, «When We Dead Awaken: Writing as Re-Vision»; rpt. *The Norton Reader*, 5th ed., Arthur M. Eastman, *et. al.* (New York: W. W. Norton & Co., 1980), p. 513. Selection first appeared in *College English*, Vol. 34, N.º 1 (Oct. 1972).

2. Luz María Umpierre-Herrera, ... *Y Otras Desgracias / And Other Misfortunes...* (Bloomington, Indiana: Third Woman Press, 1985), p. 1. Born in Santurce, Puerto Rico, Luz María Umpierre came to reside in the United States in 1974. She is considered part of a group of writers known as «Puerto Rican poets in the United States», a group that includes Miguel Algarín, Miguel Piñero, Tato Laviera, Sandra María Esteves, Nicholas Mohr, among others. Umpierre has published two collections of poetry prior to this one: *Una puertorriqueña en Penna* and *En el país de las maravillas*. She is an Associate Professor of Caribbean Literature at Rutgers University.

3. Roger Gould, *Transformations* (New York: Simon and Schuster, 1978), p. 305.

## SONIA MANZANO: A FIGHTER AND HER POETRY

Born in Guayaquil in 1947, Sonia Manzano, the daughter of the prose writer Carmen Bella, grew up surrounded by books. As a result of this environment and due to her mother's stimulation, she began to write poetry at the early age of eight.[1] According to the poet, it was her mother who first entered her poetry in a contest.[2] Therefore, as a result of her mother's encouragement and respect Manzano has gone on to publish six collections of poetry:

> *El nudo y el trino* (1972)
> *Casi siempre las tardes* (1974)
> *La gota en el cráneo* (1976)
> *La semana que no tiene jueves* (1978)
> *El ave que todo lo atropella* (1980)
> *Caja musical con bailarina incluida* (1984)
> *Carcoma con forma de paloma* (1987)

In addition to writing poetry, Manzano, who holds a doctorate in education with a specialization in literature, is actively involved in writing literary criticism. This involvement has no doubt resulted from her discontent with Ecuadorian literary criticism. Expressing her disenchantment, Manzano, during an interview in 1981, commented: «Hay un mínimo de crítica profunda con argumento en Ecuador. No puedo aceptar esta crítica sin argumento. No existe una crítica sana. Hay sólo cuatro o cinco buenos críticos».[3] More importantly, she adds, «Hay mucho machismo en la crítica. No invitan a las mujeres a los congresos de la literatura».[4] In response to this deficient and sexist criticism, Manzano has and continues to produce serious literary criticism with depth.

In beginning a discussion of Manzano's works, it is important to note that one of the most salient features of her poetry is its directness or truthfulness. Speaking of its frankness, Dr. Raquel Verdesoto says: «La poesía de Sonia Manzano dice las cosas por sus verdaderos nombres, 'habla' no lenguaje poético refinado, poesía que castiga».[5] In the same vein, Violeta Luna adds: «Imaginativa, con gran habilidad para jugar con las palabras y las ideas, audaz para el reclamo y la represalia, persistente y ágil en su terminología, Sonia siempre fue tenaz y punzante».[6] In fact, the poet herself readily admits and takes great pride in the sincere and often blunt nature of her poetry. When asked during an interview if she is hesitant to reveal her personality in her poetry, the poet makes this admission: «Me da miedo lo contrario. La verdadera Sonia Manzano está en su poesía. La mujer que lanza y dice la verdad. Tengo una necesidad de decir ciertas verdades».[7]

In reference to her need to express certain truths, Manzano has written several poems which reflect the urgency of this need. Among them is «La cantadora de tangos». In fact, this urgency is felt from the poem's begining as evidence by these opening lines:

*La cantadora de tangos*
*pronuncia suaves eses*
*con doloroso silbido,*
*destapa su canasta*
*donde hierven las cobras*
*y lanza despiadada*
*sus cintas que flagelan.*[8]

These images evoke a sense of unleashed anger. Manzano, who frequently places herself as a character in her own poetry, is in essence like the tango singer who releases her anger and disapproval through her art.

So forceful is the singer in her performance that she appears to «estrangula al micrófono/hasta hacerlo gotear lo entrañable del tango».[9] The microphone's dripping of the tango's inner substance produces at the singer's feet a pool that engulfs not only her audience, but one in which «hay un cisne que expira».[10] The image of a dying swan is highly significant for two reasons. First, the swan itself is the symbol of Rubén Darío's poetry which gave impetus to the creation of Modernism with its emphasis on art for art's sake. Secondly, the fact that the swan is dying in a pool of truthfulness created by the singer's biting words, symbolizes Manzano's disdain for poetry which has no social relevance. Her disdain for purely artistic poetry stems from her early involvement with the group Huracanada. In the prologue to the group's anthology appears the following declaration of their philosophy of writing poetry:

La palabra ya no puede ser inerte, ni «encantadora» según la vieja magia truculenta del retórico. La poesía debe estallar, matar, ser delincuente para purificar este mundo... [11]

In adherence to this edict, Manzano strives to produce socially committed poetry. Speaking of her commitment to writing socially relevant poetry, the poet says, «Es un compromiso sincero. Lo expresa porque está en mi consciencia y es una necesidad de mi corazón.[12] In fulfilling this need or obligation, she has published anthologies such as *Casi siempre las tardes* in which, according to one critic, she does the following: «Sonia desnuda aquí muchos dolores. No simplemente el suyo, sino de todos sus hermanos desamparados».[13] In short, her themes start with the personal and extend to the universal.[14] Not only do these critical comments apply to the mentioned anthology, but to all Manzano's works in general.

The tendency to write about her own personal problems as a reflection of those suffered by her fellow man, is very apparent in her first work *El nudo y el trino*. In this collection appears a poem entitled «Respuestas» which mirrors the poem's theme of the poet's search for self-identity. This search is exemplified by the poem's first line which asks, «¿Qué dónde estoy?»[15] This opening question, along with the entire poem, is representative of the poet's state of mind when she wrote the poems contained in the anthology itself. In describing that period of her life the poet relates, «Era una persona prisionera que tenía visión de libertad. Yo tenía veinte y tres años y era llena de inseguridad. Era introvertida y tímida».[16]

It's interesting to note that Manzano follows her poem about her own search for identity with one about mankind's search for happiness in life. Here she begins to broaden her focus from personal to universal. In «Rutina» she first compares mankind to an army of ants. Then later on she refers to her brothers and sisters as a «multitud de tragedias microscópicas/ en búsqueda incesante de encontrar en la sonrisa alguna causa».[17] The pessimistic tone of both these lines and the poem itself reflect the poet's mood and outlook on life during the time she was writing this work. In reference to that time frame, Manzano admits, «En esta época yo tenía un cierto pesimismo en cuanto a las circunstancias de mi vida. Creía que en esta época de mi vida me ofrecía dos opciones: La libertad y la abilidad de cantarla —el trino; o el silencio— una amenaza a mi voz— el nudo. Yo escogí la libertad».[18] Elaborating a bit more on the significance of the symbols of the knot and the trill, the poet adds, «El nudo es mi interior y el trino es la libertad y mi abilidad de cantar».[19] Therefore with this in mind, it's only natural that the poet places her more intimate poems at the work's beginning and her more socially orientated poems in the second half.[20] Thus «Rutina» marks a transition from personal to socially conscious poetry.

Another example of Manzano's extending her vision to encompass the world around her is the poem «Nausea» which comes immediately after «Rutina». As the poet takes a hard look at the world, she is more than saddened by its pain. She is sickened by the ensuing scenes of suffering and misfortune:

> *Pienso en los hombres*
> *que militan las venas del talón al revés*
> *del pecho jorobado,*
> *del puño torcido,*
> *y pregunto:*
> *¿Dónde está la parte*
> *que nos dejó en muñón?* [21]

While her wave of nausea increases, her imagery becomes even more graphic and disturbing like in these closing lines:

> *Ya no aguanto más*
> *tanto cráneo saliendo*
> *tanta mano aplastando,*
> *tanto hueso perdido!* [22]

Along with modern man's suffering physical anguish, he suffers mentally and emotionally also. Feeling overwhelmed and unable to cope due to the stress of our complex age, one often seeks psychological counseling. Despite the fact that counseling is frequently needed by some, others turn to it because they think it's chic to have a therapist, or it's in the in thing to do. Thus earnest self improvement on both the part of the patient as well as the therapist is not a goal. Therefore, abuse of and by the psychological profession occurs. It is this abuse and the parties involved which Manzano presents with great irony in her poem, «Agua abajo».

It is the psychologist's misguided followers that the poet first introduces. Amidst his list of troubled clients are one that «se siente tremendamente hundida», another who «se siente trepada en el último piso», and finally one that «camina bobaliconamente soñando en lo que pudo haber sido y no fue».[23] In addition to those tormented souls, are these stereotypical females:

> *damas y damitas de rosadas neurastenias,*
> *transparencias sin enaguas,*
> *problemas con muchas yardas de encaje*
> *y punto de tricot,*
> *agujetas de color de rosa*
> *que se quiebran frente al primer cuero duro* [24]

Listening to these problematic individuals is the psychologist who must «mantener la boca abierta,/ tragar infinidad de corramentas,/ de bolas cuadradas/ y de cuadros redondos y repetidos/ con los mismos colores primarios/ de la clase más pintarrajeada y autocompadeciente».[25] And the advice which he offers his clients is to conform, for as he constantly tells them throughout the poem, «No hagan olas».[26] In short, accept life as it is. Do not cause trouble by stirring things up. However, being a nonconformist, Manzano not only satirizes him and his advice, but rejects his advice, as well.

A fine example of her rejection of the above mentioned philosophy is «El orden de la clave no altera al grito morse». During the poem's opening lines she makes the following admission:

> *Quería desatenderme del dolor,*
> *lograr que no me duela*
> *lo que no era estrictamente mío.*
>
> *Quería hacer caso omiso*
> *de lo que no era mi propio caso,*
> *de la soga el cuello ajeno,*
> *del maremoto*
> *en el patio inundado del vecino,*
> *de la peste negra en otra región*
> *que no es aquella*
> *por donde vive mi casa.*[27]

She was hoping to ignore the world's problems in order to live moderately in peace. Yet she was unable to do this because of the realization that people who succeed in turning their backs on others, lose their humanity. Or in the poet's own words:

> *Porque ojos que no ven,*
> *corazón irremisiblemente muerto,*
> *corazón seco y cadáver,*
> *magro y reseco,*
> *frito y volteado.*[28]

Escaping such a cruel fate, Manzano has persisted in her commitment to addressing social concerns in her poetry. In keeping with her commitment, the poet wrote «Patria» which speaks of the political abuses that Ecuador has suffered at the hands of various dictators. While many sleep and refuse to speak of these problems, Manzano firmly asserts, «Me resisto a estar guardada como un fósforo / mientras fuera todo arde en un gemido».[29] Furthermore, she declares:

> Me revelo contra todo lo amarrado,
> contra todo lo que pudre y lo podrido,
> y furiosa por el tiempo del candado
> me atravieso la cara a bofetones
> hasta hacerme escupir
> toda la estatua.[30]

Not easily discouraged, Manzano persists in her rebellion against social conformity of complacency. An excellent representation of her rebellion or resistance is «Resistencia». The very title speaks of her defiance. At the poem's opening, the poet appears strong and confident when she says, «todavía estoy en pie;/ el molino que gira en mis entrañas/ no ha logrado doblegarme».[31] To further underscore her prowess, the poem ends with this powerful image of the poet:

> ...con mi ser libre de miedos
> cerrar los ojos;
> apretar los dientes
> y desde el corazón
> lanzarme.[32]

While the poet is willing to employ her poetry in the fight for social justice and frequently refers to herself as a soldier, she is against war. Her anti-war sentiment dominates the poem «ante el soldado desconocido de las estúpidas guerras». The irony present in the poem's title not only reflects Manzano's disdain for war, but sets the tone of the poem. In speaking of this unknown soldier who supposedly died a heroic death, Manzano paints a very amusing scene of him in the afterlife. Here he is seen as sowing cauliflower in an isolated garden from which he runs and hides in the hay like a coward each time a plane passes overhead. Moreover, she hopes that the only blood which this honored fighter shed was that which «le brota del mentón/ como producto de su falta de criterio selectivo/ en el momento dulce y simple/ de comprarse una navaja».[33] These lines rich with irony along with the entire poem are a fine display of Manzano's mastery of satire.

However, Manzano's sarcastic wit and outspoken nature have produced enemies for the poet. From reading her poetry and interviews with her, one realizes that her chief enemies are certain critics. Addressed to these critics is her third collection of poetry entitled *La gota en el cráneo*. In reference to this work, Manzano confides that it «es una respuesta a los enemigos de mis dos primeros libros. Y es llena de ironía».[34]

Yet undaunted by these critics, Manzano has continued to voice her beliefs in her poetry and in doing so has stood up to their attacks. In an attempt to subvert her enemies, she published a work in 1981 which she circulated clandestinely among her friends. When asked about this work in an interview in 1981, she confided, «Es mi libro más íntimo. No hay camuflaje. Es un libro doloroso. Hay burla. Solamente siete personas en Guayaquil tienen una copia. Ataca a mis enemigos».[35] In regard to this attack upon her enemies Luna says «... *El ave que todo lo atropella* es para mí un cinturón de acero con el cual la autora se defiende y golpea al cual se ciñe su personalidad recia y su corazón de fruta».[36] In this collection a fine example of her self defense through her biting verse and her disdain for the machista attitude prevalent in Ecuadorian literary criticism is «A sombra de los muchachos en flor». In this poem she makes the following sarcastic denunciation of a young critic who has frequently criticized both her and her works:

> *Esta víbora-gaga para hablar, repetiva*
> *para escribir*
> *pero famosa por sus escurridizas anécdotas*
> *donde la frontalidad*
> *de frente es filo y filo nada de nada*
> *se calzó un buen día de monóculo*
> *de crítico en el sitio*
> *que cualquiera se imagina para exigir*
> *él que todos sean nietecillos de quien*
> *él es tan poco honoroso nieto.*[37]

In «El poeta no debe ir a las mesas redondas» Manzano satirizes the critics' pitiness and absurdity. Early in the poem she makes fun of the trivialities with which the critics concern themselves. For example, she advises the critics not to ask the poet such redundant questions as «¿Para qué sirve la poesía?, ¿Por qué y para quién escribe?, ¿Quién lo lee?, ¿Quién medio lo lee?» and finally «¿Quién no lo lee nunca?».[38] Then she implores them to avoid the following:

> *no le obliguen a que presente un
> esquema
> un cálculo topográfico,
> una red alambicada e increíble
> de sus alucinaciones paranormales.*[39]

Lastly she urges them not to inquire about «su itinerario previo, una planificación exhaustiva de sus dulces y precipitados viajes».[40] Through the irony of these verses, Manzano is trying to show that critics often focus on issues which are irrelevant to the work itself and hence only distract from its real meaning and quality. In addition to misdirecting their focus, Manzano believes that these same critics use their craft to make personal attacks at the poet. Her belief is clearly reflected in the poem's closing lines where she compares these round table discussions to a verbal tennis match. In describing this match, she says:

> *Porque es pecado atormentar a los
> poetas,
> porque el poeta no se hizo
> para estar sentado en medio del tira y
> hala
> del tenis verbalístico de mesa,
> porque su capacidad de aguante
> ya ha sido demostrada en pruebas de
> resistencia
> que nadie más resistiría.*[41]

Yet her most ardent attack against male critics of her country appears in her poem «Los nada gentiles escritores machos» in which she makes the following accusations:

> *Los escritores machos
> machacan su machismo
> sobre las sienes pálidas de las insomnes hembras:
> lo que en la obra de ellos es autocalificado
> como «pureza expresiva»
> en aquella que producen las hembras
> es designado como cursilería de las peores:
> lo que en ellos es «fuerza poética»
> en las hembras es melodrama lleno de miel y drama.
> Lo que en ellos es «experimentalismo acertado»
> en las hembras es chiripazo ya— lo que es la misma
> canasta desde media cancha
> que jamás volvería a repetirse.*[42]

These lines summarize well the double standard which exists in Ecuadorian literary criticism.

In «Tango para cantar sólo por las mañanas» the poet is once again ready to speak out or to fight. In the poem she compares her facing the world each day to a soldier preparing herself for combat. In preparation for the confrontation, she loads her «cartuchera con balas de mediano calibre» and dons her «cascos deportivos»,[43] Also, she arms herself with another weapon, her poetry, through which she does not hesitate to speak her convictions. In reference to her verbal weapon are these lines:

*Debajo de mi lengua*
*me hierven las frases lapidarias*
*y debajo de mis guantes*
*me sudan las manos de la otra,*
*la sordomuda que prorrumpe en ruegos*
*guturales.*[44]

In conclusion, Manzano is a talented poet with a very forceful and piercing style. She completely breaks not only the stereotypes surrounding women poets and their works, but those concerning women in general. As a poet, she produced nothing remotely sentimental or romantic. Moreover, she writes in her own voice not afraid of offending the male critics who may disagree with her or be shocked by her often harsh and blunt verse. In regard to being a woman, she is hardly a fragile and delicate creature given to emotional outbursts. Instead she is strong, assertive, and unbending under pressure. Perhaps her fellow poet and critic, Violeta Luna, describes her best when she says:

...Es que veo en Sonia Manzano a la nueva mujer ecuatoriana, a ésa que rompe su nivel de inercia para ponerse alas y conservar su alero. Pues contados son los casos de mujeres que han sabido erguirse solas con sus auténticas fuentes de pensamiento y la ternura.[45]

Amanda Plumlee<br>
Davis & Elkins College

---

1. Personal Interview with Sonia Manzano, 2 September 1981.
2. Personal Interview with Sonia Manzano, 2 September 1981.
3. Personal Interview with Sonia Manzano, 2 September 1981.
4. Personal Interview with Sonia Manzano, 2 September 1981.
5. Raquel Verdesoto, «La semana que no tiene jueves», unpublished rev. of *La semana que no tiene jueves* by Sonia Manzano.
6. Violeta Luna, «Sonia Manzano y *El ave que todo lo atropella*», rev. of. *El ave que todo lo atropella* by Sonia Manzano, El Universo, October 11, 1981, Sec. 2, p. 3.
7. Personal Interview with Sonia Manzano, 8 January 1983.
8. Sonia Manzano, *El ave que todo lo atropella* (Guayaquil, Ecuador: Imprenta Arenas, 1981), p. 18.

9. Manzano, p. 19.
10. Manzano, p. 19.
11. Gonzalo Arango, Introd., *Generación Huracanada* (Guayaquil, Ecuador: Casa de la Cultura Ecuatoriana, 1970), p. 1.
12. Personal Interview with Sonia Manzano, 8 January 1983.
13. Ileana Espinel, Introd., *Casi siempre las tardes*, by Sonia Manzano (Guayaquil, Ecuador: Offset Graba, 1974), p. 1.
14. Espinel, p. 1.
15. Sonia Manzano, *El nudo y el trino* (Guayaquil, Ecuador: n. p., 1972), p. 13.
16. Personal Interview with Sonia Manzano, 2 September 1981.
17. Manzano, p. 14.
18. Personal Interview with Sonia Manzano, 8 January 1983.
19. Personal Interview with Sonia Manzano, 8 January 1983.
20. Personal Interview with Sonia Manzano, 8 January 1983.
21. Manzano, p. 15.
22. Manzano, p. 15.
23. Sonia Manzano, *La semana que no tiene jueves* (Guayaquil, Ecuador: Casa de la Cultura Ecuatoriana, 1978), p. 19.
24. Manzano, p. 19.
25. Manzano, p. 19.
26. Manzano, p. 19.
27. Sonia Manzano, *Caja musical con bailarina incluida* (Guayaquil, Ecuador: Imprenta Arenas, 1984), p. 23.
28. Manzano, p. 27.
29. Sonia Manzano, *El nudo y el trino* (Guayaquil, Ecuador: n.p., 1972), p. 26.
30. Manzano, p. 26.
31. Sonia Manzano, *Casi siempre las tardes* (Guayaquil, Ecuador: Offset Graba, 1974), p. 21.
32. Manzano, p. 21.
33. Sonia Manzano, *El ave que todo lo atropella* (Guayaquil, Ecuador: Imprenta Arenas, 1981), p. 46.
34. Personal Interview with Sonia Manzano, 2 September 1981.
35. Personal Interview with Sonia Manzano, 2 September 1981.
36. Violeta Luna, «Sonia Manzano y *El ave que todo lo atropella*», rev. of *El ave que todo lo atropella*, by Sonia Manzano, El Universo, October 11, 1981, Sec. 2, p. 3.
37. Sonia Manzano, *El ave que todo lo atropella* (Guayaquil, Ecuador: Imprenta Arenas, 1981).
38. Sonia Manzano, p. 70.
39. Manzano, p. 71.
40. Manzano, p. 71.
41. Manzano, pp. 72, 73.
42. Sonia Manzano, *Caja musical con bailarina incluida* (Guayaquil, Ecuador: Imprenta Arenas, 1984), p. 50.
43. Manzano, p. 16.
44. Manzano, p. 17.
45. Violeta Luna, «Sonia Manzano y *El ave que todo lo atropella*, by Sonia Manzano, El Universo, October 11, 1981, Sec. 2, p. 3.

# BIBLIOGRAPHY

Barriga López, Franklin & Leonardo Barriga López, eds., *Diccionario de la literatura ecuatoriana*. Tomo III. Guayaquil, Ecuador: Casa de la Cultura Ecuatoriana, 1980.

Espinell, Ileana. «Dos libros, dos poetas». *El Telégrafo*. Jan. 17, 1982, Sec. B., p. 1.

Estrada, Jenny. *Mujeres de Guayaquil: Siglo XVI al Siglo XX*. Guayaquil, Ecuador: Banco Central de Ecuador, 1984.

*Generación Huracanada*. Guayaquil, Ecuador: Casa de la Cultura Ecuatoriana, 1970.

Luna, Violeta. «Sonia Manzano y *El ave que todo lo atropella*», rev. of *El ave que todo lo atropella* by Sonia Manzano, El Universo, October 11, 1981, Sec. 2, p. 3.

Manzano, Sonia. *El nudo y el trino*. Guayaquil, Ecuador: n.p., 1972.

———. *Casi siempre las tardes*. Guayaquil, Ecuador: Offset Graba, 1974.

———. *La gota en el cráneo*. Guayaquil, Ecuador: Imprenta arenas, 1976.

———. *La semana que no tiene jueves*. Guayaquil, Ecuador: Casa de la Cultura Ecuatoriana, 1978.

———. *El ave que todo lo atropella*. Guayaquil, Ecuador: Imprenta Arenas, 1981.

———. *Caja musical con bailarina incluida*. Guayaquil, Ecuador: Imprenta Arenas, 1984.

Personal Interview with Sonia Manzano, 2 September 1981.

Personal Interview with Sonia Manzano, 2 January 1983.

Rodríguez Castelo, Hernán, ed. *Lírica ecuatoriana contemporánea*, Tomo II. Quito, Ecuador: Círculo de Lectores, 1979.

Verdesoto, Raquel. v*La semana que no tiene jueves*», unpublished review of *La semana que no tiene jueves* by Sonia Manzano.

## A SIMPLE QUESTION OF SYMMETRY: WOMEN WRITING IN POST-FRANCO SPAIN

> Ni pasiones de la carne, ni pasiones del espíritu.
>
> (Carmen Martín Gaite on Franco's desire to represent the model of absolute military discipline from which Spanish men and women could take their cue for —in his vision— a perfect society).

For women, and in particular where women writing are concerned, Spanish culture has always presented an especially difficult situation. If they did indeed manage, like Emilia Pardo Bazán in the nineteenth century or Elena Quiroga, Carmen Martín Gaite, Ana María Matute, Carmen Laforet and others in the twentieth, to overstep the bounds of the complex societal and familial obstacles to their writings as something of which they were capable and/or of questionable interest to others, a glance at almost any «historia de la literatura» shows that until fairly recently-official literary history has conceded little or no space to women just as publishers have all too frequently denied them access to the public. If they appear at all it is in the capacity of an anecdote, a footnote to the traditional development of Spanish letters.[1] Whether owing to a historical «sin of omission», or to the fact that a greater number of women writers have begun to produce and publish since these «historias» were compiled, or both, the result is the same nevertheless.

In the twentieth century, the almost four decade-long dictatorship of Francisco Franco imposed both cultural and economic restraints on women that continued the repression of their opinions or any acknowledgement of their creative abilities while at the same time it fostered public affirmation and defense of the traditional institutions of family, religion, and patriarchal state as permanent homogeneous units of social life. The bottom line is that a situation of alienation was created which the critic Paul Ilie has termed an «inner or spiritual exile» [2] wherein many women lived within the Spanish society of the «vencedores» but did not feel themselves part of/participants in the construction of that social order. As Ilie writes, «To live apart is to adhere to values that do not partake in the prevailing values: he [or she] who percieves this moral difference and who responds to it emotionally lives in exile».[3] Instead as Carmen Martín Gaite has demonstrated clearly in her novel *El cuarto de atrás*, these factors fomented imaginers who attempted to cross exilic borders and limits by means of the medium of the imagination always in reserve in the «back room» of the mind «donde nada estaba prohibido».[4] In such circumstances, the limit of what was known, the accumulated experience of Spanish women, was often also the boundary of temptation toward what was unknown and yet to be created by them. All this was in response to what Martín Gaite refers to as the semantic displacement or shift [5] in the post-Civil War decades of the words «restricción» and «racionamiento» from the area of electrical power, water supplies, and foodstuffs to human conduct, specifically the codification and rationing of relations between men and women. As Carol Thurston writes in her book on the erotic contemporary romance as both reflection of and challenge to the power structures in society. «Many sociologists, anthropologists, and psychologists agree that sex roles are shaped largely by economic issues, and that different sets of responsibilities for men and women resulted in men having greater status and power... a 'power structure' enforced and bolstered by law and custom in most societies thoughout the centuries of human history».[6] In Spanish society of the Franco era both social and literary relations are thus distributed and delimited.

The death of Franco on November 20, 1975 therefore precipitated a moment of decision in Spanish society just as the beginning of his dictatorship had done after the Civil War. Such a «liberating» juncture as the «destape cultural» of the late 1970's brought with it no automatic models to draw on but rather signalled the urgent necessity to take stock of the past and present in order to be able to move forward. In Spain's search to forge its own modern identity in an international community, women would have to confront themselves and their ideas about cultural production within an emerging consumer society, one which Herbert Marcuse progress, technological domination, and the repression of real has regarded as being based on mass media, false needs, material social criticism.[7]

Facing this obviously difficult challenge began when Spanish feminists of diverse groups and tendencies celebrated the «I Jornadas por la Liberación de la Mujer» in Madrid during the beginning of December 1975 (also the United Nations-sponsored International Women's Year), barely two weeks after Franco's death, to begin a discussion of these issues. One of the immediate results was the public identification of widely varying «agendas» and orientations as far as political, legal, and cultural issues were concerned,[8] But the diversity of opinion was at the very least an immediate contradiction of the passive role designated to women in the 1940's, '50's, and even '60's. In *Usos amorosos de la postguerra española* Martín Gaite cites some typical advice from several popular magazines of the time on how to be sure and maintain woman's nature: «Tú, calladita, recogida, sensata y buena... tienes magníficas materias primas para formar la felicidad de un señor de noble condición varonil».[9]

Alongside the nonfiction feminist literature of women's testimonials to historical incidents, experiences of incarceration, and books promoting individual legal and biological rights,[10] post-Franco Spain has produced another parallel series of literary texts which reflect in multifaceted ways Spanish women's new experience of freedom. Among these exploratory ventures in women's freedom to narrate, to describe their hopes, to un-censor, to search for satisfaction, to talk back, and to have power over themselves and others are three examples of literary discourse which discover (or un-cover) the power of the female narrator in an effort to crear te a «symmetry» or mutual relationship of balanced or equal proportions between the narrators and the characters as well as between the various facets of the emerging narrators themselves. The three stories to be considered are Cristina Fernández Cubas' «Omar, amor», Marta Pessarrodona's «La búsqueda de Elizabeth», and Esther Tusquets' «Las sutiles leyes de la simetría» (whose title suggested the point of departure for this essay).[11]

Just how have these younger writers belonging to the generation of the «novísimos» (or here, «novísimas») who were born in the 1940's or since assimilated and responded to all these social changes? While Matute, Martín Gaite, Laforet, and others from the «generación de medio siglo» (those who were already writing in the 1950's) paved the way for a certain recognition of female novelists and, in the words of Ronald Schwartz, «increased our knowledge of feminine psychology»[12], the younger generations of women writing in Spain have taken a second step in the consciuos construction of the present. From the confessions, soulsearching, and testimonials to the past all most certainly necessary and worthwhile projects Fernández Cubas, Tusquets, Pessarrodona, Moix, and numerous others have continued to break the images of male narcissism by presenting contemporary women (without the experience of the Civil War) as *they* wish to be seen and not as men wish to see them nor as consumers of objects of consumption the way the mass media constantly presents them. That is to say, in the works of these writers we find a rupture of patriarchal structures of desire paralleling the overturning of patriarchal civil codes. Their narrators represent a radical departure from the mythical characterization of women in male narratives since these first-person storytellers adopt what some might traditionally term «masculine attitudes» to the individuals and relationships they encounter, thereby producing a narrative which terminates to their satisfaction in what Tusquets calls the reestablishment of «el equilibrio roto y ... el triunfo final de la simetría» (p. 216).

The three stories under discussion contain female characters in the process of coming to a decision about the assumption of power: in Pessarrodona's case the «I»'s search is simultaneously for Elizabeth and for defining her own political and sexual preferences; in Tusquets', Sara steps back from Carlos and Diego to examine her choices and alternatives in their triangular relationship; and in Fernández Cubas', Kalíma already has taken control over Omar which she refuses to relinquish but which she instead exercises almost cynically in her role as his creator (and destroyer). What each of these stories does, therefore, is, as Janet N. Gold writes of Tusquets' novel *El amor es un juego solitario* (Barcelona: Lumen, 1979), to «appear to degrade or pervert»[13] any preconceived myths about male/female relationships or facile concepts of «love» that the reader may attempt to bring to the test. Each narrator concludes with an understanding of the laws of «symmetry» (to be read as the process of equal appropriation or power or desire) as something not so subtle that they can't be grasped and controlled by the woman who reaches a clear and conscience perspective of herself.

Pessarrodona's narrator moves from Elizabeth's statement that «el cuerpo de una mujer es mucho más poético» (p. 147) through the exploration of the undiscovered surprises, secrets, and hidden pleasures of her own body (p. 149) to reach a point of understanding the liberation that Elizabeth has hinted about to her as well as represented through her own life; she ends the narrative with the words «Necesito decirle [a Elizabeth] LO SE» (p. 161). The narrator has reached a comprehension of the importance of «being herself», as she explains she is able to do when she is with Toni (presumably another woman, although no adjectives are ever used to indicate this).

Kalíma begins with a declaration of Omar's dependence on her as well as her own reciprocal dependence on him as a mirror of herself: «Eras mío» (p. 17) she exclaims from the not-at-all-nostalgic vantage point of his already-provoked demise at her hands in the crowded streets of Cairo. (Omar is «sacrificed» to one of the universal symbols of progress and technology the automobile). The predictability of and control over his gestures, reactions, thoughts, and expressions establish a subservient relationship with «love» as a construct of one individual imposed on another for the satisfaction of the first whose object of desire must then disappear (here, literally) when it no longer satisfies the requirements/demands of the «creator» («yo, Kalíma, te había dado la palabra», she reminds him, p. 19). And so the «eternal» aspect of the love myth is challenged as is the necessity for a superior/inferior relationship between men and women. After all, «Omar, amor» as the palindrome suggests is *not* the personification of an equal sharing of desire but an inversion of the Hegelian master/slave relationship from which both components-Kalíma and Omar must free themselves in order to be individuals.

In the third narrative, Sara's trajectory leads from the «illogical» (p. 207, the word is hers) guilt-filled moments of not «promising» Carlos or Diego anything to not «owing» them anything at the end. The reader notes throughout her monologue the continual development of Sara's parenthetical comments to herself about what is happening around her with these two men. (One of them is aggressively possessive when she threatens to disrupt their relationship, the other merely a distant shadow she uses as an «acceptable» and convenient excuse to break the asymmetry of her relationship with the first since another man is seen traditionally as a «legitimate» reason for leaving a relationship but wanting to be on her own is not. This is also true for the narrator's fears about her own sexual orientation in «La búsqueda de Elizabeth» where leaving Jordi signifies listening to and understanding Elizabeth). To her own initial surprise, Sara is finally able to publicly reject Carlo's manipulations with which he has created the false impression that both of them have a *real* right to exercise their independence when in actuality he never has considered her capable of doing so nor did she herself know how. As she realizes, «no pretendía él en modo alguno una relación asimétrica, sólo que no imaginaba [Sara] en aquel entonces cómo podría utilizarlos [los derechos] ni con qué fin» (p. 207). By reaching the decision (half conscious, half unconscious since she listens to herself «atónita» (p. 216) or astonished by the clarity and critical precision of her own words) that both she and Carlos will survive apart since «nadie...[muere] ya de amor» (p. 215) Sara definitely rejects the mythifying effects and constructs of «romantic love» [14] as the social institutionalization of male/female hierarchies. To remain faithful to the myth insures its survival: to become conscious of the perpetuated myth as just that is to begin to break its ideological power.

These stories admit both the satisfactions or pleasures and dangers or risks involved in the process of seeking autonomy on the physical and psychological levels as well as the political level (the context of the «destape» or «democratization» of Spain in which these texts were produced, and the consumption of products resulting from both technological and material progress which is often proposed as a substitute for real freedom). The pleasure derived from the security of routine («lo pactado» for Kalíma, p. 19) appears to give way to figures of changeability and development as all three narrators grow away from direct contact with Omar, Elizabeth or Jordi, and Carlos. The timeless repetition of the «ceremony of love» in the pyramids of Cheops is no longer valid in the teeming urban centers where Omar is as entranced by his own image reflected in the store windows as Kalíma is by her image mirrored in the face of Omar. The sacralized concept of the family unit now knows no «restrictions» or «rationed» doses of desire as prescribed in the immediate aftermath of the war. There are no limitations placed by nature on the expression or imagination of any woman's desire. Each text's internal monologue of self-analysis travels through instances of the «absolute» the male right to authority, the female right to sacrifice to arrive in front of an open door. Neither «La búsqueda de Elizabeth», «Omar, amor», nor «Las sutiles leyendas de la simetría» offers the reader a single option as model. Instead, they challenge and question «standard» concepts of men and women in Spanish society and therefore the role of the writer and her text as well by means of their presentation of decisive women, professional women (both Elizabeth and the narrator are writers), women with options, and the image of «symmetry» which is reached by centering the fundamentally developmental aspects of the narratives on the women's own voices.

The contribution of these three women writing in the Spain of the 1980's is, in general terms, an examination of the narrators' internalization of a number of institutions that have maintained both the social and literary hierarchies which have traditionally been determined by male discourse. (Take, for example, Carlos' tirade of insults toward Sara in which he divides women into those two standard oppositional categories, «las buenas y las putas» [p. 215], neither of which can or should expect to ever find «true pleasure» in his opinion; as women they are naturally condemned to this. But it is not so much *his* words but *Sara's* appropriating language for her curt reply to him that establishes the end of his dominance, her «gesto simbólico que venía a marcar el final de la historia» [p. 216]). Concurrent to Spanish society's questioning of its direction in the wake of an era of authoritarian decisions regarding national identity, Fernández Cubas, Pessarrodona, and Tusquet's stories demonstrate a breaking down of ideologies that have determined the emphasis and restrictions of the literary canon up to now. The inclusion of these narratives in a anthology by women published and widely distributed by Alianza Editorial, and the fact that Esther Tusquets is the director of the Editorial Lumen (the publisher of numerous women's texts) are two important factors to consider in an atmosphere of true plurality in contemporary Spain.

Claudia Schaefer
University of Rochester

---

1. Emilia Pardo Bazán, «Fernán Caballero», and Carolina Coronado, (the last sometimes placed among «Otros líricos menores» under the category of Romantic poetry are the three brief entries most commonly included). Crucial steps to incorporate women writers into the history of Spanish literature have been taken by critics such as Beth Miller whose editing of a volume on *Women in Hispanic Literature: Icons and Fallen Idols* (Berkeley: University of California, 1983) has contributed much to this area, from Spain's first women writers to the Franco years. Another valuable source of information is Lucía Fox-Lockert's *Women Novelists in Spain and Spanish America* (Metuchen, N.J.: Scarecrow, 1979). Other projects are either in progress or soon to appear.

2. Paul Ilie, *Literature and Inner Exile: Authoritarian Spain, 1939-1975* (Baltimore and London: The Johns Hopkins University Press, 1980), see p. 6ff. Ilie's discussion centers on his proposal to broaden the category of exile from transterritorial abandonment to an internal state of consciousness.

3. Ilie, p. 2.

4. Carmen Martín Gaite, *El cuarto de atrás* (Barcelona: Destino, 1981), p. 186.

5. —, *Usos amorosos de la postguerra española* (Barcelona: Anagrama, 1987), pp. 13-14ff.

6. Carol Thurston, *The romance revolution: Erotic novels for women and the quest for a new sexual identity*. (Urbana, Chicago: Univ. of Illinois, 1987), p. 91.

7. See Herbert Marcuse, *One-Dimensional Man* (Boston: Beacon, 1964).

8. For a Thorough review of these events, see Amparo Moreno, *Mujeres en lucha: el movimiento feminista en España* (Barcelona: Anagrama, 1977).

9. «La otra cara de la moneda», in *Usos amorosos de la postguerra española*, p. 88.

10. For a brief but excellent discussion of these works, see Linda Gould Levine's article «The Censored Sex: Woman as Author and Character in Franco's Spain», in Beth Miller's *Women in Hispanic Literature...*
11. All three stories contained in the collection *Doce relatos de mujeres*, ed. and prologue by Ymelda Navajo (Madrid: Alianza, 1982). Future references to this edition will appear in the text.
12. Ronald Schwartz, *Spain's New Wave Novelists: 1950-1974, Studies in Spanish Realism* Metuchen, N.J.: Scarecrow, 1976), p. 291. However, this analysis and terminology unfortunately suggests an «eterno femenino» or unchanging (and unchangeable) feminine psychology across time and space.
13. Janet N. Gold, «Reading the Love Myth: Tusquets with the Help of Barthes», *Hispanic Review*, vol. 55, n.º 3 (Summer, 1987), p. 337.
14. The same conclusion is reached by the characters in Tusquets' novel *El amor es un juego solitario* in which the idealizing desires of the young woman Clara are taken advantage of by the more violent passions of the older woman Elia and her lover Ricardo. Clara is described as «la muchacha enamorada, que sólo es esto, un prototipo, un clisé, tan impersonal en el fondo, tan genérico, la muchacha que ama en una entrega total e irrazonable, en una entrega definitiva y sin exigencias» (pp. 134-135).

# THE BREAKING OF FORM IN LORRAINE SUTTON'S SAYcred LAYdy

In an interview I held with Sandra María Esteves which will appear published in *Conditions*, Esteves mentions Lorraine Sutton as a pioneer in what is now known as the Nuyorican Poetry Movement,[1] a term perceived now as highly controversial. The inclusion of Sutton among this group of writers and the perseverance of this entire group in their writings has brought about few in depth studies although, in my opinion, this group of Hispanic writers in the U.S.A., especially women, are making and have made important contributions to the literature of both the U.S.A. and their own home countries. Their works have been kept, again especially in the case of women, out of studies dealing with literature in the U.S.A. or Puerto Rico. One has to signal out, however, the attempt by Efraín Barradas and others in trying to expose these writers to wider audiences.[2]

Lorraine Sutton was born in Caguas, Puerto Rico and raised in New York. She published her collection *SAYcred LAYdy* in 1975, way before Esteves or myself had a collection out in print. Her book has not received critical attention and she is left out of anthologies and general comments on U.S.A. literature. The collection is composed of 15 poems which carry as an epigraph the words «These poems belong to all women who dare struggle for what is rightly their».[3] From that very first line we realize that one of the salient aspects of the text is its feminist intention. But the reader of the text quickly realizes that one of the most striking ways in which this text is feminist is by its breaking of form. One could argue, perhaps, that all poetry supposes such a break. But the breaking of form that I am referring to here not only deals with form and content of the text but with the broader idea of breaking boundaries and stereotypes in reference to Hispanic life and Hispanic women; one that had not been seen before to this extent in the literature of Latinas, and I would even dare to say Latinos, in this country.

One of the best pieces, perhaps to capture what I call the «breaking of form» which, as I have just said, is not only associated with poetry but also with society in a larger sense, is called «Temptation». The poem begins with the wish on the part of the female speaker to reach out of enclosure, represented here by a bathroom, and grab snow flakes from outside: «i want to reach thru the bathroom window and 80 grasp flying flakes» (14). We, as readers, are immediately confronted with what is symbolically seen as the epitome of alien for an iscander-snow. But the speaker, however, is interested in defining via the concept of snow our visions of life in the U.S.A. in a white society. Thus, when the speaker mentions that she would like to feed herself with snow it is an effort to have that element change inwardly by being within her. This is what I have called elsewhere in another article cannibalism —eating what is foreign to change it and make it different.[4] Consuming the snow, of course, would melt the snow itself. However, being a Latina woman, consuming the snow, swallowing in American whiteness and culture, would not provoke a change in the speaker— she would not become Snow White but rather turn «snow black». The speaker realizes that grabing American culture (snow) will not change her racially. The specks (spiecks) of snow in her black hair would only be a «Glistening Brilliant crown» (14). A second part of the poem, which begins with the line «beyond the Lavoris/Colgate/Ultra Ban 5,000» (14) shows us an angrier female speaker. The commercialism in her bathroom, her prison, the sale of «White Snow» as something pure and good, the sale of American culture as American products, provokes an angry reaction —she wants to smash her fist over the window and fuck every snow flake. The act of violence is dual: the poem seems to suggest by its ending that the only way to arrive at a new concept —to blend a foreign substance (American culture) —snow— with the self to generate a new image of change is through violence: suicide and rape.

In spite of what could be perceived as a negative ending in light of what I've just mentioned, the poem is still called «Temptation», suggesting that the woman/speaker can fantasize about her self immolation to generate a new concept —the Pink Puerto Rican Snow woman— but that this remains only in the realm of wishes. The woman speaker understands that racial and capitalistic boundaries need to be broken but not at the expense of her/self. She can break and create a new form through her writing and not necessarily through self destruction like so many Latin American women poets have.

The poem that gives title to the collection, «SAYcred LAYdy», is almost a primal scream of self assertion for Puerto Rican nationhood. The title is a play on words making reference to both the statue of liberty —the saycred lady— and the rape of the Puerto Rican nation /the saycred lay. The speaker in this poem becomes the image of her nation —a woman who equates a march to Washington for Puerto Rican political prisoners with a rape of her self-hood.

On a first level of meaning, the poem could be read as a political scream to those who take a march as a *fiesta* or a celebration: those, she says, «who think freedom/will come from/a faster merengue/ a slower bump/bump/bump/bump» (19). This posture is unacceptable to the speaker who feels that while they laugh she wants to cry. On a second level of meaning the poem, through stressing word like «body», «scream», «out», «coming», «flesh», «womb», becomes before our eyes the image on the page of the rape of the Puerto Rican nation. Puerto Rico is seen as a woman who has been asked to serve as prostitute —a saycred lay— and who wishes the «NOBODY», the Puerto Rican sell-out-man and the American pimp, «out»; out of her/self, out of her island nation. This woman refuses to cry because «SOY UNA BORICUA LLENA DE CORAZON» (19). The poem is like an act of extrication from her-self of those who just want to Bump, Bump, Bump (fuck) her island/ herself and come. The poem ends with the assertive word «OUT» but in the form of a question. The female speaker is uncertain if her defiant cry/scream «OUT» has made a difference, has provoked a change in some way.

What is interesting in both poems mentioned before is the mixture of sex and violence with culture, nationhood and womanhood. Sutton seems to be posing both a stand in reference to her national origin as well as to women in these poems. In both cases the women speakers are defiant: they scream, rage and refuse to play the role of the pasive Latina.

It would be foolish of me not to call to your attention the way that words are laid on the page in this collection —broken, capitalized, spread— all, in my opinion, to serve as a symbol of the women speakers rage towards the ways in which they have been asked as women to be the «saycred lay» (the prostitute-nation).

Nowhere is women's rage more vividly portrayed and their empowerment through writing stronger than in the poems «The Burning». The speaker begins by making reference to papers, assignments that are overdue and incompletes for which she could probably get an «F». But instead of succumbing to fear and to compliance with these mechanical forms demanded from students, she decides to let her typewriter play with words and express her torment. How can she bother herself with mechanical/ academic assignments when «my Hermanas r dying/ burnt/ tornipples/ raped/ raped/ reaped/ while MENstrual BLOOD/ goes/ flows uncovered» (20). The poem is an expression of the ways in which women die through hemorrage, either by giving birth, by being raped, or being used for experiments, and how they bleed to death without joining as women to provoke a change.

Towards the end of this poem, the speaker is confronted by her man who wants her to stop her «shitty typin» (22), in other words, her own creation, her own birth, to cook him supper. The final part of the poem makes us realize the meaning of the title of the poem women should burn the food, burn the images of themselves as victims, burn their roles in society and serve these to the HER MANO, the patriarch. The poem ends brillantly when the speaker serves him his «supp Her» (22) —the burnt plate of images of women— her old self.

The play on words in «The Burning», carried with both cleverness and brilliance, generates, the destruction of female roles and builds a new «cook» image instead —a woman who destroys traditional images of herself through the masterful use of her writing and the power of her anger, and serves this as «supp Her».

The female speakers in other poems realize that «cunt-frontation», (confrontation) of their images/roles within society and the affirmation of their selves means coming face to face with nationhood and motherhood.[5] The nation is not only the «saycred lay:» i.e., the mother (nation as woman; the reverence for motherhood) but that she (nation/woman) has been asked to perpetuate the image of women as venerable mothers. Sutton seems to propose in «The Head is Clear» a new type of motherhood that arises from this cunt-frontation —from perceiving and being aware of sexual politics. Women should decide to be *real* mothers: mothers to their own selves.

But how can this come about? In another poem, «Inside (again)», the speaker, as in «The Burning», suggests that it is in writing, in playing with words, in solving the puzzles of the names that are used to oppress us, where women's own birthing of themselves lies. Sutton's collection is thus truely re-volutionary for she proposed and executed for us Latina women readers a clear blue-print, as early as 1975, of what lied ahead and what still lies ahead of us if we wish to end the «saycred lay» our rape by patriarchal words and actions. We as women and as writers have to strive for the breaking of form —the breaking of alphabets— for it is in words and language where one of our greatest emprisonments lies.

Dismembering words, searching for new meanings, untangeling the knots of the alphabet and syntax will give us a clearer image of who we have been led to believe that we are —whores, mothers, guardians, keepers of nationalism, virgins, ladies— and will help us generate a new writing, a cunt-frontation with sexual, social linguistic and cultural definitions in order to break them. By breaking form, syntax and words, Lorraine Sutton brilliantly shows us the way, as Latina women writers, for a truer definition of nationhood, one that really includes us in truth and essence and not as symbols. Sutton also defines our new role within society: that of creating new daring, defiant, and exciting re-makings of ourselves in our *own* words, our own meanings and a new alphabet of freedom, a female body of literature that truely says who we are. By cunt-fronting us as females/readers and writers, with the Saycred Laydy image we have been able to perceive who we have been led to believe that we are. Sutton opened with this collection a new vibrant way for Latina women writers in the U.S.A. to help in changing society. This book needs further studies and Sutton must be set at the vanguard among Latina women writers in the U.S.A. She defined for us what lied ahead —the breaking of forms— and the creation of a new body of language to define who we really are as Latina women in the U.S.A. I urge my colleagues to incorporate this ovarian collection in their research projects.

Luz María Umpierre<br>Rutgers University

1. Interview with Sandra Esteves in *Conditions Fourteen* (in press).
2. See Efraín Barradas, «Conciencia femenina, conciencia social: la voz poética de Sandra Esteves», *Third Woman*, vol. 1, n.º 2, 1982, 31-34; Efraín Barradas y Rafael Rodríguez: *Herejes y mitificadores* (Río Piedras: Ediciones Huracán, 1980); Margarita Fernández Olmos: «From the Metropolis Puerto Rican Women Poets and the Immigration Experience», *Third Woman*, vol. 1, n.º 2, 1982, 40-51; *Literatura Hispana de los Estados Unidos, Explicación de textos literarios*, vol. XV-2, 1986-1987; Luz María Umpierre, «La ansiedad de la influencia en Sandra María Esteves y Marjorie Agosín», *Revista Chicano-Riqueña*, vol. XI, n.os 3-4, 1983, 139-147.
3. Lorraine Sutton, *SAYcred LAYdy* (NY: Sunbury Press, 1975), 2. All future reference will be made to this edition and the page of the quote cited in the text of this study.
4. Article in progress for an anthology of essays edited by Majorie Agosín and published in Canada.
5. The term «cunt-frontation», is taken from Sutton herself.

# LA ESCRITORA HISPANA
## INDICE

Prólogo . . . . . . . . . . . . . . . . 5
Una conciencia musical . . . . . . . . . . . 7
«Una revaloración de la trilogía *Mujer Hombre* de Elena Soriano.»
Alborg, Concha . . . . . . . . . . . . . 17
«Florencia Pinar y la poética del Cancionero.»
Broad, Peter G. . . . . . . . . . . . . . 26
«El mar metafórico de Julia de Burgos como voz moduladora.»
Calderón, Gustavo Adolfo . . . . . . . . . . 37
«El patrón de renacimiento en *Frigorífico del este* de Mireya Robles.»
Collmann, Lilliam Oliva . . . . . . . . . . . 49
«El aporte femenino a la narrativa última argentina.»
Dellepiane, Angela B. . . . . . . . . . . . 61
«Los personajes y su caracterización en la novelística de Carmen Martín Gaite.»
Donahue, Moraima de Semprún . . . . . . . . 73
«El discurso femenino en los cuentos de Rosario Ferré y de Elena Garro.»
Fox-Lockert, Lucía . . . . . . . . . . . . 85
«Isabel Allende: Una puerta abierta a la esperanza.»
Lorente-Murphy, Silvia . . . . . . . . . . . 93
«Entre el abismo y la Medusa: *Cola de lagartija* de Luisa Valenzuela.»
Martínez, Z. Nelly . . . . . . . . . . . . 101
«*Mujer sin Edén*. Una visión femenina del Génesis.»
Martínez-Vidal, Enrique . . . . . . . . . . . 109
«La escritora a través de su obra: *Mis libros* y *Balún Canán* y *Poesía no eres tú*.»
Muncy, Michele . . . . . . . . . . . . . 121
«Tradición marina y modernidad erótica en la poesía de Mercedes Escolano.»
Naharro-Calderón, José María . . . . . . . . . 131
«La imaginación como principio estructurador de la obra de Delmira Agustini.»

293

Renfrew, Ileana . . . . . . . . . . . . . . . 143
«María Luisa Puga: Aspectos de una nueva sensibilidad de narrar.»
Rodríguez-Hernández, Raúl . . . . . . . . . . . 151
«Hilda Perera en *Plantado*: ¿Es mucho hombre ésta mujer?»
Romeu, Raquel . . . . . . . . . . . . . . . 159
«Carmen de Burgos-Seguí (Colombine), Escritora española digna de ser recordada.»
Saitz, Herlinda Charpentier . . . . . . . . . . . 169
«España y los españoles en la ensayística de María Zambrano.»
Valdivieso, L. Teresa . . . . . . . . . . . . . 180
«El marianismo y el machismo en *El eterno femenino* de Rosario Castellanos.»
Velasco, María Mercedes de . . . . . . . . . . 189
«¿En qué trampas cayó Sor Juana?»
Villaverde, Luis . . . . . . . . . . . . . . . 199
«Rosalía de Castro.»
Aldaz, Anna-Marie . . . . . . . . . . . . . . 213
«The poetry of Meira Delmar: Portrait of the Woman.»
Colecchia, Francesca . . . . . . . . . . . . . 227
«Worlds Within Argentine Women.»
Eberle-McCarthy, Karen . . . . . . . . . . . . 237
«Teresa de la Parra: Keeping the Contradictions Alive.»
Gold, Janet N . . . . . . . . . . . . . . . 243
«Metafictional and Erotic Games: *El amor es un juego solitario*.»
Murphy, Marie . . . . . . . . . . . . . . . 251
«From Dialectic to Deliverance: Luz Maria Umpierre's *The M argarita Poems*.»
Platizky, Roger S. . . . . . . . . . . . . . . 261
«Sonia Manzano: A Fighter and Her Poetry.»
Plumlee, Amanda . . . . . . . . . . . . . . 267
«A Simple Question of Symmetry: Women Writing in Post-Franco Spain.»
Schaefer, Claudia . . . . . . . . . . . . . . 279
«The Breaking of Form in Lorraine Sutton's *Saycred Laydy*.»
Umpierre, Luz María . . . . . . . . . . . . . 287